JN231371

平成の経営

伊丹敬之

日本経済新聞出版社

平成の経営

伊丹敬之

目次

第2章 産業迷走、つかの間の成長、そしてリーマンショック 1999—2008

序　章

疾風に勁草を知る

平成元年という年

一九八九年一月七日、長らく病の床におられた昭和天皇が崩御され、昭和という時代が終わった。そして、平成元年が一月八日からはじまった。

昭和天皇の他にも、昭和を象徴するような二人の日本人が、平成元年にこの世を去っている。四月二七日、松下電器産業（現パナソニック）の創業者松下幸之助氏が逝去し、六月二四日には戦後の日本の歌謡界をリードした美空ひばりさんが逝去した。この年の一月に彼女は、最後のシングル曲で、かつ最後の大ヒットとなった「川の流れのように」を出したばかりだった。経営の神様と昭和の歌姫の死は、多くの人に昭和の終わりを感じさせるできごとだった。

この年は、たんに昭和が終わったというだけでなく、世界でも日本でも、大きな時代の変わり目を象徴するできごとがじつに多様に起きた年だった。

世界に目を向けてこの年に起きた大きなできごとをほんの少しだけ挙げると、次のようになる。

- 六月四日　　中国で天安門事件、ポーランドで「連帯」が議会選挙で地滑り的圧勝

- 一一月九日　ベルリンの壁崩壊
- 一二月三日　マルタ会談で米ソの首脳が冷戦終結を宣言

この年の九月には、ポーランドで「連帯」を中心とする共産圏初の非共産党政権が誕生していた。それがベルリンの壁の崩壊へとすぐにつながるとは、多くの人が思っていなかっただろう。しかし、時代の潮流は激しく、すぐにアメリカのブッシュ大統領（パパブッシュ）とソ連のゴルバチョフ共産党書記長とのマルタ島での会談につながった。ポーランドの非共産党政権誕生からわずか三カ月であった。第二次世界大戦後に生まれた冷戦構造という国際的な軍事・政治の基本枠組みが、音を立てて崩れはじめた。それが、平成元年だったのである。

しかも、天安門事件の混乱が収まった後の中国は、あきらかに自国経済の対外開放政策をとるようになった。その直接的きっかけとなったのは、九二年に鄧小平が華南地区を訪れた際に行なった南巡講話であるが、その種はすでに天安門事件の頃から蒔かれていたと思うべきであろう。中国の開放政策と経済成長は結局、平成という時代の日本企業に巨大なインパクトを与えていく。その出発点は、平成元年だった。

また平成元年は、インターネット時代の幕開けの年でもあった。コンピュータをつなぐ通信ネットワークとしてアメリカで軍事・学術用に生まれていたＮＳＦＮｅｔが、商用ネットワークと八九年に接続を開始し、本格的なインターネットとして産声を上げた。そして日本企業も、インターネットの端末になりうるノートパソコンの世界初の商品化に成功していた。八九年六月、東芝が世界初のノートパソコンDynaBook J-3100SSを発売したのである。

国内経済でも、エポックメイキングなことが起きていた。この年の四月一日、日本で初めて消費税が三％の税率で導入された。そして、東京証券取引所の株価は数年来の上昇をこの年もつづけ、八七年一二月の大納会では二万一五六四円だった日経平均株価が、八九年一二月二九日の大納会で三万八九五七円まで上昇した。日経平均の史上最高値であり、二〇一八年現在に至るまで破られていない。もちろん地価も上昇をつづけ、平成元年の日本はバブルの絶頂だった。

そのバブルを象徴するような日本企業による「カネに任せた」アメリカでの買収も、この年の大きな話題であった。九月二七日にはソニーがハリウッドのコロンビア映画の買収を発表、そして一〇月三一日には三菱地所がニューヨークの中心地にあるロックフェラーセンタービルを買収すると発表した。

コロンビア映画の配給するすべての映画の最初の画面は、ニューヨークにある自由の女神である。ロックフェラーセンタービルのセンターコートには、毎年クリスマスになるとアイダホから巨大なもみの木が運ばれて巨大なクリスマスツリーがつくられ、その下のスケートリンクで人々がスケートを楽しむ。その光景は毎年全米にテレビ放映され、アメリカの冬の風物詩になっていた。

二つの買収は、たんなる経済的買収にとどまらなかったというべきであろう。自由の女神と巨大クリスマスツリーというアメリカ人の生活を象徴するような二つのシーンを日本企業が買収したと、受け取られかねないできごとだった。アメリカ国内で大きな反響が、それもかなりの反感をともなった反響があったことを、私はきのうのことのように覚えている。日本企業は浮かれていた、といえそうだ。三菱地所はその後大きな損失とともにロックフェラーセンターを売却し、ソニーはのちに巨額の特別損失を計上することになる。

平成の日本企業は、この平成元年をピークとして、そこから一気に激動と長い下り坂を経験することになる。それを象徴するのが、東証の株価が一九九〇年一月の大発会で早くも下げはじめたことである。この大発会は、歴史上の最高値をつけた前年の大納会の次の取引日である。年末年始の休暇を間にはさんだだけの、隣り合った営業日の二日間に、日経平均は大納会の最高値三万八九五七円から翌年大発会の三万八七〇五円まで、二五二円ほど下がったのである。

それほど大きくはないこの下落は、じつは暴落の予兆であった。九〇年二月、三月に東証の株価はさらに大きな暴落を記録して九〇年三月二三日には二万九八五〇円となり、たった三カ月で一万円近く（率にして二五％近く）も下がってしまった。

バブルの崩壊という長い混乱の幕が、開いたのである。まだ地価は上昇をつづけていたので株価と地価のねじれはあったものの、八九年にピークをつけたバブルという宴の後の二日酔いは、意外に早くきた。

平成の三〇年間を、概観する

そうした激動の平成三〇年間の日本企業とその経営を、この本では二つのアプローチで描いてみたい。

まず第Ⅰ部では、平成の三〇年間を三つの一〇年にわけて、それぞれの一〇年ごとに日本企業が全体としてどう動いたかを、さまざまな観点から描きたい。時間の流れというたて糸にしたがって、日本企業全体の姿を描く。

そして第Ⅱ部では、四つの視点（世界の中の日本企業、技術と産業構造、ヒトのマネジメント、カネのマネジメント）を設定して、それぞれの視点ごとに章を設けて日本の経営の三〇年間を描きたい。四つの視点というよこ糸で分けた分野ごとに、平成の経営を三〇年間一貫して描くことが意図されている。さらに第Ⅱ部の最後の章となる第8章では、四つの視点を総合して二つの対照的な企業の平成経営史を描きたい。トヨタ自動車と日産自動車の平成三〇年である。

そうした二つの部にわたるたて糸・よこ糸のくわしい描写の導入として、この序章では平成三〇年間の日本経済と日本企業の全体像を、マクロ経済、企業の事業効率、企業の財務構造という三つの観点から概観しておこう。

まず、マクロ経済の大きな動きをみるための、図序-1である。この図から、日本の実質経済成長率（暦年）はかなりの幅の振動を繰り返していたことが分かる。平成の最高値は一九八九年の五・四%、平成の最低値は二〇〇九年のマイナス五・四%で、じつに一一%のふれ幅である。

そして、マイナス成長が二年つづく時期が二回ある。一九九八・九九年と二〇〇八・〇九年である。日本全体が強い疾風に襲われたとでもいうべき二つの危機の時期で、最初は金融崩壊、つぎはリーマ

図序-1 マクロ経済の動き

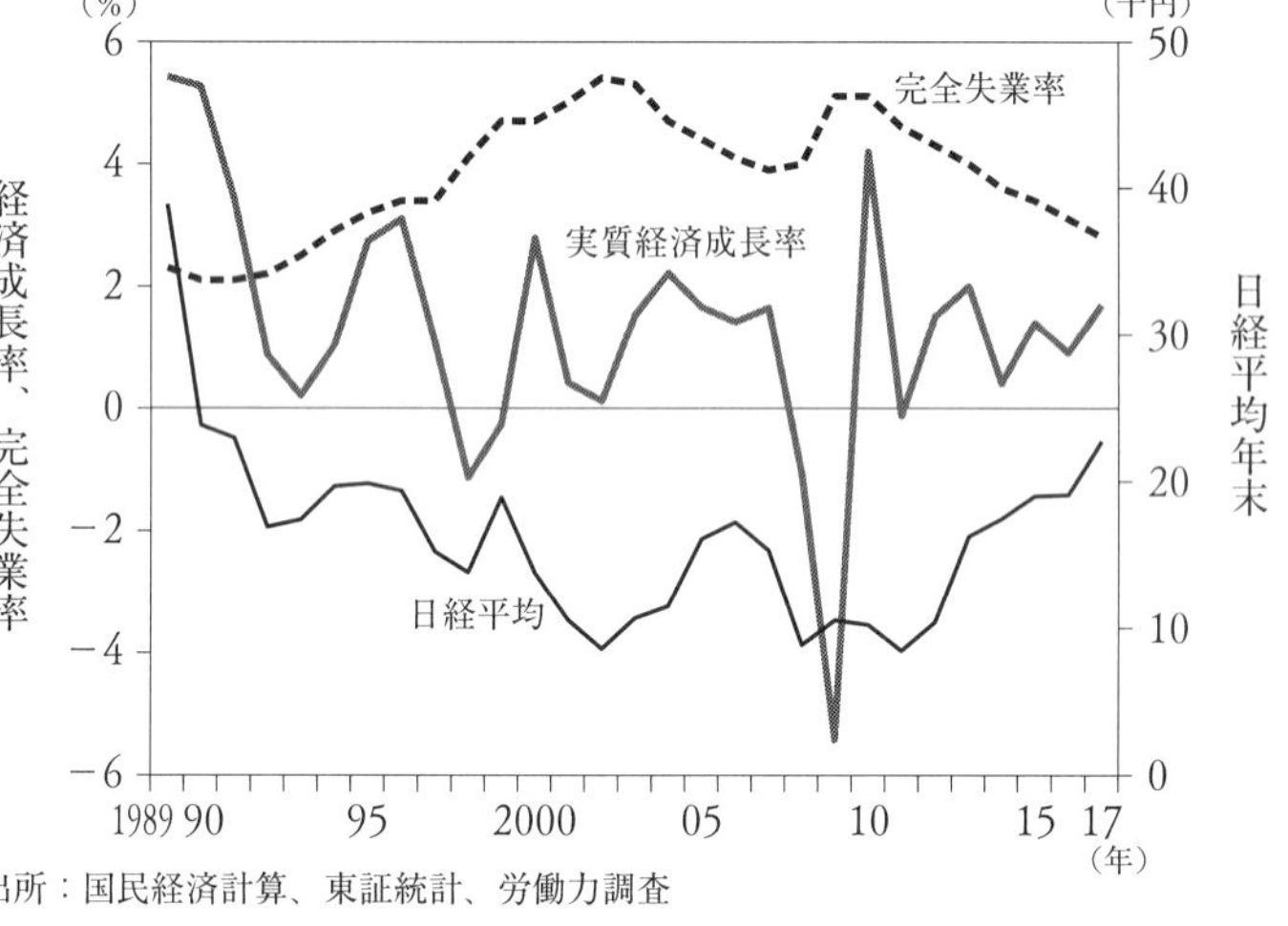

出所：国民経済計算、東証統計、労働力調査

ンショックである。もちろん、金融崩壊がバブルの崩壊によってもたらされたのは、いうまでもない。だから、この危機が起きた年を分け目に、第I部の三つの章を分けている。

失業率のグラフと株価のグラフは、おおよそ反対の動きをしてきたといっていいだろう。失業率が上がると株価は下がり、失業率が下がると株価は上がる。経済成長率よりも失業率の方が経済の実際の状態を反映する指標だと理解してよいと思われる。ただ、株価の方が失業率より早いタイミングで変化するようである。それもまた、粘着性の強いヒトの離職がからむ失業という問題だから、理解できることである。

二つのグラフはまた、一一年前後を底に日本のマクロ経済が八年間にわたってほぼ連続して回復していることを示している。失業率は下がりつづけ、株価は上昇しつづけているのである。

図序-2 利益率と生産性

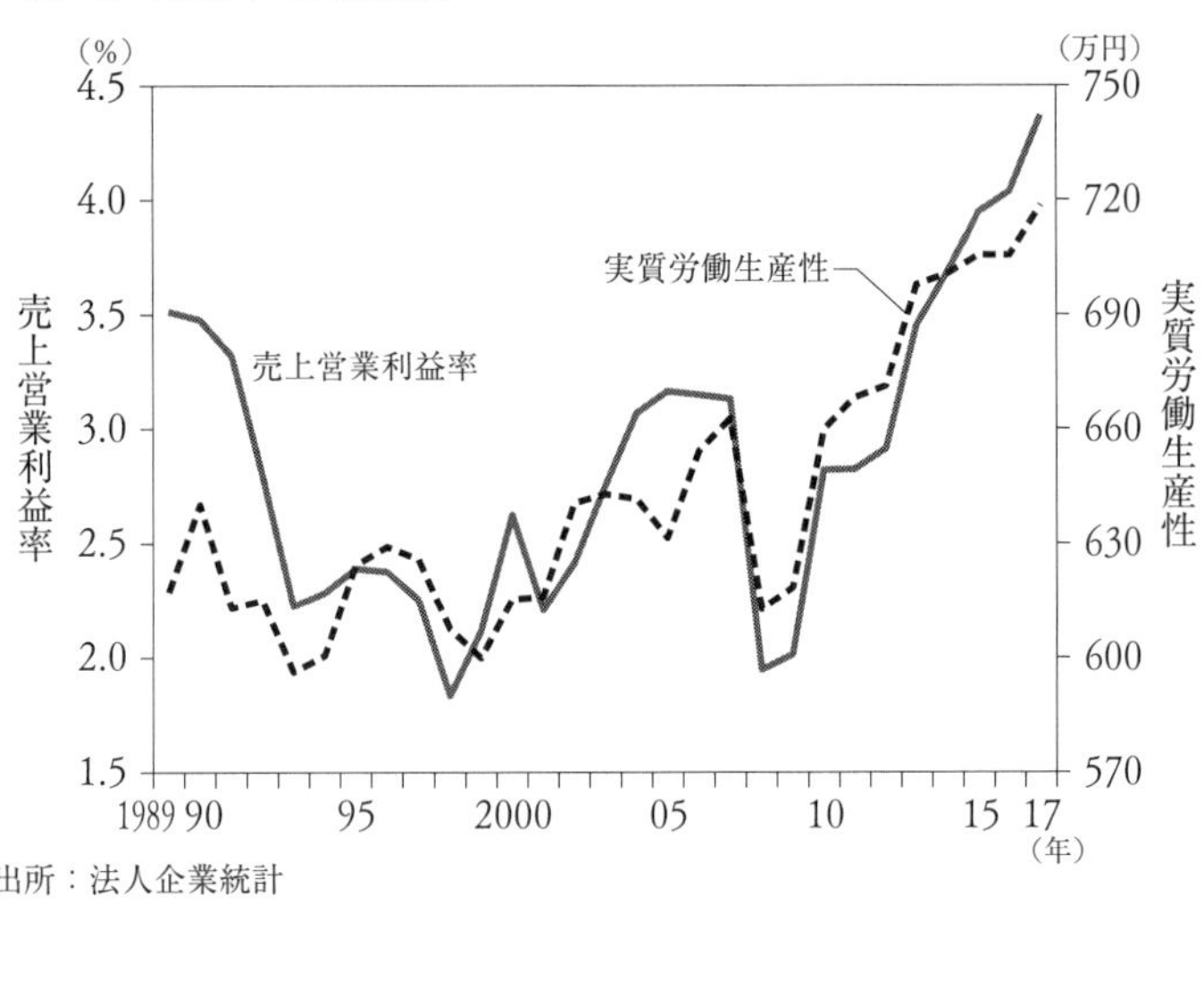

出所：法人企業統計

一七年の失業率はほとんどバブル期と同じ低さに戻っている。一七年の株価は、一九九一年の水準に戻っている。二〇一一年以降の八年間、成長率そのものは決して高くはないのだが、リーマンショック後のどん底から日本経済がみごとに回復してきていることがみてとれる。きちんと指摘されるべきことである。

リーマンショック後の日本の回復のみごとさは、図序-2の企業の事業効率を示す二つの指標の動きにも、くっきりと出ている。日本の法人企業全体（上場企業だけでなく、中小企業も含む。ただし、金融業と保険業をのぞく）の売上営業利益率も労働生産性（実質一人当たり付加価値、GDPデフレーターで実質化）も、〇八年を底としてほとんど一本調子で改善してきているのである。そして、労働生産性ははやくも一〇年に、利益率は一三年に、バブル期のピーク（一九八九年あるいは九〇年）を抜いている。二〇一七年現在では、そのピークを二つの指標ともはるかに抜いている。

とくに労働生産性の平成三〇年間の動きは、日本企業の混迷と回復を象徴的に示している。このグラフは、バブルの崩壊でかなり落ち込み、そして金融崩壊でもまた落ち込んだ後、リーマンショック前までは順調に回復していた。しかし、リーマンショックで一気に転落した後は、きわめて順調にしかも過去なかったほどのスピードと長期間にわたって、上昇の一途なのである。

それを反映して利益率も同じパターンである。とくにリーマンショック後の上昇パターンは、あたかもリーマンショックで日本企業全体がシャキッとしたと思わせる。まるでバブル崩壊後の長いモヤモヤが吹っ切れたような、効率向上の連続なのである。

なお、この本で使う企業の数字はおもに財務省の法人企業統計調査を使っている。これは驚くべき調査で、日本の大企業はほとんどすべて、中小企業もサンプル調査ではあるがかなり標本数が多く、日本企業全体の数値を人件費や付加価値にいたるまで調べている。人件費や付加価値は個々の企業の財務諸表からは計算できないことが多いので、大変意味のあるデータである。

こうした売上利益率のパターンは、ROE（自己資本当期利益率）にも反映されている。それが、図序-3のグラフである。株主目線の利益指標の代表格のROEも、リーマンショック後はめざましく回復している。ただ、まだバブルのピークにはほんの少しだけ戻っていない。それよりも、金融崩壊と〇一年のアメリカのITバブル崩壊後のROEの改善（リーマンショックまで）の方がめざまし

図序-3　自己資本比率とROE

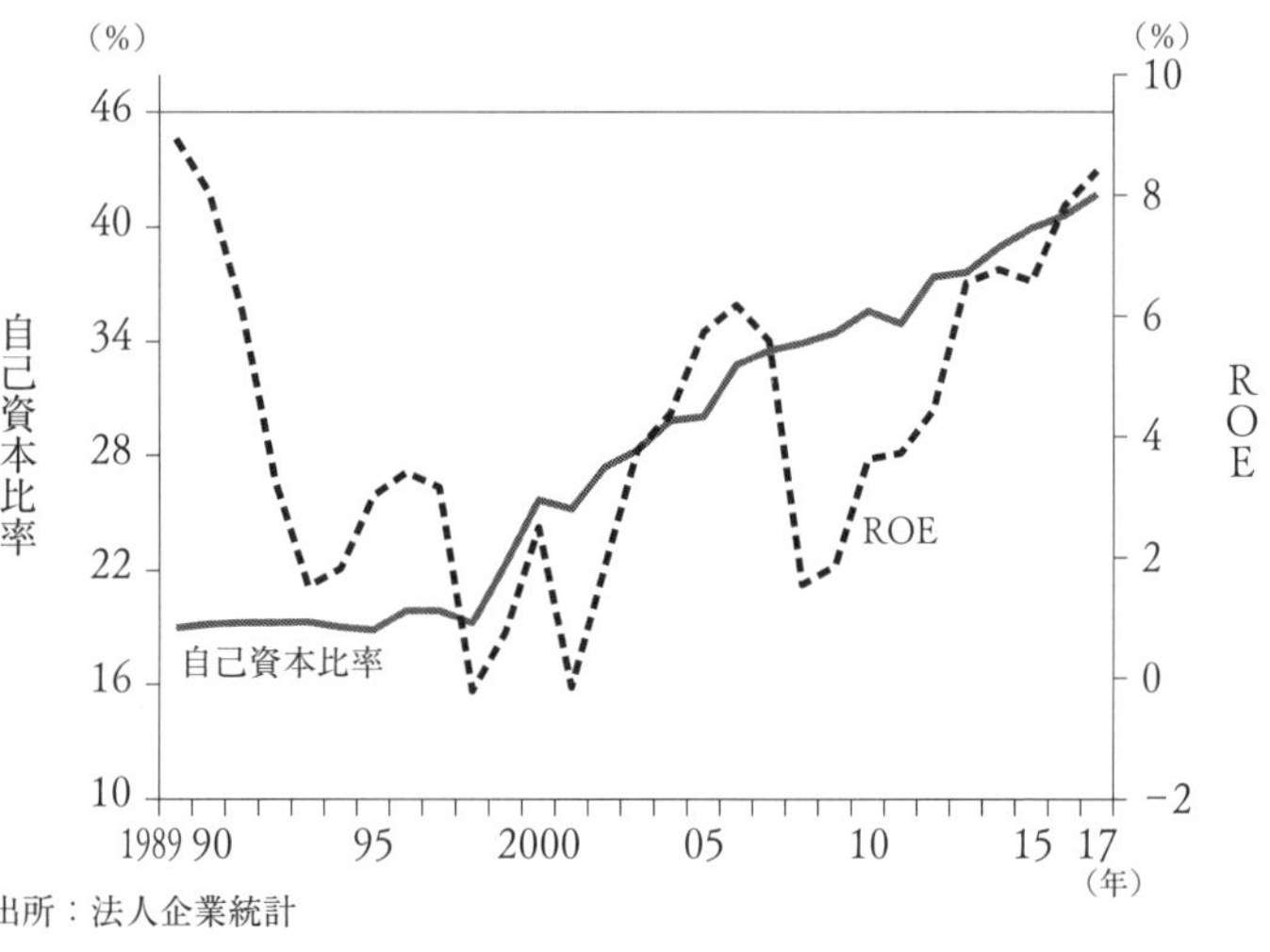

出所：法人企業統計

いが、その一つの理由は自己資本比率が一九九八年の金融崩壊以来ほぼ一本調子で上昇していることであろう。二〇〇〇年代の自己資本比率の方が一〇年代の自己資本比率よりも低いので、したがって当期利益と自己資本の比率であるROEは高くでる傾向にあるのである。

しかしそれにしても、自己資本比率の動きはきわめて特徴的である。一九九八年以前は一九％水準でずっと横ばいだったのに、九九年以降は一本調子で二〇年近く上昇をつづけている。九九年という年は、金融崩壊の年である。それで銀行があまり頼りにならなくなったとたんに、自己資本の積み増しをはじめた日本企業という姿がみてとれる。その結果、二〇一七年の自己資本比率は四一・七％にまでなっている。

この水準は、きわめて保守的な財務構造を意味しており、おそらく、もう考え直した方がいいと思えるほどの保守的さである。

二度の疾風にさらされた、平成日本

しかし、その保守的な財務構造も、平成のたび重なる激動の大きさを考えると、理解できないでもない。平成の三〇年間に、日本企業は二度の大きな危機に見舞われ、大混乱を余儀なくされてきたという歴史がある。二度とも、疾風に襲われたといってもいいような巨大な危機だった。

最初の疾風は、一九九一年のバブル崩壊によって吹きはじめ、九八年の金融崩壊にまでつづいた、大きな長い疾風である。バブル崩壊の重みがどれほど大きかったかを、第1章で私は語ることになるだろうが、図序-3をみれば分かるように、日本の法人企業全体が当期利益ベースの赤字に二度もなっている。九八年と二〇〇一年である。

だが、〇一年ごろからさまざまなバブルの負の遺産の処理が明確な形ではじまった（その様子は第2章でのべる）後は、リーマンショックまで日本企業は順調に、かなりのスピードで回復していった。それは、売上利益率にも、労働生産性にも、ROEにも、あらわれている。

しかし、〇八年九月、リーマンショックが世界を襲い、日本企業へのダメージはとくに大きかった。なぜアメリカ発の金融ショックのダメージが日本企業にとくにきつかったかは第3章で描くことになるが、「崖を真っ逆さまに落ちる」と表現できるような大転落という非常事態が日本企業を襲ったのである。この疾風が吹いた期間はさいわいにして短かったが、その強烈さはものすごいものだった。

第3章でみるように、すべての指標が急転落している。

その疾風にもかかわらず、あるいは疾風ゆえに、その後の日本企業はみごとに回復する。すでに前項でのべた通りである。日本企業はまさに、強烈な疾風にさらされて、シャキッとしたのである。それまでのモヤモヤを吹っ切って、急回復とそしてさらなる向上を、一八年現在にいたるまで長い期間つづけている。そして、一七年決算でも一八年中間決算でも、過去最高益となる上場企業が非常に多数になっている。日本企業がその地力を発揮しはじめたというべき八年間である。

二つの疾風の基本原因は、カネが暴力装置と化して、実体経済を大混乱させたことであった。

第一の疾風の原因はバブルの崩壊だが、そのバブルを引き起したのは日本の銀行による国内を中心とする過剰融資であった。その過剰融資がなぜ起きてしまったかについては、第1章で少し説明するが、過剰融資されたカネが日本国内で投機にまわり、バブルが生まれたのである。その崩壊は、暴力装置といってもいいほどの強烈なインパクトをもたらした。

第二の疾風の原因は、アメリカのサブプライムローン、つまり優良（プライム）とはいえない住宅ローンの過大拡張であった。その住宅ローン債権が証券化された、さまざまな金融商品の一部となって、アメリカ国内での不良ローンの拡大と拡散を助けてしまった。それが金融商品化されて欧州の銀行にまで被害が及ぶことになり、国際的な金融危機となったのである。この間の事情については第2章で触れるが、これもまた金融機関による過剰融資が暴力装置と化したものである。

日本にとっては不運なことに、二つの疾風で経済と企業が大混乱したその年からほぼ二年半後に、二度とも大きな災害が世界をあるいは日本を襲っている。金融崩壊の一九九八年末から二年九カ月後の二〇〇一年九月、ニューヨークで同時多発テロが起きて、世界の情勢は一気に変わってしまった。リーマンショックの〇八年九月の二年半後の一一年三月には、東日本大震災が発生し、日本中が大混乱に陥った。

それは、経済的な疾風に翻弄されていた日本企業にとっては、疾風とは直接関係のない追い討ちというべき大打撃であった。そうした打撃が、三年とか七年とかの時間間隔でつぎつぎと起きる。さらにこれに加えて、日本企業は平成に入るとすぐに他国よりもかなり激しい為替変動を経験し、何年かおきに円高・円安に振り回されつづけたのである。平成時代の日本企業はとんでもない激動をつぎからつぎへと経験してきたといえる。

その激動は、疾風と呼ぶべき激しさであった。しかし、「疾風に勁草を知る」ともいう。勁草とは、強い草のことである。

このことばは、中国の『後漢書』の「王覇伝」にあることばで、後漢の初代皇帝である光武帝（劉秀）が王覇という部下の将軍を評したことばである。「はやい風が吹いて初めて強い草が見分けられるように、厳しい試練にあって初めて意志や節操の堅固な人間であることがわかる」（三省堂『大辞林』）という意味である。日本企業も二度の疾風に出合って、そこから勁草が見えてきたといってい いようだ。

その勁草とはなにかを、この本で語ることになるのだが、あらかじめ結論的なことをいっておけば、それは日本企業あるいは日本的経営の経営基盤の堅牢さであり、そこからうまれてきた日本企業の地力である。

経営基盤の堅牢さとは、ヒトのマネジメント、カネのマネジメント、そして技術のマネジメント、そうしたマネジメントの基礎的な考え方の堅牢さである。日本企業には変わらない基盤があったということである。そして、日本企業の地力とは、リーマンショックから一〇年かかってかなりめざましい回復と進化をしてきた、日本企業の経営成果である。

そして、特定の企業の例でいえば、第8章で取り上げているトヨタが象徴するような、強い日本企業の経営基盤と経営成果である。もちろん、トヨタ以外にも、強い日本企業はさまざまな産業にきちんと存在する。

その勁草が明瞭になるまでに、バブル崩壊後に時間がかかり過ぎたという批判。その勁草が少な過ぎるのではないかという批判。さまざまな批判がありえよう。しかし、勁草をみずに弱い草ばかりをあげつらうような議論で平成という時代を振り返るのは、あまり建設的とは思えない。

きたるべき新しい時代の日本企業の姿を考えるために、平成の勁草は何だったか、疾風がどうそれを育てたか、それを描いてみたい。それが、この本の基本的な目的である。

第Ｉ部

平成三〇年間の日本企業

第1章 バブル崩壊、そして金融崩壊 1989-1998

この本では平成の三〇年間の日本企業の姿を、一〇年単位で時代の流れを概観する三つの章からなる第Ⅰ部、四つの視点から三〇年を通して考える五つの章からなる第Ⅱ部と、二つに大きく分けて描いていく。歴史のよこ糸とたて糸を織り交ぜたいのである。

第Ⅰ部の冒頭であるこの章では、平成の最初の一〇年の日本企業の姿を描こう。バブルの宴とその崩壊に翻弄される日本企業である。

バブルという宴

そのバブル崩壊のインパクトを実感するには、いかにバブルが巨大なものだったか、それをまずみることからはじめよう。最初から数字で申し訳ないが、表1-1を見ていただきたい。

一九八〇年代の日本のバブルは、八六年ごろからはじまったあるいは加速したといわれている。そしてそれが絶頂を迎えたのが、序章で説明したように、平成元年（八九年）だったのである。そこで、バブルのスタート時点の八五年とピークの八九年の四つの経済指標を比較したのが、表1-1である。

バブルは銀行の過剰貸出によって生み出された現象だが、貸出の増加のすさまじさがこの表から分

表1-1 バブルの大きさ

	銀行貸出残高（兆円）	日経平均（年末終値、円）	公示地価平均（坪・万円）	乗用車新車登録台数（万台）
1985	267.8	13,113	57.7	310.4
1989	410.6	38,915	190.1	440.4
89/85倍率	1.53	2.97	3.29	1.42

出所：日本銀行経済統計、自動車工業会統計などから筆者計算

かる。たった四年の間に、一四〇兆円強の貸出残高増があった。もちろん、銀行貸出は通常の経済成長とともに増えていくのが自然だろうが、この時期の貸出増はGDPの増加をはるかに上回っていた。八五年の貸出残高とGDPの比率は八四%だったが、八九年にはこの比率が一〇三%にまで上昇する。GDPを超える貸出残高になったのである。

それは、通常の経済活動が必要とする以上の貸出が行なわれたことを意味する。もし八九年の貸出GDP比率が八五年レベルの八四%のままだったら、八九年の銀行貸出残高は三三六兆円で済んだはず、という計算になる。したがって、七五兆円ほどの過剰貸出が八九年にはすでに積み上がっていた可能性が強い。このほとんどは結局は不良債権になったものであろう。

こうした過剰な銀行貸出が行なわれた背景には、日本の経常収支黒字という問題がある。つまり海外からのカネの流入である。日本経済の貿易収支が黒字累積を本格的にはじめるのは八一年からであるが、それまでの日本経済はそうした貿易黒字あるいは経常黒字の累積なしにGDPの成長をファイナンスしてきた。それができる資金循環のシステムができていたのである。そこに、経常黒字の累積という負荷が新たに加わっ

たことになる。その新しい負荷を日本の金融システムはこなさなければならなかった。それが、銀行貸出の急拡大の、原資側の事情の大きなものの一つであった。このシステム負荷のこなし方としては、あまりにストレートに国内過剰貸出につながったと思われる。

原因が何にせよ、これだけのマネーが銀行から日本経済に供給されると、自然に資産購入にそのおカネが回って、資産価格の激しい上昇が起きることになる。それが手っ取り早い買い物であり、投機なのである。それを示すのが、日経平均株価の上昇と公示地価平均の上昇である。いずれも、八九年には八五年の三倍程度にふくれ上がっている。たった四年間である。資産価格が四年間で三倍、これが日本の資産バブルの大きさだった。

しかし、影響は資産価格の上昇だけでは止まらなかった。実体経済の国内需要もまた、バブルの好況感にあおられて増えていった。バブルの幻想がもたらす需要増といってもいい。それが鉄鋼でも、電子機器でも、さまざまな産業で起きた。表には代表例として乗用車の新車登録台数を示しておいた。八五年からの四年間で、一三〇万台の需要増である。この新車登録台数は七九年から八五年までの六年間は三〇〇万台近辺の水準で横ばっていたから、八六年から突然に毎年三〇万台以上の成長をみせはじめたのである。自動車メーカーも驚いたことだろう。

こうした需要増にささえられて、平成元年の日本経済と日本企業は、もちろん好調だった。この年の日本の経済成長率は五・四%、完全失業率は二・一%、日本企業の利益率は売上営業利益率で三・五%、ROE（自己資本純利益率）で八・九%（企業の数字は法人企業統計より）と、いずれの経済指標も平成三〇年間のほぼピークであった。経済成長率とROEは平成三〇年間の最高値であるし、完全失業率は翌九〇年の二・〇%が平成の最低値だが、八九年もほぼそれに近い二・一%であった。売上営業利益率だけは二〇一四年からは一九八九年の数字を上回るようになるが、それまでは二%台に低迷しつづけるのである。

しかし、バブルの宴は長くはつづかなかった。すぐに崩壊の時がきた。株価の暴落がまず先陣を切って九〇年から起きはじめ、地価は九〇年も上昇をつづけたが、九一年にピーク（二四一・四万円）に達することになる。そして地価暴落がはじまる。株価の下落も九一年にさらに加速し、一二月末には二万二二五〇円まで下げた。じつに、二年前と比べると四二%もの下げである。

一般にはこの九一年が、バブル崩壊の年といわれている。

バブル崩壊は、ソビエト連邦崩壊と同じ年

バブル崩壊がはじまった大きなきっかけは、八九年までの地価の狂乱と土地絡みの巨大な融資の膨張を心配した大蔵省と日銀による、金融引き締めと大幅な不動産融資規制であった。

日銀は八九年五月に公定歩合を年二・五%から三・二五%へ引き上げたのを皮切りに、計五回の連続利上げで九〇年八月には六%とした。きわめて急激な金融引き締めである。その上、九〇年三月には大蔵省銀行局が、「不動産融資総量規制」という一通の通達を全国の金融機関に出した。誰もが行き過ぎた投機だと思っていた不動産関連投機を抑えるために、不動産向けの銀行からの資金の供給

を規制したのである。

建設や不動産関連の取引はすぐに収縮をはじめ、地価下落が大都市の都心部を中心に始まった。さまざまな法人による都心部の土地取引額はこの後の二年間で半減したといわれている。

ただし、この総量規制は「金融機関からの融資」の規制であって、銀行と同類の金融機関とはみなされなかった住宅専門融資機関（いわゆる住専）は対象から外された。対象から外された理由は、住専の主戦場である住宅ローン市場を大手銀行に食い荒らされていたために住専の住宅融資シェアが低くなっていたこと、それから住専を守ることであった。

しかし、多くの住専は大手銀行などが設立したもので、結果として住専が抜け穴となり、大手銀行から住専を経由した不動産関連融資が総量規制をきっかけに一気に拡大することとなった。もちろん、住宅ローンではない融資が巨額に含まれていた。その結果、この住専がバブルの崩壊で不良債権を大量に抱えることになり、その不良債権の処理をめぐって国会が混乱するなど、のちにバブルの処理の遅れの一つの原因となった。

住専などの融資規制の抜け穴の存在があったこともあってか、日本全体の地価（公示地価平均）は九〇年、九一年と二年連続でそれまでと同じように上昇をつづけ、九一年の二四一・四万円という歴史上の最高値となる。二〇一八年の地価は七〇万円だから、今からすれば夢のような高値である。

だが、一九九〇年と九一年の二年間は株価の大幅下落があったのだから、地価だけが上昇をつづけたことになる。それは、株価の大幅下落と地価のかなりの上昇という資産価格の世界での顕著なねじれが発生していた二年間だった。

しかし、さすがに不動産融資総量規制が効いて、地価は九二年の二一五・一万円から九四年の一二七・五万円へと、急速に下がっていく。その上、株価も下落をつづけ、九二年、九三年の東証日経平均の年間最安値は一万四〇〇〇円台、一万五〇〇〇円台となっていく。バブルのピークからの下落幅は六割近くなったのである。

こうして地価も株価も大幅下落すると、銀行借入れの際に差し出される担保資産の価値が大きく下落することになり、そこから担保不足の不良債権が大量に生まれることになる。とくに土地の値上がりだけを期待した無茶な不動産投資への融資は返却不可能になるし、不動産向けでない借入れも土地担保・株式担保で無理な借入れをした個人や企業にとっては担保不足の不良債権になるのである。

日本のバブル崩壊が九一年以降に鮮明になる一方で、日本を囲む国際環境の大変動が同じ年に起きていた。九一年一二月二五日、ソ連のゴルバチョフ大統領がテレビでソ連の消滅を宣言したのである。日本のバブル崩壊とソ連の国としての崩壊、この二つの崩壊の間に因果関係はない。だが、国内と国外で最大級の激震が同じ年に起きてしまうという不運を、日本は経験することになったのである。

ソ連崩壊の種も、じつはすでに平成が始まるとともに蒔かれていた。すでに紹介したように、八九年一二月に行われた米ソ間のマルタ会談での冷戦終結宣言である。冷戦の終結はたしかに世界平和へのできごととして歓迎すべきことではあろうが、それはソ連の弱体化というメッセージでもあった。そのため、共産圏の内部にたまっていた歪み、アメリカとの冷戦をベースにつくられていた共産圏の軍事的締めつけの構造を、根本的に変えてしまった。

だから、ポーランドの「連帯」革命を皮切りにチェコのビロード革命など、つぎつぎと東欧の共産圏国家が社会主義体制を捨てて市場経済への移行をめざすようになった。その共産圏内部の矛盾の噴出が、結局はソ連自体をも崩壊させたのである。

ペルシャ湾地域でも、冷戦終結のもう一つの思わぬ影響が起きていた。九〇年八月にフセイン大統領に率いられたイラクが突如クウェートに侵攻して、湾岸戦争がはじまったのである。ソ連が強力であった時代には考えられなかった地域紛争が発生する方向へと、国際的な安全保障環境が変わっていた。

この戦争自体は翌九一年二月にアメリカを中心とする多国籍軍の反攻で終結するのだが、ペルシャ湾という原油の世界最大の産出地域での軍事衝突は九〇年の原油価格の前年比二割程度の上昇をもたらし、日本経済の負担にもなった。

こうした二重、三重の負担が同時に日本におおいかぶさって、結果として日本経済の成長率は九一年の三・四%から九二年の〇・九%、九三年の〇・二%と、一気に下落することになる。

バブルの需要のコブ、バブルの慣性の人件費上昇

バブル崩壊の影響は、当然に日本企業に大きくのしかかった。銀行の貸し渋りはじつはその後の金融危機の頃ほどではまだなかったが、需要が減ったのが痛かった。

その需要減を象徴的に表しているのが、経済成長率の大きな下落、それもゼロ成長に近いところまでの下落だが、それはバブルの反動でもあった。バブル期にさまざまな市場でいわば需要の先食いが起きていて、その先食いは将来需要をバブル期に食ってしまったものである。

すでに、バブル期に自動車の国内販売がふくれ上がったことは紹介したが、それはじつは、数年先に買い替えるはずの人が前倒しをして買ってしまったようなものだった。だから、数年後に出てくるはずの需要の先食いになるのである。

こうして、八六年から九一年までのバブルの最盛期に、さまざまな産業で国内需要が従来のトレンド線を上に離れていく需要増加があった。それがもとのトレンド線よりも下がるほどに、バブル崩壊後には国内需要が落ち込んでしまう。つまり、バブル期だけ需要がコブのように膨らむ現象が、自動車でも電子機器でも鉄鋼でも観察されている。

自動車という典型例でくわしく説明すると、自動車の乗用車新車登録台数はすでにのべたように八六年から急増がはじまり、八八年からはそのペースがさらに加速してついに九〇年には五一〇万台という歴史上のピークを迎える。表1-1にしめした八九年の数字と比べるとたった一年で七〇万台の急増なのである。しかしその後、九三年までの三年間は年平均三〇万台強の減少幅の下落をつづけ、九三年の新車登録台数は四二〇万台。それは過去からのトレンド線上で、九三年の数字を推定するとこの数字になるという大きさであった。

つまり、バブル期にトレンド線から上にはね上がる上り坂が生まれ、バブル崩壊後はトレンド線に戻るための下り坂が発生した。ちょうど、トレンド線の上に上り下りのコブができていたのである。

同じような国内需要のコブ現象は、他の産業でも起きていた。その国内需要の減少への対策として、自動車でも他の産業でも、輸出を伸ばそうとした。そして、それにはある程度成功した。日本の輸出総額は、八九年の三七・八兆円から九二年の四三・〇兆円まで増えつづけたのである。さすがに、九三年に減少に転じたが……。

この輸出増は、この時期の円高傾向を考えるとかなり驚異的である。平成の円ドルレート最安値(月中平均)は九〇年四月の一五八・五円だったが(この円安レベルはその後も破られていない)、バブル崩壊後はほぼ一貫して円高となり、九三年八月には一〇三・七円にまで円は切り上がった。切り上げ幅はじつに三五%で、それに逆らっての輸出増だったのである。

しかし、輸出は増えても国内需要は大きく減った。だから総需要は伸び悩み、当然に企業収益に大きなマイナスをもたらす。日本を代表する産業である自動車も例外ではなかった。

トヨタも日産も八九年の売上や利益は好調だったが、九〇年以降は業績が急降下した。とくに、経営体質や営業力が弱い日産はひとたまりもなく、九二年には若干の営業赤字に転落した後、九三年には一四四一億円もの営業赤字を計上することとなる。他方トヨタは、たしかに利益は減るのだが、九三年でも営業利益は一三六二億円を確保していた。トヨタと日産の経営比較については、第8章でよりくわしく紹介しよう。

日本の法人企業全体では、営業利益総額は九〇年の四九・六兆円から九三年の三二兆円へ、一八兆円も減少した（九三年の営業利益率はそれでも二・八％）。この減少の最大の要因は、売上の増加に比して人件費の増加がかなり過大だったことであった。

この四年の間に、年間の人件費増加額はじつに三〇兆円（九〇年の一六六兆円から九三年の一九七兆円へ）。しかし、この四年間の売上の増加額は五六・五兆円だけ。したがって、売上高人件費比率は九〇年の一一・六％から九三年の一三・七％へと急上昇してしまった。

この人件費負担に、バブル崩壊後も続いた積極的な設備投資によって生じた減価償却負担増の年間六兆円（減価償却費総額が三四兆円から四〇兆円へ）が加わった。二つ合わせて一年に三六兆円もの固定費負担増が、バブル崩壊後の日本企業にのしかかったのである。

その負担増は、バブルの慣性で動いてしまった日本企業のゆるい判断の〝つけ〟というべきだろう。人件費についていえば、バブル崩壊後の賃金上昇はたしかに原理原則に反する過大なものであった。賃金（一人当たり人件費）上昇は労働生産性（一人当たり付加価値）の増加率と同じペースでというのが、賃金決定の大原則（生産性原理）である。しかし、九一年からの日本企業の賃金上昇は、それとはかなり異なる過大なものであった。

九一年には労働生産性が一・四％下がっているのに、賃金はわずかながらも〇・六％の上昇。九二年と九三年はもっと異常で、九二年には労働生産性が二％しか上がっていないのに賃金は五・五％も増え、九三年にはさらにおかしな賃金上昇で、労働生産性が二・五％も下がったのに、賃金は逆に一・二％上がったのである。

こうした原理に反する賃金上昇が三年もつづいた背景の原因としては、バブル期の高い賃金上昇の経験からの慣性があったのだろう。たしかに、バブル崩壊の九一年の賃上げは〇・六%に抑えられた。しかし、その前年の九〇年には、五・九%の賃金上昇があった（労働生産性は六・四%上昇）。それがバブル期の常識だった。

だから、九一年の賃上げストップは日本の労使双方にとって「あるまじきこと」だったのだろう。そのいわば埋め合わせが、生産性が多少上昇した九二年の生産性向上を大きく上回る賃金引き上げだったと思われる。それがさらに、九三年の生産性悪化に逆らった賃金上昇にもつながっている。ただし、これを最後に、日本企業の賃金上昇がこれほど生産性原理から離れることはなかった。

設備投資の慣性も、そして躊躇も

設備投資についても、バブルの勢いの慣性での投資がかなりあったようである。バブル期に計画した投資を止められなかったというべきかもしれない。バブル崩壊後も、日本の法人企業全体の設備投資はしばらく増えつづけたのである。

設備投資額は、九〇年の五七兆円から九一年は六四兆円、九二年は五七兆円と高水準をつづけ、九三年にやっと四六兆円へと減少していった。こうした惰性的な設備投資の継続のせいで、日本企業は過剰設備を抱え、また減価償却負担も年間六兆円増えてしまったのである。

ただし、九三年の設備投資額は、その後二〇一七年に至るまでの平成の間ずっと最高額であった。

じつに二五年近くも設備投資が抑制されつづけたのは、成長へのエネルギーという観点からは大きな問題であった。いわば「あつものに懲りてなますを吹く」という心理になってしまって、投資不足となったようだ。バブル期とバブル崩壊直後の過剰投資は、日本企業にとってそれほど痛い経験だったのかもしれない。この投資不足については、第7章であらためて分析する。

ただし、設備投資をバブル崩壊後にきびしく抑制したことがその後に窮地に追い込まれる原因となってしまったという産業もあった。多くの企業が慣性のままに設備投資を抑制しなかった中で、機敏に動いて投資を躊躇したことがかえって裏目に出た産業があったのである。日本の国際競争力が高いと八〇年代には評価が高かった半導体産業である。

日本の半導体産業は、九〇年の世界シェア四九％。シェア一位の日本電気、二位の東芝、四位の日立と、トップ5のうち三社が日本企業であった。とくにメモリーではダントツの世界最強であった。

その日本のトップの位置を積極的な設備投資で揺るがしたのが、韓国のサムスン電子であった。半導体産業に参入してわずか八年後の九二年、サムスンはDRAMというパソコンなどに大量に使われるメモリーの分野で、世界シェア一位になったのである。それまでのDRAM首位は東芝であった。そして、九八年には国別シェアでも韓国が日本を抜いて一位になる。

この背景には、九〇年前後の数年間のサムスンの積極的な設備投資戦略と日本勢の消極的な設備投資戦略があった。日本勢が設備投資に消極的であったのは、二つの大きな理由があった。

一つは、八六年に結ばれた日米半導体協定で、実質的にバブル期のメモリー市場が官製カルテルのようになっていたことである。絶好調の日本の半導体産業を抑えるためのアメリカの政策的要求であった。官製カルテルは日本企業の生産調整となり、そこから生まれる大きな利益を日本企業にもたらす。だから、じつは日本企業にも甘い汁となった。したがって、業界の協調を破るような設備投資には積極的になりにくい。

もう一つの要因は、バブル崩壊後の金融逼迫である。日本の半導体企業の多くがエレクトロニクス分野で多様な事業をもつ総合電子メーカーであった。彼らにとっては、半導体以外の分野でバブル崩壊後にきつい事業環境に直面しており、半導体投資に割ける投資原資が窮屈になっていた。その上、バブル崩壊後の貸し渋りが、さらに資金調達をむつかしくしていた。こうした資金調達面の理由も、半導体への積極投資をためらわせていた。

半導体産業では、コンスタントな設備投資は生命線である。それゆえに、積極的投資をつづけたサムスンは九二年にDRAM世界一になった。そしてそれはサムスンをさらに勢いづかせた。サムスンは、日本企業間の競争だったはずの最先端DRAM（16メガ）の大量生産にも九二年から積極的に動き、ついには日本企業を九〇年代後半に追い落とすまでになる。日米半導体協定への安住はいわばバブルの慣性、設備投資資金の逼迫はバブル崩壊の影響である。二つのダブルパンチが、誰もがあり得ないと思っていた日韓逆転をもたらしたのである。

バブルが崩壊した九一年、戦後日本を代表する経営者の一人が亡くなった。本田技研工業の創業者、本田宗一郎さんである。バブルを引き起こした上にその慣性でバブル崩壊後も動いてしまったかに見える日本企業の姿を見て、本田さんならどういっただろうか。彼は積極的な投資で成長してきた経営者だった。昭和は、戦後は、ますます遠くなっていくようにみえた。

日本の自己疑問とアメリカ資本主義の勝利

バブルの暴走と崩壊は、日本の経済と企業のあり方についての日本人自身の自己疑問を生み出したと思われる。

自分たちの経済や経営の仕組みに何か大きな欠陥があるから、こんなバカなことが起きるのではないか。さらに、多くの人が豊かさの実感が薄い一方で、時間もないほど働いている。地価の高騰で持ち家が絶望的になった人も多い。自分たちは一体何をやってきたのか。そういった疑問である。

この頃ある保険会社の会長が、「自分は戦死した友達に、どういう日本をつくったんだといえばいいのか。みんなが一生懸命働いても、家一軒買えないような日本をつくりましたと、そういうのか」と、ある雑誌で嘆いていたのが、強く私の印象に残っている。

しかも、バブルのピークの頃から、アメリカ発の日本異質論が日本に向けて、そして世界の多くの国に向けて、語られるようになっていた。異質な日本は世界のスタンダードに従うように構造改革すべきだという議論である。

その典型が、八九年九月に始まった日米両政府間の日米構造協議（SII）である。日本語名は日米構造協議だが、英語の名称はStructural Impediments Initiative。日本の貿易障壁を正すための議論日本の国内市場へのアメリカ企業の参入を容易にするための政府間交渉といえばいいだろう。それを堂々とアメリカが持ち出す論拠が、「日本異質論」なのである。

日本異質論だけでなく、国内にも自己疑問の淵へと日本をたたき落とすような金融不祥事が続いた。主なものだけを紹介しても、以下のようになる。

九〇年一〇月　住友銀行会長が巨額不正融資事件で引責辞任
九一年六月　証券大手四社の損失補塡判明。稲川会への野村・日興の資金提供も判明
九一年七月　富士銀行、架空預金証書による不正融資発覚
九一年八月　興銀による大阪の料亭女将への巨額不正融資発覚

信用が看板であるはずの銀行が、闇の世界とつながり、巨額の不正融資を重ねていたことが明るみに出たことの衝撃は大きかった。どこかシステムがおかしい、金まみれになってしまった、まっとうな人はリーダーシップのポジションにいないのかという疑問を、多くの人がもつような事態になってしまった。

経済の世界だけでなく、安全保障の世界でも日本が異質な国であることを図らずも世界に見せてしまったのが、九〇年から九一年にかけての湾岸戦争であった。日本は、憲法上の理由でこの戦争のための多国籍軍に自衛隊を派遣することができない。だから、応分の資金負担をすることになるのだが、「カネは出すが血は流さない」異質な国・日本という海外の評価になってしまうのである。

この戦争が終了した後、日本は、ペルシャ湾に機雷掃海艇を派遣することを国会で大もめにもめた後で決めるのだが、そこまでの国内の混乱は日本の異質性を外国に示すことにもなっただろう。

湾岸戦争が終わった年（九一年）の八月、ソ連で保守派のクーデターが失敗し、すでにのべたように一二月にはソ連が消滅する。ベルリンの壁の崩壊からたった二年で、戦後の世界の東西対立と安全保障の構造に、決定的な変化が起きてしまった。

ソ連の崩壊は、日本にとって二つのことを同時に意味した。一つは、日本の安全保障環境が根本的に変わったことである。平たくいえば、アメリカにとって対ソ連防衛の最前線国としての日本の価値が大きく下がった。となると、アメリカが日本の安全保障の大きな盾であり続けることの必然性が小さくなる。そんな状況になったら、日本の安全保障を日本自身はどうするのかという深刻な問題が出てくる。日本の安全保障環境の不透明度が大きく増したのである。

もう一つは、アメリカ資本主義の勝利という発想が世界を覆うことになったことである。共産主義が失敗し、資本主義が勝った。その資本主義の世界のチャンピオンはアメリカであるという、分かりやすい構図になったのである。

ちょうど世界がその構図になったその時に、日本はバブルの崩壊で自分たちの仕組みに疑問を感じはじめていた。だから、アメリカ資本主義の勝利というスローガンはよけいに多くの日本人に響いた。自分たちもアメリカ型資本主義の道を歩まなければ、自分たちの国の経済の統治がきちんとしないかもしれない。さらには、世界の仲間に入れてもらえないのではないか。こうした漠然とした不安が広く共有されるようになったと思われる。

たしかに、株主による経営者のチェックを中心としたコーポレートガバナンスの議論がマスコミで大きく取り上げられるようになるのは、九二年ごろからなのである。さらにアメリカの機関投資家からの日本の企業経営への注文も、この頃から多くなったようだ。

こうしてアメリカ資本主義の勝利は、日本異質論をますます強くするインパクトをもつことになり、アメリカ政府が構造協議をはじめとする多様な経済政策上の要求を日本に突きつける際の援軍にもなった。その上、これまでの貿易摩擦の日米間協議では、最後の最後にアメリカ側が強い要求を引っ込めることもあり、そのときには国防省からの注文があったと思われる。日本という国がアメリカの安全保障の上で大切な国だから、そこまで日本を痛めつけない方がいいという、アメリカ政府内部での論理である。

しかし、ソ連の崩壊は、そうしたアメリカの安全保障という歯止めを小さくし、日本へのアメリカの経済的要求がますます強くなる方向へと導いたと思われる。

バブルの崩壊とソ連の崩壊が同じ年に起きたことのダブルパンチは、日本経済と日本企業にとってじつに大きかったのである。それは、八〇年代にはジャパン・アズ・ナンバーワンといわれた日本が、安全保障でも日本的経営でも経済運営でも、急に自己疑問の深い淵に沈んでいくようなインパクトをもったようだ。

それを、バブルの崩壊で生まれた日本の自己疑問がソ連の崩壊でさらに深まることになったと表現してもいいだろう。

為替の大きな揺れ動きに、振り回され、しかし耐える

九三年を底に、日本の経済はいったんは持ち直す。経済成長率は九三年の〇・二％で底入れしたのち、九六年には三・一％まで盛り返すのである。株価も九三年を底値にして日経平均二万円弱の線まで戻り、その水準で九六年までは推移する。

その背後に、日銀の超低金利政策があった。バブル退治にやっきとなっていた日銀が、公定歩合を九〇年の六・〇％から九五年には〇・五％まで、大幅に下げたのである。それに加えて、政府の財政出動による緊急経済対策もあった。そうした対策の大きさを考えると、経済成長率は三・一％までしか戻らなかったというべきかもしれない。

その大きな原因の一つが、九三年から九五年までの激しい円高であった。月次平均データでいうと、九三年一月に一ドル一二五・〇円だった円ドルレートが九五年四月には八三・五円にまで、率にして三三％も切り上がっていった。最高値の日だけをとれば、九五年四月に七九・八円を記録している。この円高は、それまでの歴史上の最高値で、この記録はその後一六年間破られることはなかった。

しかし九五年の円の歴史的最高値の後、九八年八月まで為替は一貫して円安へと転じ、一四四・八円の安値を記録することになる。今度は三年強の間に、七割を超える円安率であった。先進国の中で、これほど為替レートの振れ幅の大きい経済は日本をおいてない。日本の為替レートだけが異常なので

ある（第4章の図4-1を見てほしい）。

為替対策として企業が一番困るのは、こうした大きな揺れ動きである。円高基調が長くつづくのなら、それに対する対策のとりようがまだある。円安基調でもそれが長期にわたるのならやはり別な対策があるだろう。しかし、短期間にこれだけの振れ幅で為替が揺れ動くと、企業は振り回される。だから、バブル崩壊後の底と思われた九三年からの日本企業はつらかった。金融面では銀行の貸し渋り、需要面では資産デフレの影響での消費不振、それに加えてこの円高なのである。

日本を襲った円高としては、八五年のプラザ合意後の円高がもっとも有名であろう。しかし、九三年から九五年の円高も同じくらいきつかった。八五年から八七年までの二年間の切り上げ幅は三九％だったが、このバブル崩壊後の円高も三三％切り上げと、それに類似した大きさだったのである。

これをかりに第二の円高（プラザ合意後の円高を第一の円高として）と呼ぶとすれば、八五年からの第一の円高に驚異的に耐えてきた日本の産業にとって、九〇年代前半の第二の円高は最後のだめ押しにも等しいものになったようである。輸出を国内のコストダウン努力でなんとか頑張るというパターンが大きな効力を発揮できる余地は小さくなり、日本企業は雪崩を打ったように海外での生産へと大きく方向転換していく。

通商産業省（現、経済産業省）の海外事業活動基本調査によれば、アジアでの現地法人設立数が九三年の三三四件から九五年の七一五件とピークを迎えて（そしてその後はまた少なくなる）、日本の製造業の海外生産比率（国内生産に対する海外生産の比率）も九三年の一八・三％から九七年の三一・二％と急拡大していく。日本企業の海外売上に占める現地生産の比率（現地生産比率）も九三年の二九・七％から九七年の五八・三％とこれも急拡大である。

いずれの指標も、九三年以前は大きな動きがないのに、そこから数年間で急上昇している。日本企業が第二の円高を契機にそれだけ海外展開へと巨大なエネルギーを使っているのが、よくみてとれる。ただ、その後は大きな円安に振れていってしまう。多くの日本企業の経営者は、ため息をつきたい思いだったろう。

そうした海外展開の影響もあり、また第二の円高の影響もあって、日本からの輸出総額は九三年から減少に転じて（九二年までかなりのペースで拡大してきていたのだが）、九四年も四〇兆円規模にとどまる。しかし、九五年半ば以降の円安でまた輸出は増加しはじめ、それ以降は二〇〇八年のリーマンショックの年までほぼ一本調子でかなりのスピードで増加していく。

こうして一九九三年から九五年の日本の輸出は停滞するのだが、それを「日本の産業が国際競争力を失っていった」と表現するのは正しくない。輸出の停滞の多くは、日本企業自身による海外生産によって海外需要への供給が代替されたから起きたのである。自動車でもエレクトロニクスでも、それは明瞭であった。日本企業の海外生産に日本列島からの輸出が負けたという現象が基本だった。

そうした代替があったにしては日本の輸出があまり減っていないということ自体が、驚くべきことなのである。

つまり、海外展開も懸命にやる、国内からの輸出もなんとか保つという努力が、九〇年代半ばの日本企業の基本的な姿だった。その懸命な頑張りのおかげであろう、この時期の日本企業全体の売上営業利益率は低下しなかった。九三年が二・二%だったものを、九七年の二・三%まで懸命に持ちこたえていた。そして、金融費用負担などもあって九三年には一・五%まで下がっていたROEも、金利が下がった九七年には三・二%まで回復するのである。

こうして九三年から九七年までの日本経済と日本企業は、バブル崩壊という嵐が過ぎ去った後の小康状態を懸命に保っているように見えた。このまま経済が回復し、地価が戻ってくれれば、不良債権も次第になくなっていくだろう。そんな楽観論もこの頃にはあり得たかもしれなかった。

九七年一一月、日本人はお化けをみた

ただ、八〇年代までの日本経済が世界の優等生であったことの一つの大きな証拠である失業率の低さも、徐々に怪しくなっていた。もちろん、アメリカと比べればまだかなり低い水準ではあったが、日本の完全失業率は年を追うごとに大きくなっていった。九三年には二・五%に上がり、九七年には三・四%になっていたのである。戦争直後の混乱期を除き、日本の失業率が三%を超えたことはかつてなかった。

そして、その背後では、バブル清算という大きな崖に、日本経済は近づいていた。貸し過ぎの銀行と借り過ぎの企業がきれいな姿に戻るための清算作業がバブル崩壊後にきわめて不十分だった上に、不良債権がさらに増えることになってしまっていた。

それは、九三年に株価はいったん下げ止まったものの、地価の方はその後も大きく下落しつづけたからである。九三年の公示地価平均は一七四万円だったが、九七年には八三万円まで落ち込んだのである。バブルのピーク（九一年の二四一万円）と比べると、三分の一近くにまで落ち込んだのである。日本の土地神話は崩壊した。

地価の大幅下落の連続は、不良債権と認定される担保割れ貸付がひそかに増えつづけることを意味していた。九三年以降の不良債権処理が不十分なままのところへ、さらに新たな不良債権が加わりつづけることになってしまったのである。つまり、不良債権というマグマが膨張して、ひそかに爆発への道を探っていた。

その爆発が起きたのは、九七年一一月だった。

ある国の大きな金融機関が、三つつづけて毎週のように月曜日に破綻する。そんなことは、どこの国の歴史の上でも、滅多にあることではない。それが、九七年一一月の日本で起きた。長く日本の経済史に残る、魔の月曜日の一一月であった。

一一月三日月曜日、準大手の証券会社である三洋証券が、会社更生法適用申請を決定した。その前月に、コール市場でデフォルト（返済不能）状態になるという異常な経験をした後の倒産であった。この倒産が、大型金融破綻の連鎖反応の引き金を引いた。

一一月一七日月曜日、北海道を支配するとまでいわれた都市銀行の北海道拓殖銀行が、業務継続は困難で北洋銀行や他の本州地域の銀行に営業譲渡すると発表した。バブル期の不良債権が大き過ぎたのである。つぶれるはずがないと誰もが思っていた「都市銀行」の一角が、もろくも崩れた。

そして、一一月二四日月曜日、証券大手四社の一つ、山一證券が株取引の損失補塡のための「飛ばし」という違法行為（証券の不当な価格での形式的転売）を隠すためにたまった巨額の簿外債務があり、再建の見通しも立たないと自主廃業を決定した。

いずれの破綻も、直接的には資金繰りがつかなくなっての破綻である。本当の理由は、放漫経営、不良債権の多額の累積、損失補塡の累積とさまざまであったが、資金繰りがつかなくなって破綻したのが直接的な原因である。カネをさまざまに受け入れることが業務の中心であるはずの金融機関で、資金繰りがつかなくなるという珍事が、大型の金融機関で三つ立てつづけに起きた。

日本の金融機関全体が金詰まりになり、金融システム不安が極端な形で表面化したのである。それが、不良債権累積のマグマであった。

不運なことに、同じ頃、東アジア各国でも経済の大混乱が起きていた。この九七年の七月、タイのバーツが急落するという危機をきっかけに、マレーシア、インドネシア、韓国と立てつづけに各国通貨が暴落した。とくに、それまで好調だった韓国までも翻弄されて、九七年一〇月から一一月のたった一カ月の間にウォンは半分の価値に下がるというひどさだった。東アジアの経済は、中国と台湾を除いてパニック的な危機の状況になっていた。そして日本までもがジャパンプレミアム（銀行間のドル取引での、日本だけの高い金利）で苦しみ、国際資本市場でのドル資金調達が日本の金融機関にとって一気にむつかしくなっていた。

そうしたアジア通貨危機の波及効果が、バブル崩壊以後の膨大な不良債権を抱え、かつ消費税引き上げショック（九七年四月に三％から五％に引き上げられていた）に悩んでいた日本にまできたのである。その結果が、金融機関の「あるはずのない破綻」であった。

とくに、山一證券の破綻はとどめを刺した形となった。三洋証券や北海道拓殖銀行の場合は、まだ会社更生法による再建や営業譲渡によって、従業員の雇用の機会は残っていた。しかし、山一の場合は自主廃業で、従業員がいっせいに職を失うことになることがはっきりしている。しかも、規模が大きい。従業員数は七四〇〇名であった。

そして、全世界に繰り返し放映された、記者会見での社長の男泣きのイメージが強烈だった。

「社員は悪くない。経営者が悪いんです」

彼自身も事情も知らずに、三カ月前に社長を引き受けたばかりだった。そして、その悪くない社員が全員、職を失ったのである。

こうした状況を、

「日本人はこのときはじめてお化けをみた」

と、ある銀行の支店長が私に当時語っていた。同じ頃やはり経営不安がささやかれていた大手銀行の、都内大型支店の支店長である。自分自身も取り付け騒ぎ対策（たとえば、銀行の前に預金引き出しの人の行列を作らせないよう、店内に人を収容すること）ばかりに心労を重ねることが、山一破綻の翌日からつづいたという。

「お化け」とは、倒産、失業というお化けである。多くの日本人にとって、ほとんど経験も実感もなかった非常事態を、みんながみてしまった。

働く人々にとっては、雇用不安が一気に身近になってしまった。ボーナスが減るとか、賃金が下がるとかではない。職がなくなる不安である。経営者にとっては、倒産という不安が一気に高まった。金詰まりがここまで厳しいのかと、身のすくむ思いをした人たちがたくさんいたであろう。

ついに金融崩壊

その影響は、消費と経営収縮（たとえば雇用調整）のデータにすぐ表れた。

消費者意識調査という内閣府の調査は、九七年一一月からすぐに消費者の意識が大幅に悪化したことを示していた。実際に消費の手控えも大きくはじまった。企業の業況判断や雇用過剰判断なども、九七年末から一気に大幅に悪化していく。そして、雇用調整のニュースが九八年に入ると急速に増えはじめ、たしかに失業率もどんどん高まっていった。

金融不安が雇用不安・倒産不安に変わり、心理不安が深く潜行する心理不況に、日本が突入しはじめていった。九七年、九八年、九九年とつづく異常な三年間が、こうしてはじまったのである。

それは、戦後の日本経済の歴史でもはじめての、異常な三年間だった。九八年には、日本の経済成長率はマイナス一・一%のマイナス成長になった。七三年のオイルショック以来のできごとである。しかも、国内消費、設備投資、輸出と、GDPを構成する御三家がともに前年比で減少するという、これまた前例のないことが起きた。七三年の第一次オイルショックの時ですら、消費は横ばい、輸出は増加したのである。

九八年には、日本以外でも危機が続発した。

九八年八月、ロシアが大きな国としては滅多にない国債デフォルト宣言をしてロシア財政危機が勃発、続いてブラジル危機が起きる。その結果、アメリカではロングタームキャピタルマネジメント（LTCM）という大型のヘッジファンドが行き詰まった。ロシアへの投機の結果、巨額の損失を出したのである。

LTCMが崩壊すると、その影響は世界規模で巨大なものになる危険が大きかった。ヘッジファンドは世界中のさまざまな資本市場で投機の網を張り巡らしていたからである。そこでアメリカの連邦準備制度理事会が、護送船団方式の救済策を急遽準備したほどである。日本の金融市場での護送船団方式を非難するアメリカがである。

その半年前の九八年二月には、日本の国会で金融不安を解消するための金融安定化法が成立し、公的資金を三〇兆円まで投入できる仕組みができていた。日本が国家的な枠組みを準備し、まさにそれを使おうとしていたそのときに、世界の金融市場が崩壊の危機にさらされてしまったのである。準備がよかったと、いえなくもない。

九八年一一月には都市銀行八行が公的資金投入の申請を表明していた。しかし一方では、もう持ちこたえられなくなっていた二つの長期信用銀行（金融債を発行することによって貸し付け資金を調達には日本長期信用銀行が、同一二月には日本債券信用銀行が、それぞれ政府によって破綻認定を受けて実質国有化されることになった。

誰もが起きるはずがないと思っていた日本の大手銀行の崩壊が、九七年の北海道拓殖銀行につづいて、発生することになったのである。そして、もう一つの金融債発行銀行であった日本興業銀行も、翌九九年には大手都市銀行の富士銀行、第一勧業銀行と統合することになる。住友銀行も三井系のさくら銀行との経営統合を九九年に発表する。日本の銀行の大再編が必至となる、きわめて厳しい状況になっていた。それは、金融崩壊とでも表現すべき状況であった。

こうした金融崩壊がもたらした実体経済へのインパクトも巨大だった。九八年の経済成長率はマイナス一・一%。七三年のオイルショック以来、二五年ぶりのマイナス成長であった（九九年もマイナス〇・三%成長）。日本企業全体の九八年の売上営業利益率は、平成三〇年間で最低の一・八%へと落ち込んだ。そして当期純利益は五三三三億円の赤字。平成三〇年間で最大の赤字となった。

失業率は、九八年には四・一%にはね上がり、その後も上がりつづけた。九八年の日経平均の最安値は一万三〇〇〇円を割り込んでいた。つまり、九八年（平成一〇年）に地価も株価もバブルのピーク（平成元年）のほぼ三分の一となってしまった。平成の最初の一〇年の結末は、みじめなものであった。そしてなぜか、その一〇年後の平成二〇年にも、日本企業はみじめな状況を経験する。リーマンショックに見舞われるのである。なぜか、一〇年サイクルの経済的惨事である。

こうした九八年の激震の引き金を引いたのは、九七年一一月の金融機関連続破綻であったが、その直後の九七年一二月、戦後日本を代表する経営者の一人がこの世を去っていた。ソニーの創業者・井深大である。本田宗一郎さんも井深大さんも、金融崩壊から産業迷走の平成の時代をみずに済んだのは、幸せだったのかもしれない。

第2章 産業迷走、つかの間の成長、そしてリーマンショック 1999–2008

銀行大再編

金融崩壊の一九九八年につづく九九年は、日本の銀行大再編がスタートした年となった。崩壊したものは、再構築しなければならない。それが銀行のように国の経済の根幹となるカネの流れを決済などで預かる、いってみれば公的インフラであれば、なおさらのことである。

九八年末現在で、日本には都市銀行と呼ばれる、六大都市に本店を置いて全国に支店網を展開する大手銀行が一〇行あった。本店所在地の北からの順序で名前をあげれば、北海道拓殖銀行、あさひ銀行、東京三菱銀行、第一勧業銀行、富士銀行、さくら銀行、東海銀行、住友銀行、三和銀行、大和銀行である。これらの銀行には日本の大多数の企業や家計が口座をもち、彼らが日本の資金決済（送金、預金の預け入れと引き出しなど）の根幹を担っていた。

この一〇行のうち、二〇一八年末に旧行名のまま再編をせずに存続している銀行は、一つもない。銀行大再編が起きたのである。一九九八年に実質国有化された日本長期信用銀行と日本債券信用銀行は、長期信用銀行と呼ばれる金融債発行銀行であったが、彼らだけがバブルの崩壊によって窮地に追い込まれたのではない。都市銀行は（そして地域限定の銀行である地方銀行も）すべて、不良債権となった貸出を巨大な規模でかかえていた。

九九年八月、第一勧業銀行と富士銀行に日本興業銀行が加わって、三行の統合が発表された。二〇〇二年春をめどに経営統合することになった。都銀と長信銀との合併という、驚きの組み合わせだった。そしてそれを追うように同年一〇月、住友銀行とさくら銀行（三井銀行と太陽神戸銀行が一九九〇年に合併してできていた銀行）がやはり二〇〇二年春をめどに経営統合することが発表された。これも、旧財閥の住友と三井の垣根を越えた統合という驚きの組み合わせだった。

いずれの経営統合も、一九九八年一二月の国会での法改正で可能になった金融持ち株会社制度を利用して、持ち株会社の下に証券や銀行などいくつかの金融機関を置くような経営統合であった。その結果生まれたのが、二〇一八年現在も存在しているみずほフィナンシャルグループ（第一勧銀、富士銀、興銀の三行統合）であり、三井住友フィナンシャルグループである。

その後も銀行再編成はつづき、〇二年には三和銀行と東海銀行が経営統合してＵＦＪ銀行が生まれ、〇三年には大和銀行とあさひ銀行が経営統合してりそな銀行が生まれた。そしてさらにＵＦＪ銀行が東京三菱銀行と統合して〇六年に誕生したのが三菱東京ＵＦＪ銀行である（その後、三菱ＵＦＪ銀行に改称）。

こうして、一九九八年には一〇行あった都市銀行が、二〇一八年にはみずほ、三井住友、三菱ＵＦＪ、りそなの四つのグループ（すべて、証券なども兼営する金融持株会社のもとのフィナンシャルグループ）に再編されたのである（北海道拓殖銀行は、北洋銀行と中央信託銀行に営業譲渡して、消滅している）。

これだけ大規模な銀行再編が起きた大きな原因は、もちろんバブル崩壊による巨大な不良債権の累積であった。その不良債権を貸し倒れ処理すれば、それだけ銀行は損失を計上しなければならない。その巨額損失は銀行の自己資本の大幅減少につながる。しかし、銀行には国際的な自己資本比率の規制があり、国際的な活動をする銀行は八％、国内限定の活動の銀行でも四％の自己資本がなければならないというＢＩＳ（国際決済銀行）規制がある。

この自己資本規制を満たすために、資本力を強化したい、そのために経営統合して銀行の規模を大きくしたいというのが、バブル崩壊による銀行再編への圧力の一つであった。

大再編のかげに、金融ビッグバン

しかし、不良債権処理だけがこれだけ大規模な銀行再編の理由ではなかった。九八年から大蔵省がとった金融ビッグバンという大規模な規制緩和が、大再編のもう一つの大きな原因だった。

この規制緩和政策は、バブル崩壊によってその力が落ちて世界的なプレゼンスも小さくなってきた東京の金融市場の国際的な地位を高め、金融市場を活性化してそれを日本経済再生の一つのきっかけにしようという政策目的をもっていた。それが決められたのは九六年（政策の実行は九八年から）、バブルの崩壊から日本経済が立ち直りつつあるかにみえた時期であった。

規制緩和の内容としては、銀行と証券、生保と損保の業務の相互参入を許し、そのために金融持株会社制度も許して、持株会社の下に複数の銀行や証券の子会社をぶら下げられることが主な内容であったが、東京市場の国際的地位を高めるための外国為替管理法の大幅緩和もまた柱の一つであった。外為法改正のインパクトはじつは大きい。日本の企業や個人が自由に外国為替決済をできるようにすることで、海外の金融機関と自由に取引できるようになるのである。それは当然、海外の金融機関と日本の金融機関が日本の企業や個人との金融取引をとり合うという形で国際競争が自由になる、ということを意味する。戦後の日本の金融秩序のもとと思われてきた大蔵省の護送船団方式が根本的に変わることを、意味していた。

そうした国際競争にさらされることになる日本の大手銀行は、その競争に耐えるための体力や規模をもつ必要が生まれ、それが大規模な再編へとつながることになるのである。

バブル崩壊のあおりで日本の金融システムの体力が落ちていた九〇年代後半に、こうした大胆な自由化政策をとることが正しかったのかどうか、疑問の余地があるだろう。しかし、時の橋本龍太郎内閣は九七年には消費税の増税（三%から五%）を行なった上に、九八年には金融ビッグバンを実行するという、いわば攻めの政策をとったのである。それが不幸にも国際的な金融危機（九七年のアジア通貨危機と九八年のロシア国債のデフォルトを発端とする国際危機）に重なり、日本の金融崩壊から銀行大再編へとつながったのである。

こうした銀行大再編は、メインバンクが企業金融の最後の拠り所となるという暗黙の了解をもって作られてきた日本の産業秩序を、大きく変えるものであった。平たくいえば、もうメインバンクを以前ほどは頼りにできないという状況に日本の企業を置いたのである。だから、すでに序章で紹介したように、九九年まではほぼ一九%近辺で安定していた日本の法人企業全体の自己資本比率が、この年から二〇一七年の四一・七%に至るまで、二〇年間にわたって一本調子で上昇していくのである。

こうした銀行の企業に対する「最後の支援」がもはや大きく期待できないということを象徴するようなできごとが、この一九九九年に起きている。日産自動車がフランスのルノーの傘下に入ったのである。実質的な買収金額は八〇〇〇億円程度で、ルノーは日産を手に入れることができた。

日産のメインバンクは日本興業銀行であったが、興銀自身がバブル処理もあってみずほへの統合を決めたほどで、もはや日産を助ける体力は残っていなかった。だから、長年の経営トラブルで大きな損失を出すようになっていた日産は、ルノーからの資本注入がないとやっていけないような状態になったのである。

しかし、日本の企業の大半がこうして銀行に助けられないと経営をつづけられない状態になっていたわけではない。同じ自動車産業のトヨタは、バブル崩壊もその後のリーマンショックも乗り越えて、世界一の自動車会社への道をきちんと歩んでいた。トヨタと日産の平成三〇年間の経営の比較については、第8章でくわしくやってみよう。

ＩＴバブルの崩壊、アメリカ同時多発テロ、電機迷走

九八年の金融崩壊の影響を受けて、日本の経済成長率は九八年がマイナス一・一%、九九年がマイナス〇・三%と、かつてない二年連続のマイナス成長となった。失業率（年平均）も、九八年は四・一%と前年から〇・七%のジャンプ、そして九九年にも四・七%とさらに上昇の一途であった。すぐに失業率八%時代が来るという予測記事が書かれたほどだった。

日本の産業は、迷走をつづけていた。九九年は円高の年であった。九八年八月には一ドル一四四円七六銭の円安（この時期のピーク）だった円ドルレートが、九九年一二月には一〇二円六一銭にまで切り上がっていった。一六カ月間で四〇円を超える円高になったのである。

当然、日本の産業の輸出は低迷する。九九年の輸出総額は前年比三兆円減の四七・五兆円。しかし、アメリカを中心とするＩＴバブルが九九年から二〇〇〇年にかけて起きたおかげで、二〇〇〇年の輸出は電機を中心に持ち直して五一・七兆円となる。ただ、その水準は一九九七年とあまり変わらないレベルだった。

アメリカのＩＴバブルは、「ドットコム企業」と呼ばれる多くのＩＴ関連ベンチャーがアメリカで生まれ、九九年から二〇〇〇年までアメリカの小型株式の市場であるナスダックの株価指数を中心に株価が異常に上昇した現象のことをさす。一九九九年年初には二〇〇〇程度の水準だったナスダック総合指数が、二〇〇〇年三月には五〇〇〇を越し、しかしそこから急落して一年後の〇一年三月には

ふたたび二〇〇〇を下回る水準にまで下がる。二年間に激しい乱高下をしたのである。

このＩＴバブルの背後で、コンピュータ機器や通信インフラの需要（それは思惑需要もあったと思われる）が一時的に異常に高まり、日本の電機産業、とくに部品産業を潤すことになった。それが、二〇〇〇年の日本の電機産業の付加価値総額が前年比一三％増の二〇・一兆円強の水準まで膨れ上がったことの大きな原因だった。だが、このバブル需要がすぐに消えたことのインパクトは大きく、〇一年の電機の付加価値総額は一六・一兆円へと急落する。じつに減少幅四兆円という大きさである。

これが、長く日本の産業の盟主であった電機産業の長期低落のはじまりであった。

二〇〇〇年の夏には、日本の大手電機メーカーがぞくぞくと大幅赤字、また大型リストラを発表するようになる。東芝、日立、松下電器（現パナソニック）などの大手電機メーカーで七万人規模のリストラという報道が流れた。とくに、戦後の日本的経営の権化のように思われていた松下電器が、二〇〇〇年八月に大規模な早期退職制度の募集を開始したことの社会的なインパクトは大きかった。松下もそこまで追いつめられていたのである。

その背後には、たんにＩＴバブルの崩壊だけでなく、東アジア（おもに台湾や韓国）の電子メーカーの台頭やＥＭＳ（Electronic Manufacturing Service）と呼ばれる製造受託を業とする企業の台頭があった。日本の電機企業は、最終製品市場では東アジア企業との競争に押されはじめ、また製造のアウトソースをＥＭＳに対して行なうことにより、日本での付加価値を生み出す国内生産規模が小さくなってしまうという苦しい路線にはまり込みはじめていたのである。

、しかし、自分でものを作らないと、製造技術の蓄積が枯渇していくし、いずれは製品の設計技術も枯れていく危険がある。しかし、一方でコスト圧力が高いから、当面のコストダウンには生産の海外移転や製造委託に走らざるを得ない。むつかしい局面に日本の電機企業がぶつかりはじめていた。

日本の電機メーカーの大型リストラが行なわれている最中の〇一年九月一一日、ニューヨークで同時多発テロが発生した。グローバリゼーションの動きに反対するイスラム原理主義者たちのアメリカへの反発が原因といわれている。二機のジェット機がアメリカの金融の心臓部・ウォール街地域にある世界貿易センタービルに突っ込み、二棟の巨大ビルを崩落させた映像は、テレビを通して全世界にきわめて大きな衝撃を与えた。

事件から六日後にニューヨーク株式市場は再開したが、株価はテロ発生前と比べると過去最大の下げ幅を記録した。それに連れて、東京株式市場も一七年ぶりに日経平均が一万円割れとなり、大幅な下げとなる。

緊急対策としての景気刺激が必要と判断したのであろう、アメリカの公定歩合はこの年の間に一一回も下げられ、一二月には一・七五％という四〇年ぶりの低水準となった。日本では日銀もまた、いったんはやめていたゼロ金利政策に踏み込んだ。

ITバブルの崩壊と同時多発テロという二つの事件の複合が、日本の産業全体に与えたインパクトは大きかった。鉱工業生産指数はすでにITバブルの崩壊後に二〇〇〇年一二月の一〇八・七からかなり下がってきていたが、〇一年一一月には九二・八まで急落する。この水準は、バブル崩壊後の一〇年間でも最低で、その後リーマンショック後の〇八年一二月に最低が更新されるまでの記録であった。失業率でみても、〇一年一二月の完全失業率は五・四％まで上がり、その後は〇二年六月には五・五％という戦後の長い間の最悪値まで、上昇する。

そして、世界全体もとんでもない時代に入ることになった。アメリカのブッシュ大統領はテロとの戦いを宣言し、その先に〇三年のイラク戦争が待っていた。また、アメリカＦＲＢのテロ後の経済政策としての超金融緩和政策は、〇八年のリーマンショックへとつながるホットマネーの大量供給となってしまい、カジノ資本主義の資金基盤をつくってしまうことになったようだ。

不良債権処理最終幕、そして公的資金投入

こうして日本の産業全体が迷走しはじめると、その中でもとくに弱い部分から病気が噴出しはじめる。そのうえ、その病があたかも経済全体を覆うかの如くの悲観的見方が、世の中の空気を支配する。それが起きたのが、〇一年から〇三年までの日本の産業だったようだ。

たしかに、バブル崩壊後も生き長らえているゾンビ企業の存在が、経済全体の足を引っ張っているという議論がこの頃から多くなった。じっさいに、大量の借金を抱えて再建もままならない大企業がかなりあったのである。とくに、流通業や建設業といったバブルで踊った産業にそうした企業が多かった。「倒産間際の三〇社リスト」などがささやかれていた。

その中で、百貨店のそごうグループが、二〇〇〇年七月に民事再生法の適用申請をした。そごうの

メインバンクは日本興業銀行で、もはやそごうを助ける力はなかった。その興銀が参加するみずほフィナンシャルグループが正式に発足したのは、そごう破綻の二カ月後であった。

さらに〇一年九月になると、スーパー大手のマイカルも民事再生法の適用を申請した。マイカルのメインバンクであった第一勧業銀行（みずほの一部となっていた）が支援を打ち切ったのである。グループ全体の負債額は一・七兆円、戦後第四位の巨大倒産、小売・流通業の倒産としては戦後最大規模となった。そごうの負債規模は、マイカルよりわずかに小さかっただけで、こちらも巨大破綻だった。

こうした事態になると当然のように、日本の銀行全体の不良債権処理は大丈夫なのか、という議論になる。とくに、〇二年までに都市銀行から生まれた五つの金融グループ（みずほ、東京三菱、三井住友、UFJ、りそな）の中でも規模の小さなUFJとりそなに心配が集まったといっていいだろう。UFJはいくつかの紆余曲折を経て、東京三菱グループと経営統合して三菱UFJグループとなったが（〇六年）、りそなは経営基盤が弱体のままで〇一年からの産業迷走の時期を迎えていた。しかも、銀行の貸し渋り、貸し剝がしが経済を停滞させているという議論も出ていた。

銀行にすれば、何も好きこのんで貸し渋りをしているわけではなかった。〇一年からの株価下落（〇一年一月の日経平均一万三八四三円が同年九月には九七七五円へと、三〇%の大幅下落）は、銀行の自己資本比率にも悪影響を与え、BIS規制を守るために貸出残高を減らしてリスク資産を減らさざるを得ない状況にもなっていたのである。

それは、銀行が保有している企業の株価の下落が、銀行の「みなし」自己資本の減少につながるからである。すでに説明したＢＩＳ規制という銀行の国際的自己資本比率規制で、自己資本に算入することを許されていた項目に、銀行の純粋の自己資本だけでなく、保有株式の含み益（時価が簿価を上回る分）を含めることができたのである。日本の大手銀行は、株式持ち合いという形で多くの企業の株式を保有していた。

だから、大幅な株価下落は銀行のみなし自己資本の減少となり、銀行の自己資本比率がＢＩＳ規制値を下回る危険が大きくなる。それゆえに、不良債権処理の引き当てによって自己資本がさらに減少することを避けたくなる。したがって、不良債権処理が進まない。

しかし一方で銀行がいつまでも不良債権を貸出残として残しておくと、銀行の資産総額（これが自己資本比率の分母）が大きいままとなる。したがって、貸出が不良でなくても、貸し渋りや貸し剝がしのような形で貸出を増やしたくない、むしろ減らしたいという動機を、銀行はもつことになるのである。

こうして、不良債権がなかなか減らないままに銀行が貸出圧縮に走るという、経済全体にとって資金の流れが不健全になる動きが、バブル崩壊後もつづいていたのである。

しかし、マイカルの破綻は、バブル崩壊後の不良債権処理がいよいよ最終段階を迎えたことを告げるものだった。マイカルは破綻直前まで国内普通社債を発行していた。社債発行可能な格付けを得ていたのである。しかも、マイカルへの貸出をした銀行側はマイカルを要注意先債権とだけ分類し、貸倒引当金の引き当て率は三％から五％しかなかった。そんな状態でマイカルが破綻したのである。

それは、格付けや銀行による貸倒引当金の処理が甘いことを象徴する事件だった。しかも、マイカルだけが例外だとは誰も思っていなかった。他にも、流通や建設業で倒産がうわさされる企業がいくつもあったのである。だから、東証の株価はマイカル破綻発表直後から、むしろ上昇を始めるのである。これで、バブルの負の遺産の最後の処理が始まるという期待感からであろう。

その最終処理の具体策と多くの人が思ったのは、銀行への公的資金の注入である。銀行の増資（優先株）を政府が引き受けるという形で、銀行の自己資本の増額をきわめて直接的に行なうのである。この公的資金注入は一九九九年三月に大手行を中心に八兆円規模ですでに行なわれていたが、それでも不十分で追加の公的資金注入が必要という政策論議が起きることになる。内閣は、橋本内閣から小泉純一郎内閣に変わっていた。

二〇〇二年になると「一気呵成の銀行国有化」などという見出しがマスコミで躍るほどの案まで検討される中で、とうとう都銀の一角のりそなグループに二兆円に近い公的資金が注入され、実質的に国有化されたのは〇三年五月のことだった。その一カ月前の四月末、東証の日経平均は七六〇七円まで下がり、じつに二〇年五カ月ぶりの低水準となっていた。

このりそなへの公的資金注入は、資本市場へ政府が送るメッセージとしてはじつに効果的であった。東証の株価は、これを機に上昇を始め、同年末には一万六〇〇〇円を超す水準にまで戻る。じつに九カ月で四割を超える値上がりであった。

ただし、公的資金の追加注入は、地銀にはこの翌年に行なわれたが、他の大手銀行へは行なわれずに済んだ。政府は実施したかったのかもしれないが、銀行が話に乗らなかったのだろう。みずほなど、自己資本増強のために公的資金でなく一兆円の増資で対応しようとしたほどであった。〇四年三月にこの増資が発表され、実行された。日本の金融システムは、そこまでは回復していたというべきかもしれない。

そして金融システムのもっとも弱かった部分（りそなや地銀）へのてこ入れだけで済んだからだろうか、株価も上昇しはじめて、経済の「気」も好転し、〇三年以降、日本の経済はゆるやかに回復へと向かう。〇三年と〇四年の経済成長率は、それぞれ一・五％と二・二％であった。そして、金融システム危機が大きな話題になることは、これ以降なくなった。

会社は誰のものか

りそなへの公的資金注入の政府の決断に、株式市場の圧力（具体的には株価）がかなりの役割を果たしていたことは、注入直前までの株価の下落とその後の株価の上昇をみると、たしかだと思われる。日本の企業全体が、株式市場の動向を大いに気にしはじめたのである。それは、前章でのべた「日本異質論」への日本の経営者たちの一つの答えだったのであろう。

そして、二〇〇〇年ごろから「会社は誰のものか」というような議論がマスコミにかなりの頻度で登場するようになる。会社は株主のもの、株式会社の基本理念に戻れという論調である。おそらく日本の企業人の暗黙の常識は、「会社は従業員のものでもある」ということであったろう。その暗黙の常識に挑戦するというマスコミの論調は、日本異質論への日本の一つの反応といえるかもしれない。

　その先がけが、元通産官僚村上世彰氏が持論の「株主価値重視」を実践させるためといって、昭栄という小さな上場企業にＴＯＢ（公開買い付け）を仕掛けたことである。結局はうまくいかなかったが、マスコミに大きく取り上げられた。二〇〇〇年二月のことであった。そしてその八月には、ソニー会長の出井伸之氏らが商法の大改正（株主の権利保護を含む）とくにコーポレートガバナンスの強化を首相官邸での産業新生会議で要請した。これもマスコミで大きく取り上げられた。

　ソニーはすでに一九九七年から執行役員制度を日本の第一号として導入し、経営の執行と監督の分離を制度化する努力をはじめていた。この制度は、すぐに多くの企業が採用するところとなった。しかし、商法そのものは変わらないままだった。

　こうした世論の動きを背景に、法務省は二〇〇三年四月に「株式会社の監査等に関する商法の特例に関する法律」を改正し、委員会等設置会社（取締役指名委員会、報酬委員会、監査委員会を設置し、監査役は置かない会社）が監査役会設置会社とともに認められるようになった。

　そして、〇五年には一九五〇年以来の半世紀ぶりの会社法の抜本改正が行なわれた（施行は二〇〇六年）が、この時に委員会設置会社という名称の若干の変更をした上で、制度としては引き継がれた。この抜本改正は、アメリカの会社制度の精神に見習った部分が多いと思われる改正であったが、それまでの日本の会社法はドイツの会社法の精神に依存する部分が多いといわれていた。

コーポレートガバナンスの根幹は、経営者の牽制と任免にあることはいうまでもない。委員会設置会社では、取締役候補を指名委員会が取締役会の決議なしに決めて株主総会へ直接提案する。経営者の任免と報酬決定の力を、社外取締役も参加する指名委員会や報酬委員会がもつというのである。それだけ、コーポレートガバナンスが透明になることが期待されるのだが、委員会メンバーの選定が実質的に現任の経営者の強い影響力の下に行なわれるのではないかという危惧も残る制度である。

もっとも、執行役員制度は監査役会設置会社（日本の上場企業の大半はこの形態）にも広がったが、委員会設置会社という形態は今日にいたるまで普及していない。この形態に移行した上場企業は（一部、二部、マザーズなどすべてあわせて）、〇三年に四四社、〇四年に一六社あったが、その後はほとんど増えず、一八年現在でも七二社にとどまる。上場企業総数三六〇〇社強の中の二％程度である。

この極端な少なさは、会社は誰のものかと素朴に問われたときの多くの日本の企業人のメンタリティ、先に紹介した暗黙の常識を反映しているように思われる。株主中心という考え方に対する違和感である。そのメンタリティを劇的に表面に浮き出させた事件が、〇五年に起きたライブドアによるニッポン放送買収事件であろう。

この事件は、ホリエモンこと堀江貴文氏が率いるライブドアというＩＴベンチャー企業が、ニッポン放送という東京の民放ラジオ局の株式を買い占めて、株式の過半数を手に入れようとした事件である。ニッポン放送はフジテレビの関連企業として経営されてきたのだが、しかし株式保有上はニッポン放送がフジテレビの筆頭株主であるというねじれ状態があった。

そのねじれを解消するためにフジテレビが村上世彰氏とともにニッポン放送株の公開買い付けを仕掛けたときに、そのすき間をぬってライブドアがニッポン放送株を手に入れ、筆頭株主として登場し、さらには過半数まで買い増そうとしたのである。すると、ライブドアによるニッポン放送買収を阻止するためにフジテレビが対抗的な買収防衛策を繰り出し、それに対してライブドアが訴訟をすると、話はどんどん複雑になっていった。村上氏も登場して、役者が揃ったドラマだった。

その間、ニッポン放送社員会は、ライブドアにはリスナーに対する愛情がないからライブドアによる買収に反対という声明を出し、経営者も買収反対を表明する。社員の中にはライブドアが経営権をとったら退社すると宣言する人まで出た。

社員や社員出身の経営者が、「この会社は自分たちのものだ」「カネを出せば何をしてもいいというのか」と訴えているようだった。テレビのワイドショーで、「会社は誰のものか」という特集をやるほどに話題になり、街の人々の声はニッポン放送社員に同情的なものが多かった。

さまざまなステップと株式売買を経て（その内の一つは、ライブドアがフジテレビにニッポン放送株を高値で売った取引）、結局ニッポン放送は、フジテレビグループの完全な子会社になった。しかし、そこに至るさまざまな株式売買の過程でのインサイダー取引の罪で、堀江貴文氏も村上世彰氏も証券取引法違反で逮捕された。会社を大事にしたニッポン放送の社員が世間の後押しで勝ち、カネと株主権を振り回した人たちが負けたといってもいいような結末だった。

それが、〇五年の日本の商法大改正と相前後して起きた事件だった。だが、社外役員によるガバナンスが利いているはずの本家のアメリカではこの頃、企業のガバナンスが利いていないと思わせる大きな不祥事がいくつも起きていた。

〇一年一二月にはアメリカのエネルギー大手にまでのしあがっていたエンロンが破産法適用を申請、負債は三一〇億ドルと過去最大規模だった。この事件では、アメリカ流ガバナンスの「三種の神器」ともいわれる「情報公開」「役員会」「外部評価」のいずれも機能せず、経営者による不正を見逃したものだった。さらに〇二年七月には通信大手のワールドコムの粉飾決算と経営者の不正が発覚し、同社は破産法適用を申請した。負債規模としては、〇八年のリーマンショックでリーマンブラザーズが破綻するまでのアメリカ史上最大の経営破綻であった。

こうした「アメリカ的仕組み」が機能しないケースが大きく報道されているにもかかわらず、日本のコーポレートガバナンスについてのマスコミ論調はアメリカ型への傾斜をつづけたのである。

産業の姿が変わる

先に〇三年から株価が上昇しはじめたと書いたが、それはりそなへの公的資金注入だけが原因ではなく、日本企業の業績も〇三年から〇五年にかけてたしかに好転していくのである。法人企業統計の売上営業率で見ても、〇三年の二・八%から〇五年の三・二%へと上昇し、これはバブル崩壊後の最高水準なのである（ちなみに、バブル頂点の一九八九年の利益率は三・五%）。経済成長率もすでにのべたように回復していき、完全失業率も二〇〇三年の五・三%から〇五年の四・四%へと改善していくのである。

こうした日本企業の状況好転の最大の要因は、輸出が大きく伸びはじめたことである。〇三年には五四・五兆円だった日本の輸出は、〇五年には六五・七兆円、さらに〇七年には八三・九兆円と急速に拡大していく。

この輸出増加の背景には、この時期の円ドルレートが一ドル一一〇円台近辺で安定していたことと、中国の経済成長があった。中国への輸出がこの時期、爆発的に伸びるのである。〇二年には中国向け（香港を含む）輸出は八・二兆円だったが、〇七年には一七・四兆円になる。五年で倍以上に成長したのである。

結果として、日本の最大の輸出先国は戦後長らくアメリカだったものが、〇七年にはじめて中国となる。〇七年の対米輸出が日本の輸出全体に占める比率は二〇・一％だったが、中国への輸出比率は二〇・七％となるのである。アメリカへの輸出総額が減ったわけではなく（この時期は微増）、中国向け輸出総額が急増したのである。

この時期の中国経済は、〇二年の九・一％から〇七年の一四・二％まで、つねに二ケタというすさまじい勢いで成長していた。その成長にはさまざまな財の輸入が必要になる。世界の工場となった中国からの輸出製品の生産のための素材や部品、中国国内経済の建設のための基礎素材や設備である。それらを供給する絶好の地理的位置に日本はあった。

たとえば、中国向けの鉄鋼輸出でこの時期の日本の鉄鋼業は好景気に沸いた。戦後長らく、日本の産業はアメリカ市場の成長とともに発展してきた。それが二〇〇〇年代に入ると、中国市場の成長が日本産業の発展を左右するようになった。

日本国内の産業構造という点でも、この時期に日本は大きな変化を経験した。ITバブル崩壊の項で説明したように、電機が迷走をはじめた一方で、自動車がきわめて安定的な成長を示して国全体の中での比重を高めていくのである。

付加価値で測定した産業規模でいうと、ITバブル崩壊前の二〇〇〇年の電機産業の付加価値額は二〇・一兆円（日本の産業全体の一八・三％）だったが、〇七年には一七・五兆円（同一六・一％）に落ち込む。なかでも〇二年には一四・六兆円（同一五・〇％）と大きな谷を電機産業は経験している。

他方、自動車産業の付加価値額は二〇〇〇年で一〇・三兆円（日本産業全体の九・四％）だったものが、コンスタントに成長をつづけて〇七年には一五・六兆円（同一四・三％）となる。まだ電機を追い抜くまでにはなっていないが、電機の背中は見えてきた。

しかも電機産業ではすでにのべたように大手企業が軒並み業績不振となっていくのに対して、自動車産業ではトヨタやホンダの業績は好調を続けていた。韓国や台湾に追いつかれ追い抜かれる危機にあった電機メーカーとちがって、トヨタやホンダは相変わらず強い国際競争力を保ちつづけるのである。自動車生産に必要なさまざまな部材の広がりは大きいので、日本産業全体の底支えとして自動車産業の国際競争力の強さは重要な意味をもっていた。

表2-1 主な企業再編

年	企業	内容
1997年	三井化学	三井石油化学と三井東圧の経営統合
1999年	新日本石油	日本石油と三菱石油の経営統合
	エルピーダメモリ	日本電気と日立製作所のDRAM部門の事業統合
2001年	イナックストステム・ホールディングス（現リクシル）	トステムとINAXの経営統合
2002年	JFEホールディングス	川崎製鉄と日本鋼管の経営統合
	ユニバーサル造船	日本鋼管と日立造船の造船部門事業統合
2003年	双日	ニチメンと日商岩井の経営統合
	ルネサス テクノロジ	日立製作所と三菱電機の半導体部門の事業統合
2004年	ミレニアムリテイリング	同社（そごうの後身）が西武百貨店を買収
2005年	アステラス製薬	山之内製薬と藤沢薬品工業の経営統合
	大日本住友製薬	大日本製薬と住友製薬の経営統合
2006年	セブン&アイ・ホールディングス	同社がミレニアムリテイリングを買収
2007年	J.フロント リテイリング	大丸と松坂屋の経営統合
	エイチ・ツー・オーリテイリング	阪急百貨店と阪神百貨店の事業統合
	第一三共	第一製薬と三共の経営統合
	田辺三菱製薬	田辺製薬と三菱ウェルファーマの経営統合
2008年	三越伊勢丹ホールディングス	三越と伊勢丹の経営統合

出所：各種雑誌記事より筆者作成

この章で扱っている平成一〇年代のもう一つの大きな産業の変化は、同じ産業の中の企業同士の経営統合や事業統合による、産業の再編成である。銀行ほどの大再編ではないが、銀行以外の産業でも合併などがかなりみられるようになる。

バブルの崩壊による企業の財務体質の悪化、国内の低成長と人口減少による将来への不安、国際競争の激化など、原因はさまざまであった。しかし、多くの産業再編成に共通しているのは、そもそも日本の多くの産業は企業数が多過ぎて、規模の経済などの経済合理性の観点から問題のある産業組織だったということである。その古くからあった非合理性がいよいよ抜き差しならない問題になってきたと考えるべきであろう。

この時期の産業の再編成の結果として生まれた主な企業を列挙すれば、表2–1のようになる。

産業再編成の起きた産業は、時間的順序であげれば、化学、石油、半導体、建材、鉄鋼、造船、商社、百貨店、製薬と、さまざまな産業にわたっている。これほどの規模と範囲で業界大手同士の経営統合や事業統合が起きたのは、この時期だけであろう。バブル崩壊とその後の経済全体の低迷は、それだけ大きな影を落としていたのである。

お化けの正体がみえた？

では、こうした産業迷走の雇用への影響はどうだったか。

私は前章で、一九九七年一一月の金融機関連続破綻という事件の際に、日本人は「お化けをみた」

と書いた。失業あるいは雇用不安という名のお化けである。たしかに、完全失業率（年平均）は、九九年に四・七％にまでなり、その後も二〇〇二年の五・四％まで上昇をつづける。しかも、一九九九年から二〇〇一年までの三年間は、日本の失業率がアメリカのそれより高くなった。失業率の低さが有名という日本にとって、戦後の長い間かつてなかった日米逆転であった。

この頃には、日本の失業率は遠からずして八％を超えるのではないかという予測すらされる状況になっていた。法人企業全体の従業員数でみても、一九九九年の三八五五万人から二〇〇二年には三六二二万人へと、二三〇万人もの雇用減であった。一九九七年に日本人がみたお化けは、本物であったということになる。

じつは二〇〇二年の従業員数は、バブル崩壊後から一八年現在に至るまでの最低の水準である。また、失業率も〇二年が最悪値であった。〇二年に不良債権処理の最終幕が終わると、日本の経済はゆるやかに回復をはじめ、法人企業全体の従業員数も〇七年（リーマンショックの前年）まで増加をつづけた。失業率も〇七年の三・九％まで改善しつづけるのである。そして失業率の日米逆転は〇一年で終わり、それ以降はずっと日本の失業率はふたたびアメリカをかなり下回りつづけた。

それは、バブル崩壊の後遺症の一応の処理が終わるとお化けは消えた、とでもいってもいい現象であった。一九九九年に、当時の経団連会長だった奥田碩氏（トヨタ自動車会長）が「経営者は従業員の首を切るなら、その前に自分の腹を切れ」と発言したことが有名になった。雇用を守ることの大切さを強調したのである。

さすがにあれだけの不良債権の重みの中では一時的にこの言葉は守れなかったが、アメリカのような失業率の変動が大きな経済には日本はならなかったのである。そして、雇用を守ることの大切さは、忘れられることはなかった。非常時を乗り切ると、〇三年からすぐに雇用拡大へと日本企業は舵を切った。

ただし、雇用への影響が二〇〇二年以降もなかったわけではない。雇用の絶対数は確保されるようになった（従業員総数は増えつづけた）が、一人当たり人件費はかなり下がったのである。つまりは、一人当たり賃金を下げて、しかし雇用は確保するというわばワークシェアリングを国全体でやっていたのが、〇二年からリーマンショックまでの日本ということになる。

データでみてみると、法人企業全体の従業員総数は〇二年の三六二二万人から〇七年には四〇九〇万人へと、三八〇万人弱増加していたが、一人当たり人件費は〇二年の五二四万円から〇七年の四八五万円へとほぼ一貫して下がっていった。とくに、〇三年から〇五年間までの三年間は、一人当たり人件費の減少率は大きく、四・〇％、三・七％、二・四％という大きさで毎年下がっていった。

この三年間、労働生産性も下がりつづけたのだが、その下落幅よりも平均して二％近くも大きな一人当たり人件費の下落率であった。この人件費下落は、前章でバブル崩壊直後に労働生産性の上昇をかなり上回る一人当たり人件費の上昇がつづいたと説明した「甘い日本企業の人件費政策」の完全な裏返しである。バブルからバブル崩壊直後にかけて甘かった日本企業の人件費政策が、バブルの負の遺産処理の最終幕を迎えた〇二年から、一気に是正されたようなものである。

しかしこの現象を、日本企業の人事政策がきびしくなって、働く人たちに対して冷たくなったと理解するのは正しくないと、私には思える。それは、労働分配率（企業が生み出す付加価値の中から人件費として従業員に分配される割合）の推移からみてとれる。

法人企業全体の労働分配率は、バブル崩壊の一九九一年には六八・七％だったものが、その後は一貫して七〇％以上の高止まりをつづけており、九九年には七五・一％にまでなっていた。日本企業の労働分配率の長期的な平均は六八％前後だから、九九年の人件費は付加価値が増えていないのに払い過ぎなのである。

従業員数が近年のボトムとなった二〇〇二年にも労働分配率はまだ七三・六％という高い水準だったが、そこから低下しはじめ、〇七年には六九・四％にまで下がった。かなり正常な姿に戻ってきた、それを一人当たりの人件費の減少と雇用の増加という組み合わせで実現した、ということである。

それを、国全体でワークシェアリングをしていたと、私は表現したのである。したがって、〇二年から〇七年にかけて、法人企業全体の人件費総額は一九〇兆円から一九八兆円へと微増しただけであった。一方で、経済の回復で売上高は上昇していたから、利益額はある程度は増えつづけた。その利益はおもに設備投資と内部留保の拡大に回された。

この章の「大再編のかげに、金融ビッグバン」の項で一九九九年の銀行大再編以降に日本企業の自己資本比率が一本調子で上昇していくと書いたが、それは頼りにならなくなった銀行を目の前にしての、企業の自己防衛策であろう。雇用を拡大しながらも一人当たり人件費を下落させ、人件費総額を微増に抑えることで利益を捻出する、それを資金源にある程度の投資も行なうという形で自己防衛を行なったのが、この時期の日本企業の総体的姿だったのである。

つかの間の成長と、リーマンショックへの歪んだ歩み

この頃の日本の経済成長率は、一%半ば以上の年が二〇〇三年から〇七年まで五年間つづいていた。それほど高くない成長率ではあるが、安定した回復を経済全体がみせていたのである。輸出主導の成長といっていいだろう。また法人企業全体の売上も順調に成長し、すでに紹介したように売上営業利益率も三%を超す水準へとどんどん回復していた。

バブル崩壊以降の経済低迷という長いトンネルの出口がやっとみえはじめたと、多くの人が思いはじめていた。それが、〇七年だった。この年、日本の鉱工業生産指数は一一〇・七というバブル期にもなかったような高い水準を示していた。

しかしそれは、つかの間の成長になってしまう。こうした日本企業の回復の背後で、世界的な経済危機が忍び寄っていたからである。〇七年八月のパリバショックがその前兆としての予震であり、その本震が〇八年九月のリーマンショックであった。それが、バブルの傷跡からやっと癒えてきた日本企業を、ふたたびどん底へとたたき落とすこととなる。

パリバとは、パリに本拠を置くフランスの大手銀行ＢＮＰパリバのことである。〇七年八月、パリ

バが三つのファンドを閉鎖した。米サブプライムローン市場の混乱を理由に価格算出、募集、解約・返金の業務を一時停止したのである。理由としてパリバは声明で、「米国の証券化市場の一部で流動性が完全に消失したため、質や信用格付けにかかわらず、一部資産の価格の算出が不可能になった」と説明した。

その証券化証券とは、アメリカの住宅ローンを証券化した金融商品のことだった。サブプライムとは、プライムよりも下の格付けしかできない、返済不能の確率がある程度高いローンという意味である。アメリカの住宅ローン市場で、そうしたローンが大量に生まれていた。そのローンをかなり貸しい人たちの住宅購入に対して行なったローン会社が、すぐにその債権を証券化して転売する、つまり自分のところにリスクを残さない。だから、一種の無責任体質になっていって、返済不可能なローンが増えていった。不良債権の増加という意味では、日本のバブル期の銀行貸付と同じである。

ただ大きなちがいは、貸付が返済不能になったときに、日本のバブルでは貸し出した銀行そのものが貸し倒れ損を出すのに対して、アメリカ発のサブプライムローンではそれが証券化された金融商品を買った人（欧州の銀行が多かった）が金融商品の価値の大幅下落の損をこうむるという点である。貸付を現場で行なった金融機関にリスクが残らないのである。

だから、アメリカでのサブプライムローン危機を発端に欧州の銀行が不安定になった。日本のバブル崩壊が日本の国内危機であったのとちがい、アメリカ発のサブプライムローン危機は国際的な金融危機となっていった。

しかもそれは、サブプライムローンの危機だけにとどまらなかった。サブプライムローンをベースとする証券化商品が、他の証券化された商品と組み合わされて、さまざまな派生金融商品（これをデリバティブという）となっていた。それがさまざまな金融機関同士の間の投機的取引として積み上がって、バブルとなっていたのである。そして、その取引に投資銀行が大きな役割を果たしていた。

この派生金融商品を買ったのは主に欧州の金融機関（パリバもその一つ）で、それゆえに金融バブルがアメリカから国際金融市場全体へと広がっていたのである。そのバブルがもう破裂しそうだという最初の大きな兆候が、パリバの支払い停止であった。それから約一年間、アメリカ政府はこの金融危機に懸命に対処したが、バブルの重圧は大きくてとうとうアメリカ政府も耐えきれなくなった。それが、リーマンブラザーズという名門投資銀行の倒産を放置せざるを得なくなった背景である。

リーマンの破綻は〇八年九月一五日。この日を境に、多くの経済指標が激変する。国際金融市場に激震が走り、それが引き金となって世界的に経済の大停滞が起きたのである。

日本で最初に撃たれたのは、リーマンショックは金融機関の破綻だから、株式市場であった。〇八年一〇月二八日、日経平均はバブル崩壊後の最安値六九九四円をつける。〇八年全体の株価下落率は四二・一%にもなり、史上最大の年間下げ幅となった。

しかし、実体経済へのインパクトも強烈であった。すぐにおそろしいほどに落ち込んだのは、輸出である。〇八年九月の月間輸出額は七・四兆円ほどあり、以前からの好調なペースのままであった。しかし、一〇月からすぐに落ち込みがはじまり、一二月には四・八兆円しかなくなる。たった三カ月で、三五%もの輸出が蒸発した。そして、翌一月にはその落ち込みは三・五兆円で下げ止まることになるが、四カ月前の半分以下になってしまったのである。

結果として、〇八年の日本の経済成長率はマイナス一・一%となった。リーマンショックが起きてから年末まで三カ月しかないが、その間にすでに日本の鉱工業生産は急落していたのである。このマイナス成長の大きさは、一九九八年のマイナス一・一%と並ぶ大きさで、オイルショック直後よりも大きなマイナスであった。

九八年は平成一〇年、二〇〇八年は平成二〇年。平成の区切りの年ごとに、日本経済は国内金融崩壊と国際金融の大ショックというずれも金融に起因する大事件に見舞われて、マイナス成長を経験することになった。すでにのべた、不思議な一〇年周期の危機（疾風）である。平成が終わろうとしている一八年が、平成三〇年の一〇年周期に当たるだけに、よけいに気味の悪いサイクルである。

リーマンショックはアメリカ発の金融ショックであり、欧州の金融機関もアメリカで売り出されていたハイテク金融商品を抱え込んで大打撃を受けたが、日本の金融機関はこの金融バブルに参加する体力がなかったこともあり、直接的な傷は小さかった。だから、リーマンショックの日本への影響はそれほど大きくないという観測も当初はあった。

しかし、その観測はみごとに外れ、日本の産業に対するリーマンショックのインパクトは巨大なものとなった。〇八年に表面化した被害は、ほんの序の口であった。〇九年に日本の経済と産業は、平成三〇年間のどん底を経験することになる。

第3章 どん底からの回復 2009–2018

崖を真っ逆さまに落ちる

リーマンショック直後の日本の産業の姿はまさに、崖を真っ逆さまに落ちると表現してもいいようなものだった。それをきわめて明瞭に示すのが、平成三〇年間の鉱工業生産指数の月次データ（二〇一〇年を一〇〇とする指数）のグラフである。

図3-1にあるように、グラフが〇八年半ばから〇九年二月へ向かって、奈落の底へ落ちるような勢いで落ちている。じつに異常なことが起きているのがよく分かるだろう。バブル崩壊の一九九一年にも、金融崩壊の九八年にも、あるいは古くはオイルショックの時にも、こんな巨大な転落は起きていない。

二〇〇八年九月の鉱工業生産指数は一一〇・〇だったが、ボトムの〇九年二月には七六・六まで落ち込む。わずか五カ月で三割の落ち込みである。前章の末尾で輸出の急減を紹介したが、それに呼応して生産活動が極端に落ち込んだのである。この頃、操業率が五割や三割になってしまった工場の話をあちこちで聞いたことを、おぼえている。非常事態だった。

図3-1 円ドルレート、鉱工業生産指数：月次

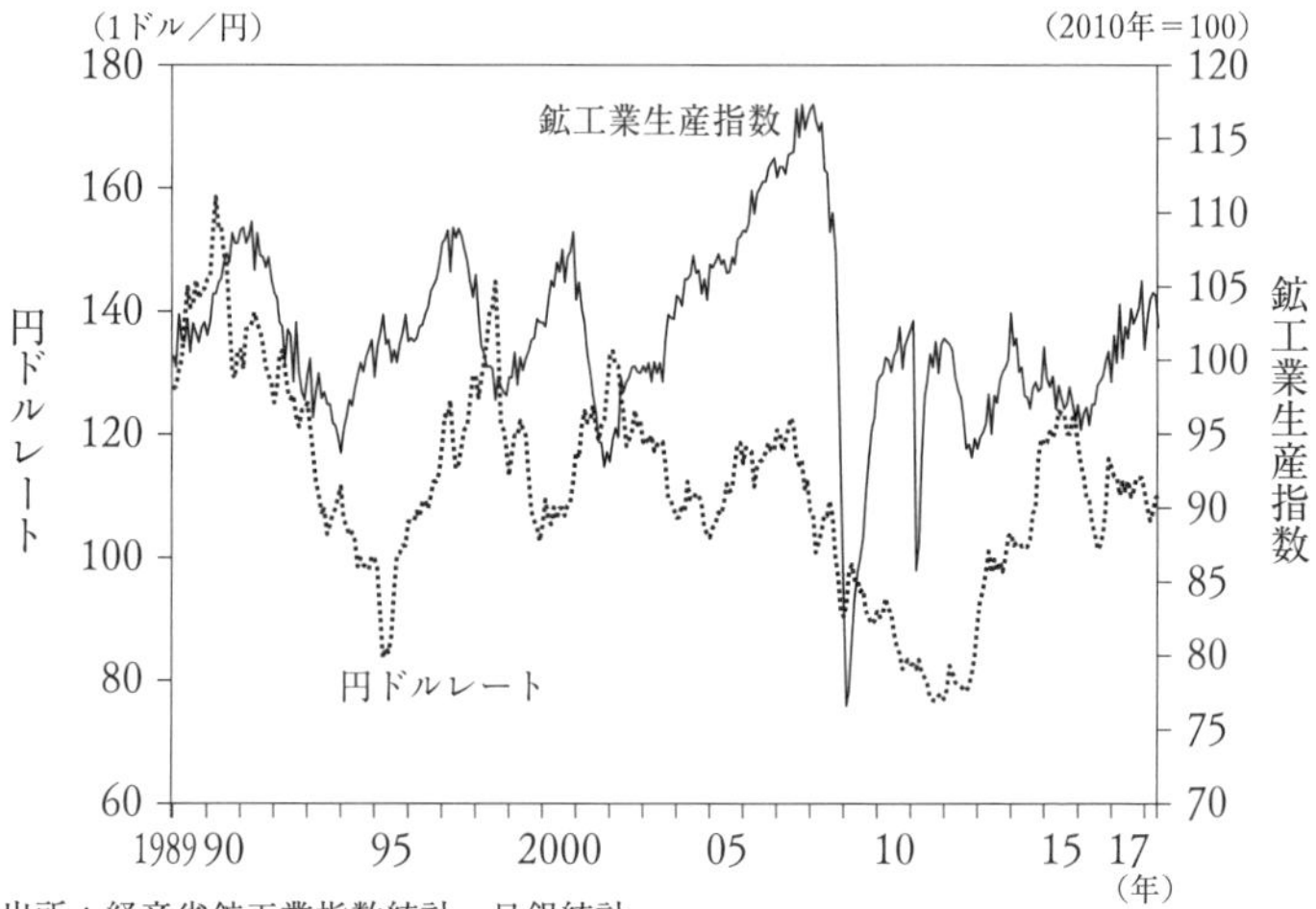

出所：経産省鉱工業指数統計、日銀統計

その後、輸出も少し戻ってきたが、鉱工業生産指数が九〇台にまで回復するのに〇九年九月までかかった。じつに半年以上にわたって八〇台のままの生産水準がつづいたわけで、こんな事態はもちろん平成の三〇年間にはこの時期と東日本大震災直後以外にはなかった。

〇九年という年は、さまざまな経済指標でどん底の年となった。経済成長率はマイナス五・四%。オイルショックや金融崩壊の年（マイナス一・一%）をもはるかに上回る過去最大のマイナスであった。

輸出も激減して、五四・二兆円という、六年前の水準への逆戻りとなった。前年と比べると輸出の三分の一が消えたのである。とくにアメリカとEUへの輸出がそれぞれ四割前後の減少幅となった。中国への輸出が二三%減でとどまったので、全体として三分の一の減少でやっと

おさまったのである。

株価ももちろん、バブル崩壊後の最安値である七〇五四円（終値ベース）を記録した。〇九年三月、日本経済が底なし沼の状況になっていた時である。完全失業率も、〇九年七月には月次データの過去最悪となる五・五％にまで上昇した。

リーマンショックは当然、企業決算も直撃した。〇九年三月期の企業決算は、赤字の企業も多かった。たとえば、トヨタの連結営業赤字は四一〇〇億円で、売上の前期比減少幅は二二％にもなった。トヨタの営業赤字は、創業直後以来七〇年ぶりのことであったし、この年以外に営業赤字は一八年現在までない。

リーマンブラザーズの破綻は、アメリカでの金融破綻であった。それが、日本の実体経済にこれだけ大きなインパクトをもった。世界的な金融危機の恐ろしさである。しかも、実体経済への被害の大きさという点では、日本が世界的にみて最大の被害者となってしまった。

たとえば、経済成長率のマイナスで米国と韓国と比べてみると、〇九年の成長率は日本がマイナス五・四％であったのに対して、アメリカの〇九年の成長率はマイナス二・八％、お隣の韓国はなんとプラス〇・七％成長だった。〇七年と〇九年の生産指数の減少率で比べてみても、日本は二六・四％も落ち込んだのに対して、アメリカは一四・五％の減少にとどまり、韓国にいたっては二・六％の増加であった。

しかし、リーマンショックが起きた直後には、この金融バブルに日本の金融機関があまりからんでいないから日本への影響は小さいだろうと思われていた。それなのに、なぜ日本が最大の被害者になってしまったのか。

最大の理由は、全世界で需要の収縮が起き、それが日本の輸出の激減につながったことである。日本は、〇三年以降輸出主導での経済回復をしてきたが、それが撃たれたのである。図3−1から鉱工業生産指数の〇三年以降のめざましい、しかも長期の伸びが確認できるが、それは輸出主導だったのである。〇三年から〇七年までの時期、同じグラフの円ドルレートから分かるように、為替は一ドル一一〇円前後で安定していた。平成の三〇年間でも例外的な為替安定期だった。

日本が最大の被害者になった第二の理由は、円高である。為替は〇八年八月の一ドル一〇九・二円をこの頃のピークとして、〇九年一月の九〇・四円まで、五カ月で一七％も円高へと切り上がっていった。そして、その後も円高がつづく。世界的な需要収縮の中のこれだけの円高は、日本の輸出へ大きなマイナスインパクトをもたらした。

日本が最大の被害者になった第三の理由は、リーマンショックとともに起きた資源価格の急落とそれに対するものづくり国家日本、かんばん方式の国日本の対応の仕方にあったと思われる。

たとえば原油価格（WTI重油の一バレル当たりドル価格）は、〇四年ごろ（四〇ドル前後）から一本調子の上昇をはじめ、〇七年に入るとさらに騰勢を強め（六月に六七・五ドル）、〇八年六月には一三三・九ドルのピークをつける。一年前のじつに二倍である。しかし、リーマンショックが起きると急落に転じ、〇九年一二月には七七・七ドルまで下がる。五カ月で七割近い急落である。価格グラフはまるでマッターホルンのような形となる。しかも、同じようなパターンの急上昇と急落が多くの資源価格で起きていた。資源市場が投機市場となっていたのである。

資源価格の大半でマッターホルン型の急上昇と急降下が起きてしまうと、それへの対応はものづくり国家にはじつにむつかしい。国の中のあらゆる産業の企業が、ものづくりのためにさまざまな資源を使っているから、すべて大影響を受ける。

急上昇局面では、さらなる上昇を見すえた「念のため」の発注もあっただろう。仮需である。しかし、急落の局面になると、製品在庫の調整が逆にすごいスピードで進む。かんばん方式の国ならではである。しかし、その結果の生産落ち込みの数字を見て、逆に先行き不安が増してしまうと、「すべてを控える」ということになる。したがって、多くの産業で需要が出なくなる時期が生まれてしまう。それが、〇九年の前半だった。

つまり、ものづくり国家日本、かんばん方式の日本だから、マッターホルンがとくにきつかった。こうして、需要収縮、円高、資源価格の急落などが重なって、日本の生産に信じがたいほどの大きなインパクトが出たのである。

東日本大震災

こうして、日本の産業は〇九年前半にはどん底にたたき落とされた。しかし、その後に輸出を中心に経済は意外に早く回復していく。円高がその後も継続してつづくのに、である。資源価格の回復もあって、それとほぼ同じペースで日本の鉱工業生産指数も急回復していき、結局、一〇年の経済成長率は四・二%というバブル崩壊後の最高値を記録する。もっとも、前年にマイナス五・四%だから、まだ〇八年のGDP規模に戻ったわけではないが。

鉱工業生産指数は一一年二月に一〇二・七というところまで順調に回復してきた。この水準は、一七年ごろからはじめて安定的に記録されるようになる水準の数値で、リーマンショック後としてはかなり高い値であった。こうしてやっと回復してきた日本の産業を、しかし、一一年三月一一日の東日本大震災が襲うのである。

この震災の産業への影響としては、被災地に立地している事業所の事業活動が長期間にわたって停滞すること以外にも、二つの大きなものがあった。一つは、福島原発の事故があったために全国的にすべての原発の運転が停止となり、全国規模の電力供給危機が発生したこと。第二に、被災地に立地した工場が生産する部品・材料が全国的に供給されているサプライチェーンが機能しなくなり、そうした部品・材料を使う事業所の正常な運営に全国規模で支障が出ることである。

電力については、電力会社と電機メーカーの大きな努力で、火力発電の供給量アップが劇的に実現され、供給危機は現実のものとならなかった。しかし、全国的なサプライチェーンの寸断はさまざまな産業で起きた。だから、図3-1のグラフに明瞭に出ているように、リーマンショック時と同じような「崖を真っ逆さま」という現象が再現されてしまった。

このサプライチェーンの寸断の象徴的な例が、自動車や電子機器の電子制御に使われているマイコンという半導体の供給であった。この製品の四割以上のシェアをもつルネサスエレクトロニクスの那珂工場が被災し、再開はいつか分からないという状況になってしまった。そして、マイコンの生産がストップしたため、たとえばトヨタもキヤノンも、自社の製品の生産をかなりの量でストップしなければならなくなった。

工場の再開を急がなければならない。そこで、ユーザーであるトヨタやキヤノンなどが技術者を那珂工場に二〇〇〇人規模で派遣して、工場の再開の前倒しに協力することにした。そして結局、各企業から派遣された技術者の混成チームは、精密な調整を必要とする半導体工場の再開の日程を数カ月前倒しにすることに成功し、生産は六月には再開された。日本の企業間取引関係の濃密さが、災害時のサプライチェーンの再構築を助けたのである。

さらにもう一つの自然災害が、この年の日本産業にはかなり大きなダメージとなった。一一年一〇月のタイの大洪水である。日本の自動車メーカーや電機メーカーが多く立地するタイでの大洪水は、こうした地域と国際分業のネットワークを濃密にはりめぐらしている日本企業にとって、海外生産の停滞という大きなインパクトをもってしまったのである。

史上最高の円高

こうした自然災害に加えて、為替市場でも異常な展開があった。リーマンショック後の国際金融危機のせいで、自然災害で大きな被害を受けた日本の円が歴史的な円高を迎えるという異常な展開である。ふつうなら、東日本大震災ほどの大災害は円安に振れる要因になるはずなのに、である。

円ドルレートは、すでに二〇一一年二月には八二・五円まで円高となっていた。リーマンショック前の一一〇円台の安定した水準がウソのような円高である。そこから東日本大震災をはさんで円高はさらに進行し、同年一〇月には七五・三円の戦後最高値を迎えるまでになってしまう。ドルに対してばかりでなく、ユーロに対しても、日本の円は切り上がっていった。

主な原因は、日本にはなく、アメリカと欧州にあった。

二〇一〇年ごろから表面化しはじめた欧州金融危機は、リーマンショックの後遺症ともいうべき金融危機だが、その危機の抜き差しならない状況が象徴的に表面化したのは、二〇一一年八月五日のことであった。アメリカ国債の格付けが最上級の「AAA」から「AAプラス」に一段階引き下げられたのである。歴史上はじめて、最上級の格付けからすべり落ちた。それは、国際基軸通貨であるドルへの信認が大きく揺らぐことを意味していた。

その翌日から、ドルが売られて円高がさらに進み、円は史上最高値への歩みをはじめる。そして、同じ翌日から、欧州の危機国（たとえば、ギリシャ、イタリア）の国債の価格が大きな下落をはじめる。アメリカがもはや国際金融危機を収束させる力がないと市場がとうとう見切った日、国際金融市場の岩盤が崩れ巨大な液状化現象が起きはじめた日、それが二〇一一年八月五日だったのかもしれない。

その日から円高のペースがさらに上がった。それは円の強さを意味するのではなく、ドルやユーロの弱さを意味するもので、避難通貨として円の性格が「震災にもかかわらず」ますますクローズアップされたということであろう。

こうした、日本経済の実態とはまるで逆行する超円高の進行は、日本の産業にとって大きな痛手となったはずだが、日本の輸出は千鳥足ながらも大きな落ち込みはせず、日本の生産は震災後にV字回復することができた。

それは、日本の産業の底力として評価に値するできごとであろう。しかも、〇九年九月から一二年一二月までの三年余りは民主党政権の時代であった。それは一種の人災だったという人もいるほど、民主党政権の評価は低い。政権奪取直後から「民主不況」などとマスコミがいい出したほどである。日本の産業は、リーマンショックというどん底からの回復の時期に、東日本大震災と民主党政権という二つの災害に出合い、しかしよく耐えたというべきかもしれない。

電機敗戦

ただ、耐えられなかった産業もあった。世界に冠たる日本の産業だと多くの人々が思っていた電機産業である。

リーマンショック時の日本の大手電機メーカーといえば、総合電機の日立、東芝、三菱電機、家電中心のパナソニック、ソニー、シャープ、三洋電機、通信・コンピュータ中心の日本電気と富士通、この九社を誰もがあげるだろう。

その中で、三洋電機は今はもう上場していない。リーマンショック直後にパナソニックによる買収の基本合意が発表され、〇九年一二月には正式にパナソニックの傘下に入り、経営統合された。

そしてシャープは、会社としては一八年現在でも上場を続けているが、東日本大震災と歴史的円高のダブルショックで一一年度決算で巨額赤字を計上したために、一二年に台湾の電子機器製造受託大手・鴻海精密工業と資本提携し、さらに一六年には同社に買収された。

シャープは、リーマンショックの打撃のもっとも不幸な例でもあった。四〇〇〇億円ともいわれる巨額投資で液晶テレビの堺工場を新設したシャープだが、投資の決断は〇七年七月。リーマンショックの一年前、パリバショックの一カ月前である。そして工場建設中にリーマンショックが発生し、操業開始はリーマンショック後の不況のさなかの〇九年一〇月であった。前項でのべた日本産業のどん底の中での、社運を賭けた新鋭大工場の完成だったのである。

日本の大手電機メーカーは、リーマンショック時と東日本大震災後と、二回にわけて巨額の赤字を計上している。リーマンショック直後の〇九年三月の決算では、日立、東芝、パナソニック、ソニー、シャープ、日本電気、富士通が当期純損失を計上した。七社合計で二兆二〇〇〇億円近い赤字である。

震災と歴史的円高後の一二年三月の決算では、パナソニック、ソニー、シャープ、日本電気が当期純損失を計上し、その四社合計は一兆七〇〇〇億円を超えた。この時のショックの影響は次年度までつづき、一三年三月の決算ではパナソニックとシャープがさらにそれぞれ七〇〇〇億円と五〇〇〇億円を超える当期純損失を計上している。

大手電機メーカーの中で〇九年三月期から一三年三月期までの五年間で当期純損失を一度も出さなかったのは、三菱電機だけだった。そこで、三菱電機を除く七社（三洋はパナソニックに統合されたので七社）の五年間の純利益と純損失の通算合計を計算してみると、四兆五五四二億円の巨額赤字となる。一社一年平均で一三〇一億円の赤字を、五年間つづけたことと同じである。

電機産業は、一九八〇年代以降一貫して、日本産業の本丸であった。自動車産業よりもはるかに大きな比重をもつ、日本のリーディング産業でありつづけてきた。その産業で、リーマンショックから東日本大震災の時期に、日本の敗戦が明確になった。

敗戦の相手国は、大きな例だけをあげれば、半導体・テレビ市場で韓国、携帯電話市場でアメリカ、そして電機ハードのものづくりでは台湾（中国）である。そして、相手国の勝利を象徴する企業が、サムスン電子、アップル、鴻海精密工業である。

メモリー半導体では、エルピーダが二〇一二年に経営破綻する。日の丸半導体といわれて、日本の半導体大手のメモリー部門が統合して作られた企業（日本電気、日立、三菱電機）が、サムスン電子に敗れたのである。液晶テレビでもサムスン電子が大きく飛躍し、シャープの堺工場への大投資が失敗する。

携帯電話の世界では、アップルがきわめて斬新なデザインとソフトを搭載したまったく新しいスマートフォン（iPhone）で大ヒットを飛ばした。一〇年のことだった。日本企業はほとんど太刀打ちできなかった。鴻海精密工業は、〇五年ごろから急成長をはじめ、日本企業からの受注を大きな成長要因にして、一〇年の売上は七兆円を超えて日本の大手電機メーカーよりも大きな企業にまでなった。

それぞれの勝者の勝利のカギをあえてあげれば、サムスンは大胆な設備投資とデザイン志向であろう。アップルの場合はデザインと圧倒的なソフト作成能力、鴻海精密工業の場合は圧倒的な設備投資である。設備投資、デザイン、ソフトというバブル崩壊後の日本企業の弱点が、見事に射ぬかれている。

バブル崩壊は日本企業の設備投資資金に大きなインパクトを与えたし、ソフト能力では日本がコンピュータサイエンス分野での人材育成に大きく後れをとったのが響いた。

実際、日本の電機産業が国際的に大きく成長した一九七〇年代から八〇年代にかけて、ハードの電子工学分野の学部卒業生の数で日本はアメリカの二倍以上だった時期がつづいていた。人材の量で日本はアメリカに勝ったのである。しかしコンピュータサイエンス分野ではアメリカで八〇年代半ば以降毎年四万人以上の学部卒業生が誕生しはじめても、日本では情報工学という分野の卒業生はきわめて少なかった。あまりに少な過ぎるので、文科省の統計にそうした集計分類がなかったほどである。

これでは、日本がコンピュータソフトの基礎能力でアメリカにまったく太刀打ちできないのも、当然であろう。これについては、第5章でふたたび触れたい。

自動車が牽引したグローバリゼーション

東日本大震災後の混乱の影響は意外に小さかった。二〇一一年のGDPは〇・一%のマイナスを記録しただけである。これと比べると〇九年のマイナス五・四%という下落がいかに厳しかったか、よく分かる。

そして、日本の産業は史上最高の円高を乗り越えて、リーマンショック前のピークに向けて徐々に回復していった。リーマンショック前のピークであった〇七年とショック後の〇九年を比べてみると、この二年間で失われたGDPは四二兆円。そのうち、財・サービスの輸出の減少が三二兆円で、GDP減少分の七六%にもなっていた。その輸出が、史上最高の円高が一二年に終わって円安に転じると、かなりのスピードで回復していった。

ただ、輸出の円ベースでの回復の大きな部分は、円安ゆえの単純な計算上の回復であった。ドル表示では同じ額の輸出でも、円換算にすると円安で額が増えるのである。しかし、ドル表示でも輸出は回復していったし、なによりも輸出の円表示の数字が上昇することが与える心理的なプラスもあったであろう。輸出企業の多くが、円安によって売上増が計上でき、それは利益増につながるからである。

そしてもちろん、円安になれば日本製品の国際競争力（ドル価格ベース）は上昇する。実際に円ドルレートは、一一年一〇月の七五・三円という史上最高値から一三年二月に九〇円台に戻した後、一五年六月の一二三円まで、ほぼ一本調子で円安へと動いた。

背景には、新しい日銀総裁になった黒田東彦氏の異次元金融緩和政策があり、一二年一二月に政権に返り咲いた自民党・安倍晋三政権のアベノミクスがあった。ＧＤＰに占める輸出の比率でみても、一二年の一四・五％から一五年の一七・六％まで急上昇していった。

こうして日本の産業の輸出は堅調に回復していったが、企業のグローバリゼーションとしては海外生産の拡大の方がもっと顕著な動きを示した。〇九年の日本の製造業の海外現地法人（現法）の全世界売上高は七八・二兆円だったが、一六年には一二三・六兆円まで拡大した（経済産業省海外事業活動基本調査。一六年が最新データ）。たしかに、円安効果もあるのだが、実質的にも大きく拡大したといっていいだろう。海外へなんらかの進出をしている製造業企業の海外生産比率も、〇九年の三〇・五％から一六年には三八・〇％へと大きく上昇している。

海外現法売上の拡大幅（〇九年から一六年まで）四五・四兆円の内訳をみてみると、輸送機械（ほとんどが自動車メーカー）の分がほぼ六割である。そして、一六年の全世界海外現法売上のうち五二％が輸送機械部門で、電機部門は一五％にすぎない。海外現法の経常利益に占める比率でみると、輸送機械が四八・二％（金額で三・二兆円）であるのに対して電機は九・九％のシェアしかない。また、日本の製品輸出に占める自動車輸出の比率も高くて、一三年からは電機を抜いて日本の輸出のトップ産業である。

つまり、リーマンショック後、日本企業のグローバリゼーションの圧倒的主役は、自動車メーカーだった。その中で、トヨタは一二年から一五年まで世界一の生産台数となるのである（一六年からは僅差でフォルクスワーゲンが世界トップ）。

トヨタなどの日系自動車メーカーがリーマンショック後にとった行動は、じつは日本の産業全体の「できることならとりたい行動」のモデルケースとなっているように思われる。それは、世界全体での生産は拡大する、日本での生産もかなりの程度の規模で維持し、日本からの輸出も維持する。つまり、成長の伸びしろは海外生産、しかしその基盤としての国内生産や輸出を維持するという姿なのである。

数字でいえば、日本の自動車メーカーの海外生産台数は、〇九年の一〇一二万台から一七年には一九七四万台と、ほぼ倍増している。しかし、国内生産は微増で、〇九年の七九三万台から一七年の九六九万台に増えただけ。この国内生産の六割弱を国内販売に回し、残りは輸出する。輸出台数はほとんど増やさず、拡大する海外需要は海外生産でまかなうという戦略である。

海外生産を増やす一方で国内生産を維持するという戦略は、企業の成長能力の基盤を国内で固めるという意義があるし、また海外生産の拡大を日本からの調達拡大につなげるための日本からの供給能力の維持という意義もある。

じっさい、自動車海外現法の売上増は、現地での仕入れ増につながり、そこへの日系からの納入額の増加につながる。日本からの輸入と現地日系企業からの調達を合わせたものを日系調達総額と呼べば、その総額は一六年には自動車海外現法の総仕入れの四一％（金額では総仕入れ四七・四兆円のうちの一九・九兆円）にもなっている。部品の調達の裾野の広い自動車産業のこうした日系調達の増加は、日本列島にある多くの産業での日本企業と海外での日系現法の両方にさまざまな売上増加効果をもたらしていると思われる。

それは、日本列島との間に濃い関係を維持しながらグローバリゼーションを拡大していくという戦略で、これからも多くの産業でめざされる戦略であろう。これは自動車に限った戦略ではなく、じっさい、全製造業ベースでの海外現法の日本からの輸入は一六年には一八・六兆円へと増えており、この金額は同年の日本からの製品輸出総額の二七%にもなる。さまざまな産業の海外現法へさまざまな日本企業から部品や素材が供給されていくありさまが、想像できる。

こうした海外現法の活躍が従業員数と経常利益額で一番大きい国は、中国である。

一六年の在中日系現法の数は三二〇五社で、総従業員数は一三二・七万人、総売上高は二九・三兆円、経常利益総額は三兆円だから利益率は一〇%を超す。中国現法が日本の海外現法の一番のもうけ頭である。またその売上の過半は現地市場向けで(五五%)、その仕入れ(二〇・三兆円)の二〇%は日本からの輸入、二一%が現地の日系現法からの仕入れである。

中国が日本の輸出先としてアメリカを抜いて一位になったのが〇七年、そして海外現法の売上高でやはりアメリカを抜いて一位になったのは一一年のことだった。その後、輸出先としては一貫して一位、海外現法売上ではアメリカと競って僅差の一位になったり二位になったりしている。海外現法経常利益では、中国が〇八年以来一貫して一位で、アメリカ現法の利益をかなり上回る。

日中間に尖閣諸島の領有権を巡ってデリケートな政治問題が発生し、反日運動が中国で盛んになったといわれているのが一二年だが、この問題は日中間の貿易や投資に意外なほどインパクトをもたなかった。〝尖閣〟後も、日本からの輸出も在中日系現法の売上も基本的に増加しつづけているのである。

ただ、中国の人件費が上昇したことから労働集約的な輸出向け生産基地としての中国も魅力が下がり、政治的摩擦の心配もそれに加わって、従来の中国一辺倒の対アジア進出戦略から日本企業がチャイナプラスワンとしてアセアンやベトナムなどのアジア諸国により目を向けはじめたのもたしかであろう。そして、中国市場の購買力向上とともに、在中日系現法の位置づけは、労働資源利用型から市場立地型へとかなり変化してきている。

官主導のコーポレートガバナンス改革

黒田日銀の異次元金融緩和の影響で円安が進行すると、それは株価動向にもプラスの影響を与えた。海外投資家が日本へ投資する際に、ドルベースで考えると割安になったからである。

また、この金融緩和政策は一二年末の総選挙で誕生した自民党・安倍政権の打ち出したアベノミクスの大きな柱でもあった。政権交代、新しい経済政策など明るい話題がつづき、また海外投資家の日本株買いも大きなうねりとなって、一三年から日経平均は上昇をはじめた。一二年一二月に一万三九八円だったのが、一年後には一万六二九一円にまで上がったのである。その後も日経平均は上昇をつづけ、一五年五月には一五年ぶりに二万円を超えた。経済自体も、平均一・三％の安定した成長を一二年から一五年までつづけていた。

この一五年六月から、上場企業の経営者にはその後大きな関心事となっていくコーポレートガバナンスコードが、金融庁と日本取引所の主導で施行されることになった。安倍内閣の日本再興戦略の一つの柱として位置づけられた、官主導のコーポレートガバナンス改革であった。

具体的には、すべての上場企業は、この「コード」に規定されたさまざまな規則を守るか、守らない場合はその理由を説明するためのコーポレートガバナンス報告書を取引所に提出することが義務づけられたのである。大半の企業が、大半の項目を「守る」こととその守っている内容を記載した報告書を提出した。

コードは大きく五つの基本原則で構成され、(1)株主の権利・平等性の確保、(2)株主以外のステークホルダーとの適切な協働などが基本原則として掲げられた。また、独立社外取締役を二名以上選任することも新たな上場会社規制に盛り込まれた。

その後、一八年六月には改訂版が出て、そこでは政策保有株削減の促進、経営トップの選任・解任手続きの透明性、女性や外国人の登用による取締役会の多様化などが求められている。また、金融庁と並んで経済産業省でもコーポレートガバナンス改革に取り組む政策についての報告書が、一四年九月には出されていた。自己資本利益率（ROE）八％以上をめざすべきとうたわれた報告書だった。

いずれの規制や報告書も、できればやった方がいいことがたしかに書いてあるのだが、それを政府からの規制あるいは指導でやろうとするところに、不思議な日本的感覚がありそうだ。

このガバナンスコードが発表されたちょうどその頃、大きな経営不祥事が起きていた。日本を代表する企業の一つである東芝で、三代の社長経験者が会計不正で会社から告訴される（もちろん彼らすべてが会社の役職から辞任）という、前代未聞の事件である。それは、資本市場へ提供する会計数値を歪めるという市場そのものの信頼を損ねる大事件でもあった。それゆえに、社長への牽制が一番の本質であるコーポレートガバナンスがより注目されることになったのも、無理はない。

またこの頃、株主総会において機関投資家が行なう会社提案に対するアメリカの助言機関による活動（たとえば、ROEが五%を三期連続して下回る企業の社長の取締役就任の否決を推奨する）や、アクティビスト（物言う株主として積極的に発言する機関投資家）の行動が盛んに報道されるようになっていた。

私は、コーポレートガバナンスコードの基本的メッセージは、一部の細かい提案を除けば、意義のあるものだと思う。

たとえば、基本原則の第一で「株主の権利が実質的に確保されるべき」と書いているのは、当然でもあるが、しかしたんに形式的な平等性を強調していない点で意味があると思われるし、基本原則の第二で「株主以外のステークホルダーとの適切な協働」が重要と明言し、そのステークホルダーのリストの最初に従業員を挙げている点も評価できる。

しかし、大方の受け止め方は、株主重視をさらに強調するコードだというものだったと思われる。それには、同じ時期にアクティビストの行動が盛んになったことが関連しているのかもしれない。ひらたくいえば、アメリカ型のガバナンスを日本企業に押し付けているという印象である。そんなコメントを経済誌に寄せる経営者も出てきた。

アクティビストたちの典型的な要求は、増配であり、自社株買いである。企業から株主に資金を吐き出させるような要求であり、それが企業の長期的将来にとっていいかどうか、議論の余地がある。つまり、昔のコーポレートガバナンスの議論のように、株主だけの意向に添うようにアクティビストは要求しがちなのである。だから、彼らが企業の長期的将来を考えて発言をしているのか、無言の違和感を多くの経営者が共有しているように私には見える。

経営者たちの無言の違和感？

たとえば、増配要求についても、もちろん個別の企業ではその要求がリーズナブルであることもあるが、上場企業全体を考えてみるとそれほどリーズナブルではない。東証一部企業の配当性向はかなり高い。一七年度までの五年間の平均は三〇・七％で、平均的にはアメリカとさほど変わらない。大多数の非上場企業も含んだ法人企業統計では、配当性向はさらに一〇％ほど高いのがつねである。

しかも日本企業の配当性向は利益が出ないときにははね上がる。安定的に配当しようとするからである。たとえば、リーマンショック後の最悪の決算だった〇八年度の決算で、東証一部上場企業全体（一七二五社）の当期利益はわずか二四九二億円。それでも配当を、前年よりも微減程度の四・七兆円も支払った。配当性向を計算すると、じつに一八九八％という天文学的な数字となる。株主を大切にして、利益がないのに配当は支払ったといっていい行動を、日本企業はとったのである。

アクティビストを代表とする海外機関投資家の株式保有のパターンもまた、経営者たちから見れば企業の将来を真剣に考えてくれるのかについて疑問を感じかねない要因である。短期的な利ざやかせぎの投機的動機が強いのではないかという疑問である。

たとえば、一七年度末（一八年三月）の外国法人などの外国人株主の株式保有比率（株数ベース）は二六・五％（過去最高は一四年の二八・〇％）、そして売買代金に占める海外投資家シェアは六九・三％だった。

この二つの比率の違いは、海外投資家が市場平均よりもかなり速い回転で売り買いを繰り返していることを意味する。つまり、短期で利ざやをとる傾向が強いのである。こうした彼らの行動は、かなり前から変わっておらず、彼らの市場取引に占める比率が高まったため、東証全体の売買回転率も上がってきている。

そうした利ざやかせぎが大きな目的の株主の声をどこまで聞くのが、企業の長期的将来を考えるべき経営者として正しいスタンスなのか。経営者たちの無言の違和感は、私にも理解できる。たしかに、株券の保有は株主総会での投票権という意味で経営に対する発言権を意味するのだが、短期保有の株主の権利をどこまで認めるのが社会的に公正かというむつかしい問題が、じつは背後にはある。

しかし、物言う株主と同じ方向の路線を、官主導のコーポレートガバナンス改革が打ち出しているようにも見える部分がある。たとえば経済産業省報告書の「ROEを大きくすることを目的に」という提言も、アメリカ型のROE重視経営に見えてしまう。報告書の中では、日本企業のROEが低いのは売上利益率が低いからだと明確に書いてある。それなら、ストレートに売上利益率の向上をめざせということもできるのに、ＲＯＥの改善をといってしまう。

ＲＯＥの改善のためには、ＲＯＥの分子の利益を増やすことも分母の自己資本を減らすことも、同じ効果をもつ。利益を増やすにはたとえば事業努力が必要となり、それがもっとも正統な経営であろう。だが、自己資本を減らすにはたとえば自社株買いをやるだけでいい。財務的手段だけでやれるのである。それは、株主からの圧力が強い多くのアメリカ企業がじつはとりがちな政策である。しかし、自己資本を減らすことは、銀行が頼りにならなくなって自己防衛力を強くしたい日本企業にとっては、あまりとりたくない政策なのである。

こうして、官主導のコーポレートガバナンス改革の背後に、多くの人はついアメリカの影を見てしまっているようだ。それが資本市場の世界のルールだといわれると、反論はしにくいけれど違和感は残る。それは、バブル崩壊後に一貫して流れている日本異質論への違和感かもしれない。

雇用と人件費の安定

リーマンショック直後の上場企業の利益の小ささと、その裏で配当という株主への対応での驚くべき日本企業の行動を前項で紹介したが、同じような驚くべきことが、雇用と労働分配率（企業が生み出す付加価値の中での従業員への人件費の比率）でも起きていた。

〇八年から〇九年にかけて、日本の失業率はかなりのピッチで悪化していった。〇八年九月（リーマンショックの月）の失業率は四％だったが、その一〇カ月後の〇九年七月には五・五％というピークに達するのである。しかし、その後はまだ経済が完全に回復しない中で失業率は一貫して低下しつづけ、一三年六月にリーマンショック後はじめて三％台に回復する。さらに失業率は景気回復とともに改善をつづけ、一八年五月には二・二％にまで下がる。この数字は九三年ごろと同じような低い水準である。

リーマンショック直後の一〇カ月間での失業率の悪化が一・五％だけだったということは、崖から真っ逆さまに落ちるような生産活動の急落や東証一部企業の〇八年の経常利益総額がたったの二四九二億円まで急降下したことなどと考え合わせると、驚くべき失業の少なさといえそうだ。

それは、日本よりもリーマンショックの被害が小さかったと思われるアメリカの失業率の動向と比べると明瞭になる。

アメリカの〇八年九月の失業率は六・一％だったが、その一〇カ月後には九・五％にはね上がる。じつに三・四％の上昇である。日本の同じ時期の失業率悪化幅のじつに二倍以上の悪化である。その上、アメリカの失業率はその後も上昇を続け、〇九年一〇月には一〇・〇％のピークとなり、一一年九月まで二年間も九％台の失業率のままだった。一〇・〇％という二ケタの失業率は、アメリカが四半世紀以上経験したことのない高さであった。

アメリカの失業率はこのピークから回復をつづけるのだが、アメリカの失業率の数字がリーマンショック直前と同じ水準に戻ったのは一四年七月。リーマンショックから七〇カ月後だった。日本は一三年六月にリーマンショック直前に戻ったから、回復に要した期間の長さは五七カ月で、日本の方がはるかに短かった。

アメリカは労働市場の流動性が高く、景気変動に対する企業の雇用調整速度も速いことは古くから知られた事実だが、リーマンショックのような大事件に対する日米企業の対応がこれほどもちがったのである。アメリカと比べれば、明らかに雇用維持の姿勢が強いのが日本企業だということがこれだけでもわかるが、さらに労働分配率の動きを比べてみると、日米の差が際立つ。

企業が生み出す付加価値から従業員に支払われる比率（労働分配率）は、いくつかのデータ源で少しちがう数字が出てしまうのだが、日米のちがい自体については、いずれのデータも同じ傾向を明らかにする。それは、景気の変動で企業の生み出す付加価値が変動するとき、人件費の支払いを日本企業は固定費的に考えるので労働分配率は大きく変動する。アメリカ企業は人件費を変動費的に変化させるので、労働分配率の景気変動による変動はうんと小さい。

リーマンショックの直後、法人企業統計で報告されている日本企業全体（金融・保険業を除く）の労働分配率は、〇七年の六九・四％から〇八年の七四・七％と一気に五・三％もはね上がる（国民経済計算ベースの労働分配率も、同程度にはね上がっている）。そして、〇九年も同じ水準である。そしてその後は、日本の労働分配率はゆるやかに低下をつづけ、一七年には六六・二％まで戻る。この数字は、バブルがピークだった一九八九年よりも一・四％低い水準である。

アメリカの場合、日本の国民経済計算ベースと同じ計算方式のデータでみると、労働分配率は二〇〇七年と〇八年でほとんど差はなく、〇九年には二％ほど下がっている。つまり、リーマンショックの与えた影響は、労働分配率をみる限りほとんどない、いや、むしろ経済的危機で労働分配率を減らしている。付加価値の減少に合わせてきっちりと（あるいはそれ以上に）人件費を削減しているからである。

その人件費削減を端的に象徴するのが、同時期の失業率の急激な上昇であり、高い失業率の長期間の継続なのである。アメリカ企業は雇用そのものを減らして、人件費を減らしている。日本企業は、雇用量も人件費総額も安定的に維持しようとしている。

もちろん、リーマンショックほどの大きな危機であれば、日本企業も雇用を減らす。法人企業統計ベースでいえば、総従業員数は〇八年に前年から増えて四一三七万人になった後、一〇年の四〇五二万人まで、八五万人だけ減らしている。この従業員数減少は、同じ時期の完全失業者増加数（七九万人）とほぼ同じである。従業員総数の二％だけ、雇用を減らした。ただ、一人当たり人件費は四八〇万円前後で、この時期ほとんど変動しておらず、この雇用量の減少分だけ人件費総額が減っているのである。

人件費総額の〇七年から〇九年までの減少額は約一・四兆円だったが、同じ二年間の付加価値の減少額ははるかに大きくて二二・一兆円だった。結果として、労働分配率が〇七年から〇九年へ五・三％もはね上がる。そして、大きい雇用を維持したまま付加価値総額が下がるのだから、労働生産性（従業員一人当たり付加価値）も〇七年の六九八万円から〇九年の六四一万円まで、大きく下げている。

第2章で、労働生産性の上昇率と一人当たり人件費の上昇率を同じにすることが一つの賃金決定の原理で、バブル崩壊後の日本企業はこの原理に反してかなりの人件費上昇を許してしまったとのべた。その同じ賃金原理でいえば、リーマンショック後の日本企業はふたたびこの原理から離れ、労働生産性の大きな下落にもかかわらず一人当たり人件費を維持するという行動をとったのである。

リーマンショックでの世界最大の被害者日本が、雇用も守り、そしてこれだけ労働分配率を高くして労働者への分配を重視した事実は、もっと評価されてよい。それがあればこそ、じつは一三年からの景気回復期に労働生産性がかなり改善したにもかかわらず、一人当たり人件費が生産性上昇率よりかなり低い率でしか上がらずに済んだと説明できそうだ。経営者と従業員の間に、一種の長期的な貸し借り関係（景気の悪いときでもそれなりに処遇するから、景気がよくなったときは少し辛抱してほしい）が成立しているかの如くである。

じっさい、一三年からの景気回復のプロセスで、法人企業全体の売上営業利益率は三・五％に戻り、その後は一七年の四・四％まで順調に改善していく。ROEでも、一三年の六・八％から一七年の八・四％へとかなり改善していくのである。

シャキッとして、地力をつけた日本企業

リーマンショックで崖から真っ逆さまに落ちた後、東日本大震災に襲われた日本企業。その日本企

業が、地力をより強くして戻ってきた。強烈な疾風に、シャキッとした企業が多かったのであろう。

一七年度の決算では、過去最高益の企業が続出した。東証一部企業の四社に一社は最高益更新といわれ、東証一部企業全体の純利益総額は前年から二五％近く伸びて三六・九兆円。リーマンショック直後に二四九二億円しかなかったことが、悪夢にみえる。そして、一一年以降は自己資本比率も純利益もほぼ一貫して増やしつづけ、一七年度の東証一部企業のＲＯＥは一〇・五％となった。自己資本を減らしてＲＯＥを上げるという政策をとらずに、経済産業省のいい出したＲＯＥ八％をはるかにオーバーしたのである。

日本企業全体の指標となる法人企業統計でもまったく同じ傾向で、一七年度の純利益総額は六一・五兆円、ＲＯＥは八・四％とこちらも一貫して増加傾向を保っている。金融崩壊の一九九九年以来三〇年近く、自己資本比率を一貫して増加させてきた法人企業だが（一七年の大きさは四一・七％）、それだけ財務体質の改善に努めながらＲＯＥがこれだけ良くなってきているということは、十分に注目されていい。

また、序章の図序-2でみたように、リーマンショック・東日本大震災後の売上営業利益率と労働生産性の八年にわたる急ピッチの上昇はみごとである。事業効率がそれだけ上がってきた、収益力の地力が相当についてきたということである。

マクロの数字で見ると、一七年の製品輸出額は七八・三兆円で過去最高。こちらも一三年以降、ほぼ一貫して上昇である。ただし、鉱工業生産指数はリーマンショック前の一一〇台後半の数字には戻っていないが、一五年半ばからの円高にもかかわらず生産活動は順調に拡大してきている。経済成長率は一七年には一・七%に戻り、失業率も一八年五月には二・二%という低さを回復している。

こうした順調な産業回復の一つの大きな要因は、一五年以降の原油価格の大幅下落であろう。原油価格の代表的指標であるWTI重油の一バレル当たりの価格は、一四年には九三・一ドルだったものが、一五年には四八・八ドルと四八%も急落した。原油価格は一六年にはさらに下がったのち、一七年には五〇・〇ドルとなっている。アメリカのシェールオイルの大増産が主な理由といわれている。リーマン前のピークが〇八年の九九・六ドルだったから、リーマンショック後の急落の後に一四年までふたたび急上昇していた原油価格は、ピーク時のほぼ半額になったのである。

原油をほとんど輸入に頼る日本の産業にとって、エネルギーの中心となっている原油価格の上昇は大きな負担となる。その負担に耐えながらもなんとかやってきたリーマンショック後の日本の産業にとっては、一五年以降の原油価格下落はかなりありがたかったろう。

価格という点でさらにつけ加えれば、バブル崩壊以降下落をつづけていた公示地価平均は、〇六年にいったん下げ止まった後、ふたたび〇九年から下落しつづけたのだが、一三年の五六万円で下げ止まった。そこから上昇に転じて、上昇基調は一六年からさらに明確になり、一八年の公示地価平均は七〇万円まで戻っている。バブル崩壊の大きな傷（バブル崩壊時の公示地価は二四一万円）がやっと少し癒えてきたというべきだろう。金額はそれほどでもないが、基調としての地価反騰の心理的インパクトは、やはり大きいだろう。

こうしたリーマンショックからのみごとな回復が、消費者の意識に影響を与えるまでには、多少時間がかかった。しかし、内閣府が調査している消費者態度指数も一五年初頭からはっきりした改善基調をみせている。バブルの頃やリーマンショック直前に五〇前後まで上がっていたこの指数（五〇という水準は暮らし向きがよくなっているかどうかの分岐点）は、リーマンショック後のどん底（〇九年初頭）では二七・七という調査開始（一九八二年）以来の最低水準を記録したのだが、二〇一五年初頭に四〇台を回復した後、一八年初頭には四六・六まで上昇している。

外患も内憂もあるものの

リーマンショックから一〇年、そのマイナスインパクトの大きさは巨大で、産業界も消費者も回復に一〇年近い歳月が必要だったということなのだろう。その回復の道筋を、日本はしっかりと、しかも内容をより充実したものにしながら、きちんとたどってきた。

しかし、すべてがばら色になったとは、とてもいえない。これからの日本企業を考えると、大きな外患と内憂がそれぞれ二つありそうだ。

外患の一つは、ITとくにソフトやプラットフォームでアメリカにつけられている大きな差である。第5章でくわしくのべるように、IT人材の絶対量の巨大な日米格差がその背後にある。これからはIoTの時代といわれる。インダストリー4・0の時代ともいう。その時代に、センサーや末端機器、あるいは通信のためのハードの世界では日本はかなりやれそうだが、ソフトやシステム、そのシステムをベースにしたプラットフォームでは、劣勢が予想される。そのギャップをいかに埋めていけるのか、あるいは劣勢を挽回する他の手段をどう考えるか。

もう一つの外患は、アメリカ主導のグローバリゼーションの時代に反対する波が、主導役だったはずのアメリカ国内も含めて、世界のあちこちで生まれてきていることである。たとえば、イスラム世界の反発はすでにニューヨークの同時多発テロという形で表面化した。それへの解決策を世界が探る中で、一六年にはイギリスのEU離脱決定、アメリカのトランプ大統領の当選という事件が起きた。いずれも、自国ファーストを訴える声が選挙民を動かしたケース、感情の論理が経済の論理を超えたケースといえそうだ。

その影響として、世界の貿易や経済の体制の根幹がゆらぐ危険のある動きが、EUの難民対策でもアメリカの保護主義的政策でも、表面化している。一八年にはとうとう米中貿易戦争が勃発している。世界の経済秩序の混乱期にわれわれは入ろうとしているのではないか。

日本企業の内憂として私がもっとも懸念するのは、投資の不足である。経常利益の額や減価償却の額の合計値が投資可能な財源とすると、今その四割程度しか日本企業は設備投資していない（この分析については、第7章でくわしく行なう）。その状態がすでに二〇年近く「安定的に」続いている。バブル期に投資可能財源の九割以上を投資したのは慎重さを欠く行動だったが、四割しか投資せずに内部留保をどんどん貯め込むというのも慎重過ぎる行動だろう。成長への基盤能力の維持と成長への心理的エネルギーの確保、その両方が心配となる。

内憂の第二は、ますます増加する傾向にある海外大型M&Aである。日本での設備投資をあまり拡大しないのに、リスクがかなりある海外大型M&Aに乗り出し、しかし失敗するケースがかなり出てきている。これからのグローバリゼーションを考えればM&Aは重要な手段なのだが、それをきちんと成功させる能力を日本企業はどの程度向上できるのか。

ただし、こうした外患と内憂だけを強調して、この章を終えるのは悲観的過ぎるだろう。この第Ⅰ部は、平成三〇年間を一〇年ごとに区切って、日本経済と日本企業の歴史を一〇年単位で大きく概観することが目的であった。まことに波乱の多い三〇年であったと読者も思われたであろう。おそらく昭和の後半の三〇年と比べれば、環境の激変はかなり大きかった。

しかし、将来に向けて心配はつねにあるものの、日本企業は波乱に満ちた平成という時代の疾風に耐えて、蘇ってきた。勁草がみえてきた。直前の項のタイトルである「シャキッとして、地力をつけた日本企業」がそれを象徴している。章の基調としては「日本がふたたび帰ってきた」というメッセージで終われることを、筆者としてはホッとした思いである。そういう前向きになれる状態で、日本企業は平成という時代を終わろうとしているのである。

第Ⅱ部

世界、技術、ヒト、カネの三〇年

第4章

アメリカと中国のはざまで
——世界の中の日本企業

国際秩序の大変化という平成の時代

この第Ⅱ部では、平成三〇年間の日本の経営を、世界、技術、ヒト、カネという視点でそれぞれの章を立てて、それぞれの視点に限定した三〇年間の歴史を通観するという分析を行ないたい。そして、第Ⅱ部の最後の章では、日本を代表する産業である自動車のトヨタと日産という両雄を、個別企業の平成経営史として比較してみたい。

そうした目的の第Ⅱ部の冒頭に、世界地図の上での日本企業の平成の歴史を描く章を配置することには、私の意図が込められている。これからの日本の経営を考える際、とくに人口減少の日本をベースとしている日本企業にとっては、世界の中での自分の立ち位置をどうもっていくかが、多くの企業の経営上の最大の問題だと思うからである。

そうした将来の世界的立ち位置の問題を考えるために、平成の歴史を振り返ろう。どんな立ち位置を将来めざすかは個々の企業によって当然異なるだろうが、平成の歴史からどの企業も共通に学べる大きな歴史の動きがあるのである。

まず最初に確認すべきは、平成という時代は日本企業を取り巻く国際秩序にきわめて大きな変化があったということである。その変化に、日本企業は翻弄されながら、しかしそれなりに対応してきたと思える。

平成が始まるとほとんど同時に、冷戦構造が終わり、中国の開放政策が始まった。それは、序章冒頭の「平成元年という年」という項で紹介した通りである。冷戦の終焉と中国の開放政策は、世界地図の上から共産圏の境界と中国の鎖国という二つの大きな壁がなくなったことを意味していた。企業が国境を従来ほどに意識せずに、旧共産圏にも、中国にも、かなり自由に動き回れるようになった。その上、新興国の成長が平成の時代に加速した。

これらすべての動きは、企業活動のグローバリゼーションの時代を意味していた。

しかし、平成が終わろうとする今、歴史の逆回転が少し起きはじめている。反グローバリゼーションともいえるトランプ大統領のアメリカ第一主義、そこからの米中貿易戦争、さらには難民への国境開放をきっかけとするイギリスのEU離脱の問題。すべて、自国の国境を高くするような動きなのである。だから、前章の最後に外患の一つとして、反グローバリズムの動きを挙げたのである。

しかし、その動きは、共産圏の開放や中国の鎖国停止と比べれば、インパクトははるかに小さいと私は思う。歴史の逆回転は、少しの揺り戻しで、完全な逆回転にはならないだろう。そして、平成時代の巨大な国際秩序の変化に対応してきた日本企業としては、憂慮すべき問題だが過去にぶつかってきた問題と比べればむしろ小さい。かえって、さまざまな観点から「閉鎖性がある」と日本異質論で攻撃対象になりがちだった日本企業からすれば、アメリカやEUが日本自身の過去に多少似た傾向を最近はもってきたと割り切れる問題だと思える。

むしろ心理的なインパクトとして日本企業にとって気になるのは、日本企業の世界的プレゼンスの大きさが、平成がはじまる頃よりはかなり小さくなってしまった感覚があることであろう。

たしかに、日本経済の世界全体でのプレゼンスは小さくなった。日本の二〇一七年の実質GDPは約五三一兆円だが、これは一九八九年から二〇一七年までの二九年間で一・四倍になっただけである。他方、たとえばアメリカのGDPは同じ期間に一・九倍になっているし、中国にいたっては一二・六倍になっている。

こうした経済全体の成長の違いは、当然のことながら日本企業の世界的プレゼンスを低下させる。たとえば、「フォーチュン」誌の世界トップ五〇〇企業ランキングは一九九五年から発表されているが、九五年にこのリストに入った日本企業の数は一四九社でアメリカ企業一五一社に次いで第二位だった。しかし、二〇一八年には五二社（トップはトヨタ自動車）に減り、国別ランキングではアメリカ一二六社が一位で、日本は中国一一一社に抜かれて第三位となった。

こうしたプレゼンス低下の最大の理由は、中国の驚異的な経済成長と日本経済の低成長であろう。ただ、アメリカ企業のランク入り企業数が一五一から一二五社減っただけなのに、日本の減少数は九七社。日本経済の成長の低さだけでなく、日本企業の成長エネルギーの低さが気になる数字である。それは、日本企業の国際展開のスピードが、国内経済の低成長を補うだけの十分な大きさでなかったことを意味している。

ただ、一八年の日本企業トップのトヨタはランキング六位で、一九九五年のランキング一一位よりも順位が上がっている。日本経済の低成長にもかかわらず、トヨタが積極的な国際展開を平成の時代を通して実行してきたことの成果である。日本企業でもきちんとした戦略と成長へのエネルギーがあれば、十分にやれるという一つの証拠である。そのトヨタの国際展開がどのようなものだったか、第8章で分析することにしよう。

為替に振り回されてきた日本企業

ただし、日本経済の低成長以外にも、世界地図の中で日本企業のプレゼンス低下の原因となってきたと思われる同情すべき要因がある。為替変動である。

第I部で私は、円高と円安に振れる日本の為替相場のことをたびたび話題にした。日本企業の国際展開について、日本企業はあれだけの為替変動の中でよくやってきた、あるいは為替に突き飛ばされて国際展開に耐えてきたと私は思う。それがよく分かるのが、前章の図3-1である。月次の円ドルレートをグラフにしてあるが、一六〇円近くから七五円近くまで二倍以上の振れ幅で、しかも揺れ動きを繰り返している。これでは、海外生産の投資決定など、じつに大変であることは容易に想像できる。

しかも日本の為替レートの動きは、他国のそれよりもはるかに振れ幅が大きく、円高と円安をたび

図4-1 実効為替レート指数の動き

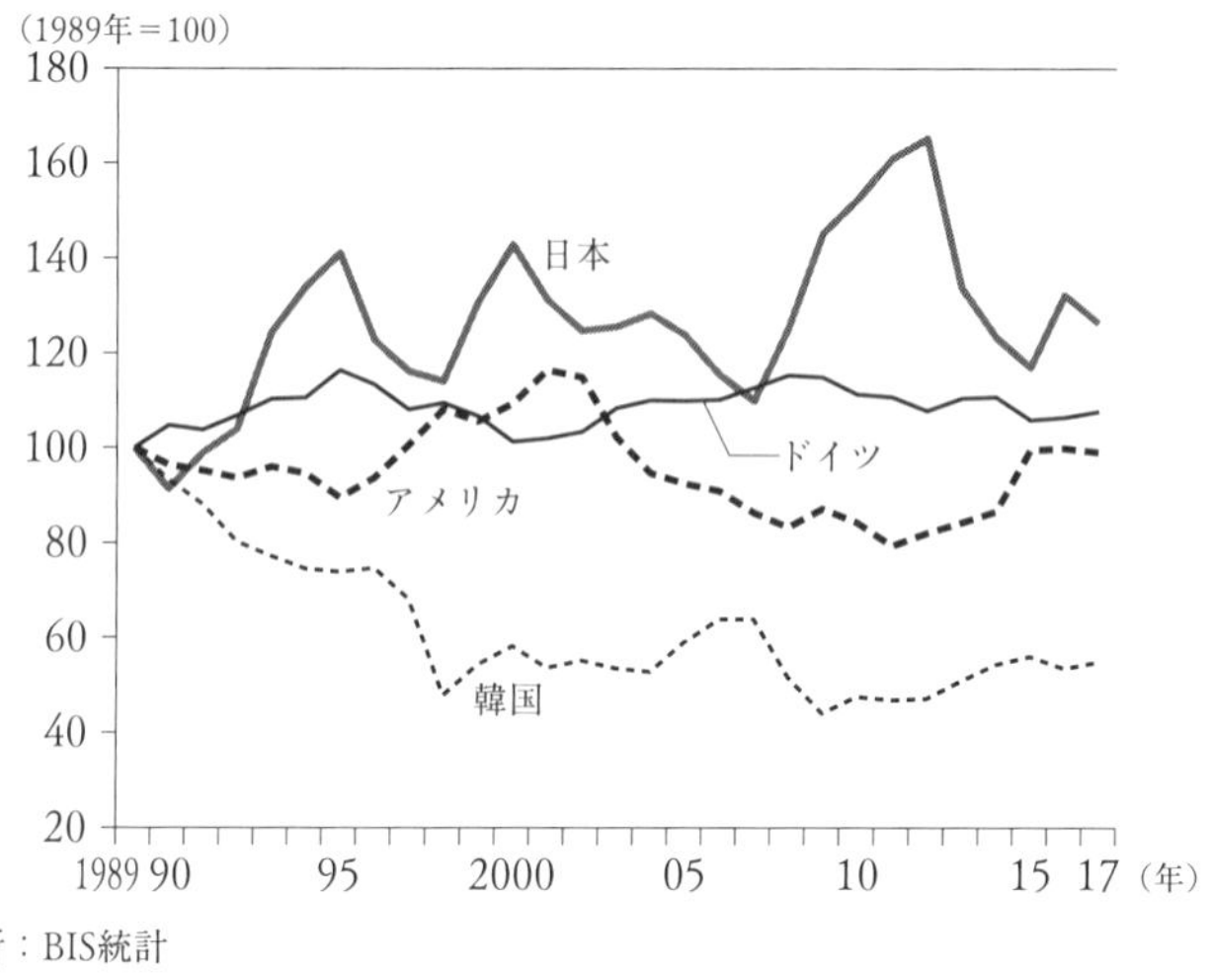

出所：BIS統計

たび繰り返してきたのである。

図4－1は、日本の実効為替レートの動きを、一九八九年を100とした指数として主な国と比べたものである。実効為替レートとは、諸外国の多くの通貨と本国通貨との為替レートを、その本国が諸外国ともっている貿易量で加重平均したレートである。日本の場合その主な部分は円ドルレートであり円ユーロレートであるが、その他の通貨も勘案されている。なお、この図に中国のグラフがないのは、中国は為替の変動がきわめて小さな管理為替の国だからである。

この図の読み方は、ある国の指数が100から上に振れていけば、その国の通貨が高くなる（日本の場合は円高）ことを意味し、下に振れれば通貨安ということになる。

一見してすぐ分かるように、この図の四つの国の中で、日本のグラフだけが大きく変動し、かつ全体として円高傾向を見せている。ドイツもアメリカも自国通貨高にはならず、韓国は大きなウォン安をこの三〇年間、享受してきた。

そして三回も円高のピークがあった。九五年、二〇〇〇年、一二年である。しかも、そのピークは一四〇とか一六〇とかの高さのピークで、さらにピークの後、登り勾配と同じようなかなり急な傾斜で円安へと振れ戻っている。

つまり、激しい円高と円安を繰り返してきた平成日本の三〇年間だったのである。他の国のグラフははるかに変動が少ない。とくにドイツのグラフは安定そのものである。ドイツの通貨は一九九八年までがドイツマルク、九九年以降はユーロだが、いずれの時代も安定している。日本企業の経営者たちは、ドイツ企業の経営者がうらやましいだろう。アメリカ企業もうらやましいだろう。

さらにうらやましいのは、韓国企業の経営者の為替環境であろうか。韓国のウォンは、九〇年代に五割もウォン安になり、その後は日本よりはかなり安定して推移してきた。これならば、韓国製品の国際価格競争力は高くなるだろう。九〇年代の韓国は、さまざまな産業で日本を一気に追い上げてきた時代であった。

円高の傾向がつづく期間が長いのも、日本のグラフの特徴である。とくに、九五年と二〇一二年のピークにいたるまでの円高の期間の長さがともに五年間と長い。一九九〇年のボトムから九五年のピークまで、二〇〇七年のボトムから一二年のピークまでという五年間である。それぞれの五年間に円高へと切り上がった率は、一九九五年のピークまでが五四%、二〇一二年のピークまでが五〇%である。年平均一〇％近い円高が五年間つづくのである。

そしてさらに、円高のピークから次の円安のボトムまで、二回とも三年間で急坂を下っている。九五年のピークから九八年のボトムまでの円安率は二〇％、二〇一二年のピークから一五年のボトムまでの円安率は三〇％である。下り坂の方が傾斜はややゆるいが、それでも登りよりも二年短くボトムに行ってしまうのである。

これだけの円高と円安を、ほとんど周期的に（五年から七年の周期）経験してきた日本企業。その振れ幅の大きさと振れる頻度の多さは、企業経営に何をもたらすだろうか。円高に一本調子で振れるのなら、それでも対応の仕方はあるが、大きな振れを繰り返すことは国際事業展開の上で、さまざまな問題をもたらす。

まず第一に、海外への直接投資判断がむつかしくなる。軽々に動くと、しっぺ返しをくらうのである。

たとえば、円高が続くからといって海外生産への投資を増やすと、その後に円安がきてしまう。それなら、日本からの輸出でしのげばよかったのにと思っても、時すでに遅しで投資の負担は残るし、日本市場へ逆輸入するための海外生産拡大であれば、円安になると日本への輸入価格が上がってしまって赤字になってしまうかもしれない。

第二に、国際展開をＭ＆Ａで行なおうとするときにも、判断がむつかしくなる。円高の時期には海外企業の円換算時価が円ベースでは安く見えてしまう。だから、高い買い物をしてしまう危険が高くなる。そして円安の時期には、海外企業を買収するための円資金の必要額が大きくなってしまう。ドルベースでの時価は変わらなくても、円安で円ベース価格は高くなるのである。いつ買収すればいいのかと迷っているうちに、為替は周期的に変わるのでますます混乱する。

振れ幅と振れ頻度がともに大きい日本の円の動きの大きな犠牲者が、日本の電機産業だった可能性がある。自動車などと比べて、海外進出のための一つひとつの投資の規模が比較的小さいために、つい円高に振れると海外生産投資をしたくなる。しかし、その後に円安に戻ると、今度は円ベースのコスト負担が増えることになる。だから、ふたたび国内回帰ということにもなるのだが、しかし、生産投資が国境をまたいで行ったり来たりするたびに、それまでの投資の中でムダになる部分が出てくる。そのムダの負担が大きいのである。

自動車などの裾野の広い産業では、一つの工場の生産を成立させるための関連部品や素材の範囲が広いために、簡単には投資の決断はできない。鉄鋼や化学などの装置産業であれば、一つひとつの投資の規模が大きくなって、これも投資の決断は慎重にならざるを得ない。したがって、より身軽に動ける電機産業は、かえって大きな為替変動の犠牲者になりやすいのである。

むかし、「サーカスのように通貨の安い国を求めて生産基地を移動していくことが、我が社の経営の信条」と発言する経営者に出会ったことが何回かあった。それだけ身軽に動ける柔軟性のある企業ならそれもいいだろうが、電機産業の多くの部門はそれでも投資負担は大きい。だから、サーカスのようには動けず、しかし自動車や装置産業よりは動きやすい。その中間の産業の国際事業展開は、為替の大きな変動の繰り返しに弱いのである。

たしかに電機産業は円高の大きな波がくるたびに、大規模な海外展開をしてきた。日本からいわば逃げ出して、海外への輸出基地を中国やアセアンにつくる、さらには日本市場への供給基地を中国やアセアンにつくる、などである。そうした果敢な戦略の効果を、大きな円高と円安の繰り返しは小さくしてしまったようだ。円安がブーメラン効果をもってしまうことがあるからである。

海外生産が輸出の一・八倍に

たしかに世界全体でのプレゼンスは低下したが、日本企業は国内経済の低成長を背景に、為替変動の大きさにもかかわらず、国際展開を図ってきた。それはまず国内生産をした製品を輸出するという形ではじまり、その次に海外での生産という段階がくる。

図4-2のグラフは、平成三〇年間の日本の製造業の輸出と海外現地法人（以下、現法という）の売上高の推移を示すものである（輸出は財務省の貿易統計、海外現法のデータは経済産業省の海外事業活動基本調査より）。製造業の海外現法の売上とは、おおよそは日本企業の海外生産の規模を示すものと考えていいだろう。

日本からの輸出の低い成長に比べて、海外現法の売上の高い成長が明瞭である。

海外現法の売上が輸出を追い越したのは一九九六年のことだった。その後も現法売上は急成長を続け、八九年には輸出が現法売上の一・七倍あったものが、二〇一六年には逆に現法売上が輸出の一・

図4-2 輸出と海外現法売上

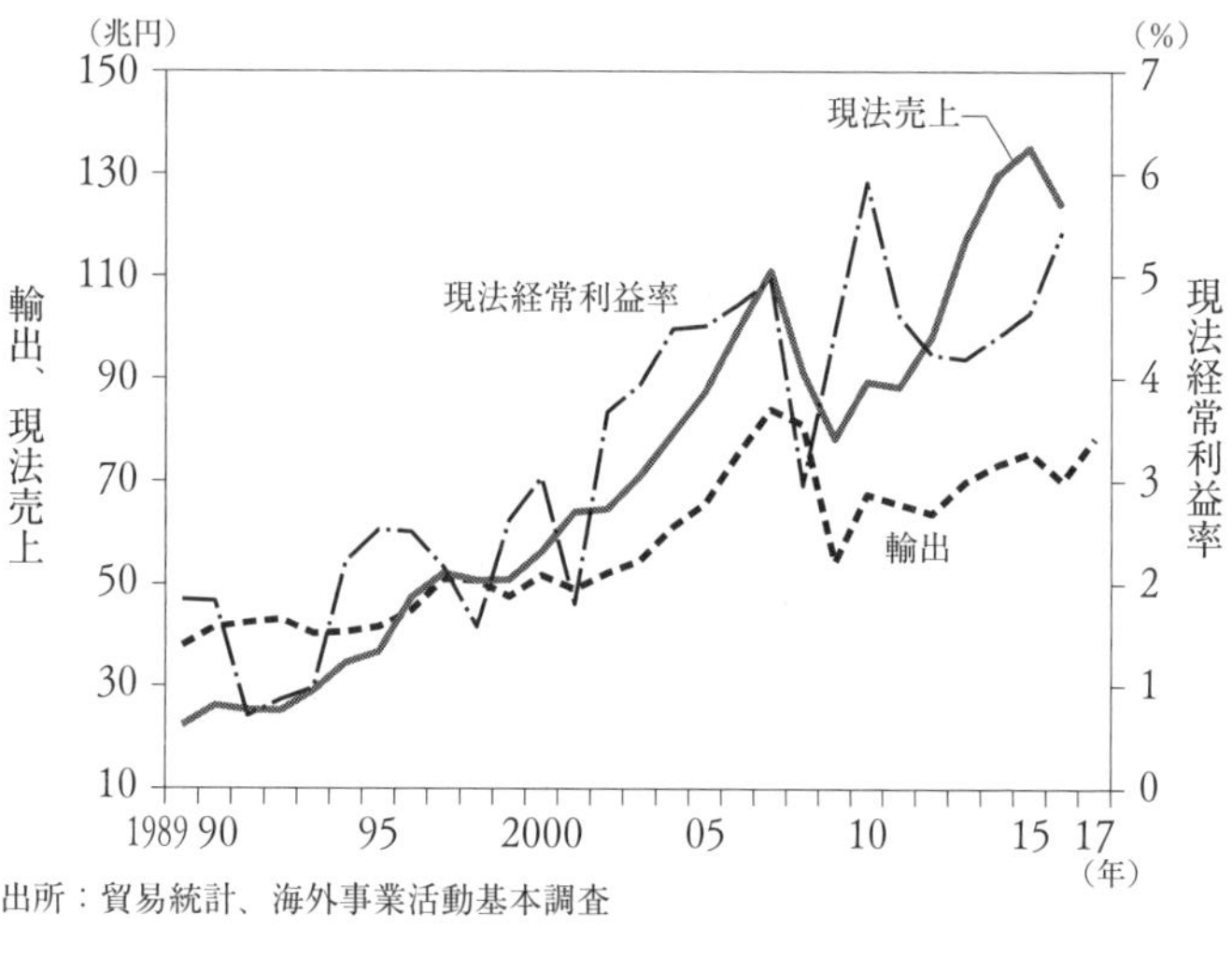

出所：貿易統計、海外事業活動基本調査

八倍にまでなっている（海外事業活動基本調査の最新データは一六年、貿易統計は一七年が最新）。

この間、リーマンショックの影響は大きかったが、その後は海外現法売上の急回復が著しい。〇九年と一六年を比較すると、輸出は一・三倍にしかなっていないが、現法売上は一・六倍にもなっている。

しかも、同じ図にかかげた現法の売上経常利益率のグラフは、現法の利益率が海外生産規模の拡大とともに一貫して上昇していることを示している。一九八九年の現法利益率は一・八%しかなかったが、二〇一六年には五・四%にまで上がっている。この利益率の水準は国内法人企業全体のこの年の経常利益率四・八%よりもかなり高い。そして、海外現法の経常利益の総額は一六年に六・七兆円に達し、海外生産が儲かるようになってきている。

こうして現法売上のグラフと現法利益率のグラフが歩調をあわせて上昇しているということは、現法の利益に規模の経済が働いていることを示している。つまり規模が大きくなればなるほど、規模拡大スピードよりも利益拡大スピードが大きくなるのである。

さらに、海外生産のこれだけの規模拡大は、日本からの輸出にも大きなインパクトがある。海外事業活動基本調査の本社データをみると、一六年の本社の輸出の六九％が現法向けの輸出なのである。また、現法側からみると、現法の総仕入れのうちに日本からの調達（それは日本からみれば輸出となる）が占める比率は一六年で二三％にもなっている。つまり、日本企業の海外生産活動は、日本列島との取引のつながりの濃い展開となっている。この傾向は、歴史をさかのぼっても基本的に変わっていない。

こうした海外生産の規模拡大は、日本の本社の収益にもかなり貢献している。一六年のデータでみると、日本の本社の現法からの収益は五兆円あり、その内訳の大きなものは配当金として二・六兆円、ロイヤリティとして二・二兆円となっている。

ただし、日本企業の国際展開の程度は、まだ他国と比較すると低いといえる。マクロの対外直接投資残高がGDPに占める比率を国際比較すると、日本の一六年が二八・四％であるのに対して、アメリカは三四・三％、ドイツは三九・三％、最近になって直接投資が増えはじめた中国でも一六年にすでに二四・三％である（国際貿易投資研究所データ）。まだ日本には対外直接投資の余地が十分にある。

また、GDPに対する輸出比率で比べても、一六年の日本は一三％という水準だが、ドイツは三八・四％、中国は二二・五％という高さである。日本の輸出を伸ばせる余地はまだありそうである。ただし、日本の輸出比率はアメリカのそれ（七・八％）より高いが、アメリカの直接投資残高は大きい。

したがって、海外直接投資と輸出の両方を合わせたグローバリゼーションの総合では、日本は米中独のどこよりも低いのである。まだまだ日本企業の国際展開には、大きな余地がある。世界の中の日本企業のプレゼンスの低下は、日本経済の低成長や為替変動のためだけではなく、日本企業の国際展開へのエネルギーの問題もありそうだ。

アメリカ依存から米中均等へ

その国際展開のエネルギーをどの地域や国に向かわせるべきか。それは、日本企業の国際展開の国別ポートフォリオ戦略といっていい。どの国を、どの程度の比重で重要と思うべきか、資源投入をすべきか。

それはこれからの日本企業にとっての大きな問題だが、平成の歴史を振り返ると、日本企業は全体として圧倒的な対米依存から米中均等へと動いてきたといえる。

一九八〇年代までの日本企業にとって、アメリカの存在はとびぬけて重要だった。輸出先としても、海外現法の生産活動の場としても、アメリカが日本企業の海外活動の四〇％以上の比率となるほど、依存していたのである。したがって、それまでの日本の産業構造のかなりの部分はアメリカ市場の需要が決めていたとさえいえるほどだった。

たとえば、自動車の対米輸出が洪水のように七〇年代半ばから増えた。七三年のオイルショックで石油価格が急上昇して消費者が燃費にうるさくなったために、燃費のいい日本車にアメリカ市場で人気が集まったのである。それがアメリカの自動車産業の業績悪化につながったと日本は非難を浴び、対米自動車輸出「自主」規制なる政策を日本の通商産業省がとらざるを得なくなった。典型的な貿易摩擦である。

その対策として、日本の自動車メーカーの生産工場がアメリカに八〇年代半ばから続々と作られていった。そのために、日本企業の海外生産が自動車のアメリカ生産という形で増えて、アメリカが日本企業の海外現法の生産の場として大きな存在になっていったのである。ただしこれは、決して経済的動機でのアメリカ生産というより、貿易摩擦回避という政治的動機でのアメリカ生産であった。

しかし、九〇年代の半ばから中国経済の急成長がはじまる。それにつれて、日本企業にとってのアメリカの比重が減り、中国の重みが増してくる。その変化のありさまを、海外事業活動基本調査の統計データベースが公開されている九七年から二〇一七年にいたるまでの二〇年間のデータでみようとしたのが、図4-3である。

まず輸出から見ていくと、一九九七年の対中輸出は五・九兆円で対米輸出の一四・二兆円の四割程度だったが、二〇〇七年にはじめて対中輸出の方が対米輸出よりも大きくなる（ここでは、中国と香

図4-3 輸出と現法売上：アメリカと中国

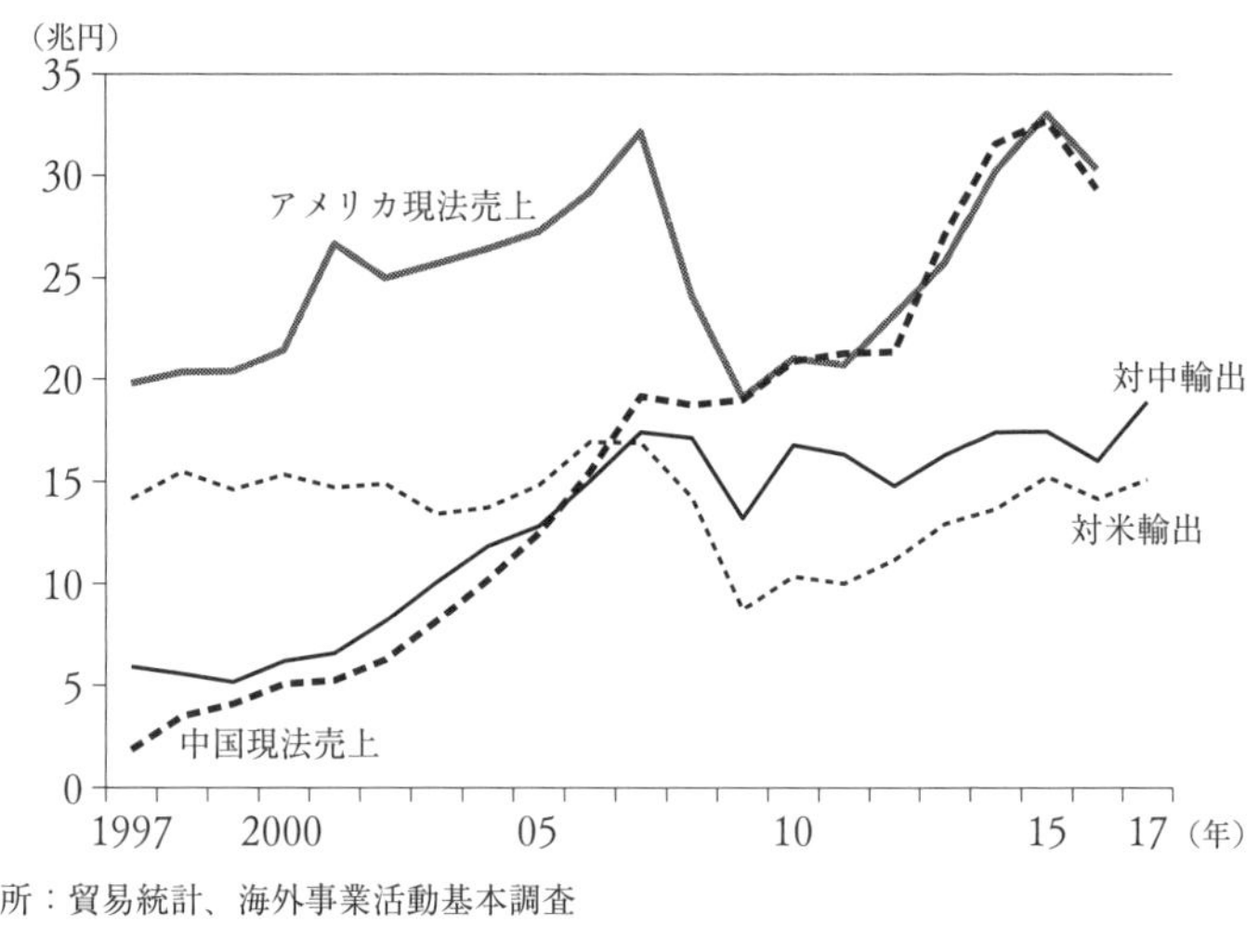

出所：貿易統計、海外事業活動基本調査

港の数字の合計を中国の数字として扱っている。香港への輸出の大半が結局は中国へ向かうからである）。日本の輸出の仕向け地第一位の国として、米中逆転が起きたのである。そしてそれ以降、一貫して対中輸出が対米輸出よりも大きいままで推移し、一七年の対中輸出は一八・九兆円で対米輸出よりも四兆円ほど大きくなっている。

現法の売上に目を転じると、中国現法の売上は一九九七年にはわずか一・九兆円で、アメリカ現法売上（一九・八兆円）の一割にもならなかった。しかし、中国経済の急成長とともに中国現法の売上は急上昇をつづけ、二〇〇九年に一九兆円ほどでほぼ米中同額となる。

グラフで分かるように、リーマンショックでアメリカ現法の売上が急落したことが、米中均等の主因だった。そして、リーマンショック後のボトムから両国現法の売上グラフはほとんど重なって上昇傾向を示し、一六年には三〇兆円近辺でほぼ並んでいる（アメリカがやや優位だが）。

日本全体の輸出と現法売上の中に占めるアメリカと中国の比率（比重）という観点でみてみると、一六年データで現法売上では中国の比重が二三・七%であるのに対してアメリカの比重は二四・五%と、アメリカの比重がほんの少し重い。しかし輸出では、中国の比重二二・九%に対してアメリカの比重は二〇・二%で、中国がやや重い。

つまり、両国はほとんど同じ重みを日本企業の海外活動についてもつにいたっているのである。圧倒的な対米依存から米中均等へと、日本企業にとっての両国の重みが平成の三〇年間に変化してきたわけである。

ありがたいアセアンの存在

米中に次ぐ第三の重みのある地域は、アセアンである。そしてアセアンは重みで第三位という以上に、日本企業にとってありがたい地域、大切な地域でありつづけてきた。とくに中国との関係という意味で、そのありがたさは大きい。それを、この項では考えてみよう。

アセアンの日本全体の輸出と現法売上の中のシェアの変化を中国との対比でみようとしたのが、図4-4である。

一九九七年時点では、アセアンの方が中国よりも日本企業にとって輸出でも海外現法売上でもかな

図4-4 中国とアセアンのシェア

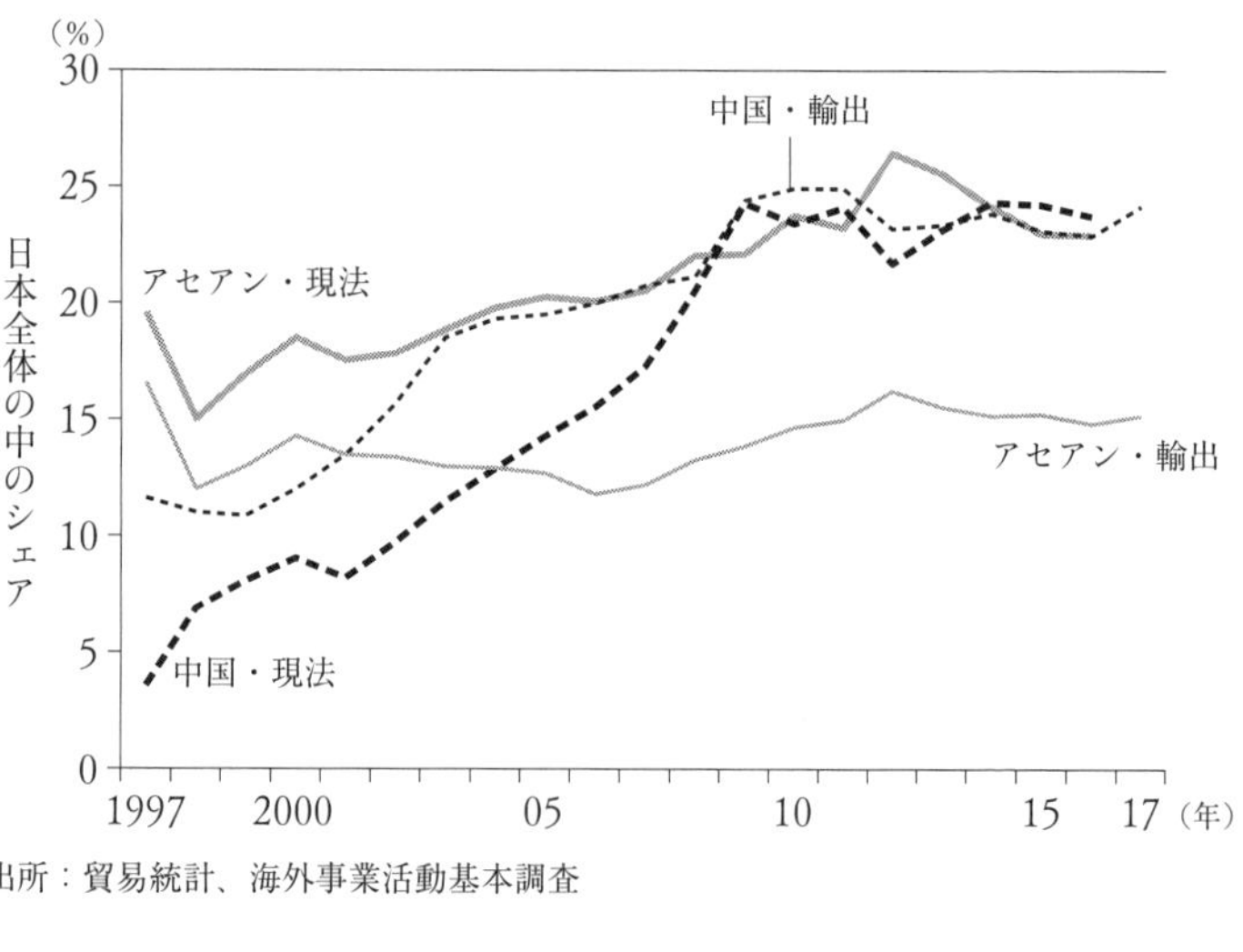

出所：貿易統計、海外事業活動基本調査

り大きな存在だったことが、このグラフから分かる。アセアンの比重は輸出で一七％、現法売上で二〇％もあり、これはアメリカに次ぐ存在の大きさである。中国は、とくに現法売上では、九七年には小さな存在だった。

しかし、その後の中国経済の急成長とともに、中国の比重がアセアンの比重を追い抜いていく。輸出では早くも二〇〇二年には中国が上になる。しかし現法売上では、中国がアセアンを追い抜くのはリーマンショック後の〇九年で、それもアセアンでの現法売上が〇九年に大きく減少したのが主因だった。しかし一〇年からは中国とアセアンでの現法売上は同じようなレベルでやや補完的な増減を繰り返し（一方が上がると他方が下がる）、したがって比重のグラフは似たような水準で横ばいに近い。

たしかに輸出での比重ではリーマンショック

後も中国がかなり上位の横ばいだが、現法売上ではアセアンは中国と同等の重要性の地域でありつづけている。そして、アセアンの輸出での比重はたしかに中国より下なのだが、長期的な安定ぶりも印象的である。一九九七年で一七％だったものが二〇一七年では一五％。アメリカの比重がこの二〇年間で二八％から一九％に下がってきたことと比較すると、アセアンが日本にとってありがたい存在でありつづけていることがよく分かる。

さらに、海外現法売上での中国とアセアンの比重のグラフは、リーマンショック後はあたかも補完関係があるように、大きな振れ幅ではないが逆連動をしている。中国の比重が下がるとアセアンの比重が上がるのである。だから、日本企業にとっては、アセアンは大変ありがたい存在なのである。現法売上では中国と補完的に動き、輸出では安定的な錨のごとく機能している。

以上のような国・地域別の日本企業の国際展開をあえてざっくりとまとめると、平成がはじまった頃は圧倒的なアメリカ依存だったものが、平成が終わる頃には現法売上ではアメリカ、中国、アセアンがほぼ拮抗する三者鼎立のパターンとなり、輸出についてはアメリカと中国が拮抗しながらもやや中国優位、アセアンはそこからかなり下がった三位ということになる。

そして、この三地域の合計比重を一九九七年と二〇一六年で比較すると、一九九七年の現法売上の三地域合計比重が六一％だったものが二〇一六年には七一％へと大きく上昇、輸出では五六％から五九％へとこちらも増加。つまり、日本企業にとっての三地域の重要性は、この二〇年間でより大きくなったのである。

もちろん、その中で中国の重要性の増大はきわめて顕著だが、中国依存が過大にならないように牽制するかのような動きを日本企業がとっていることもまた、注目すべきであろう。たとえば、リーマンショック後にアメリカへの輸出が増えてきて、アメリカと中国の重要性を等しくするような動きがみられるし、現法売上ではアセアンを中国との補完的存在として使うような動きがみられるのである。

圧倒的な自動車の存在

前項までの分析は、日本企業の国際展開を国別市場ポートフォリオという観点で分析したものだったが、産業別ポートフォリオという観点でみると、平成の歴史はどう動いてきたのか。どの産業が日本企業の国際展開の主役だったのか。

表4-1は、現法の売上総額と日本からの輸出総額の中で、国際展開の盛んな四つの主要産業（自動車、電機、化学、一般機械）のシェアの二〇年間の変化を示している（現法データには輸送機械という産業分類しかないが、そのほとんどが自動車なので、自動車のデータとして扱う。輸出データには自動車という分類があり、そのデータを使っている）。

二〇年間の動きの基本はきわめて明確で、自動車の大幅シェアアップ、電機の大幅なシェアダウンである。自動車の現法シェアは二二%もこの二〇年間でアップ、電機のそれは一九%のダウンである。つまり、二つの産業が互いに鏡像のように反対方向に動いた。しかも、二つの産業のシェアはこの二〇年間、ほとんど一本調子で動いている。アップダウンを繰り返すのではなく、自動車のシェアはほ

表4-1 20年間の産業別シェア変化

年	現法売上総額（兆円）	現法売上シェア（%）			
		自動車	電機	化学	一般機械
1997	52.1	29.5	33.6	8.4	6.9
2016	123.6	52.0	14.7	7.2	7.8

	輸出総額（兆円）	輸出シェア（%）			
		自動車	電機	化学	一般機械
1997	50.9	17.5	30.9	7.1	16.6
2016	70.0	21.1	19.5	10.2	17.5

出所：貿易統計、海外事業活動基本調査

とんど一直線で上がり、電機のシェアは逆にひたすら下降線をたどる。

ただ、現法売上と輸出では若干のちがいがあり、輸出での電機のシェアダウンの幅（一一%）ほどは自動車の輸出シェアはアップしていない。四%弱のアップである。その分だけ、化学や一般機械など他の産業の輸出シェアがアップしている。いってみれば、輸出では電機の一人負けだったのである。

もう一つ、この表で指摘すべきは、一九九七年には現法売上総額と輸出総額が拮抗していたのに、二〇年後には現法売上は七〇兆円弱も増加したのに対して、輸出は二〇兆円弱の増加にとどまっていることである。つまり、日本企業の国際展開は圧倒的に現法売上の増加という形で行なわれたのである。これは、表4-1が伝えたおもなメッセージでもあった。

そして、こうした変化の結果として、二〇一六年現在の日本企業の国際展開の中で、自動車が圧倒的に大きな存在になってきた。一九九七年にはまだ電機の方が国際展開のトップ産業だったのに、完全に自動車にとって代わられたのである。

図4-5 自動車と電機の主役交代

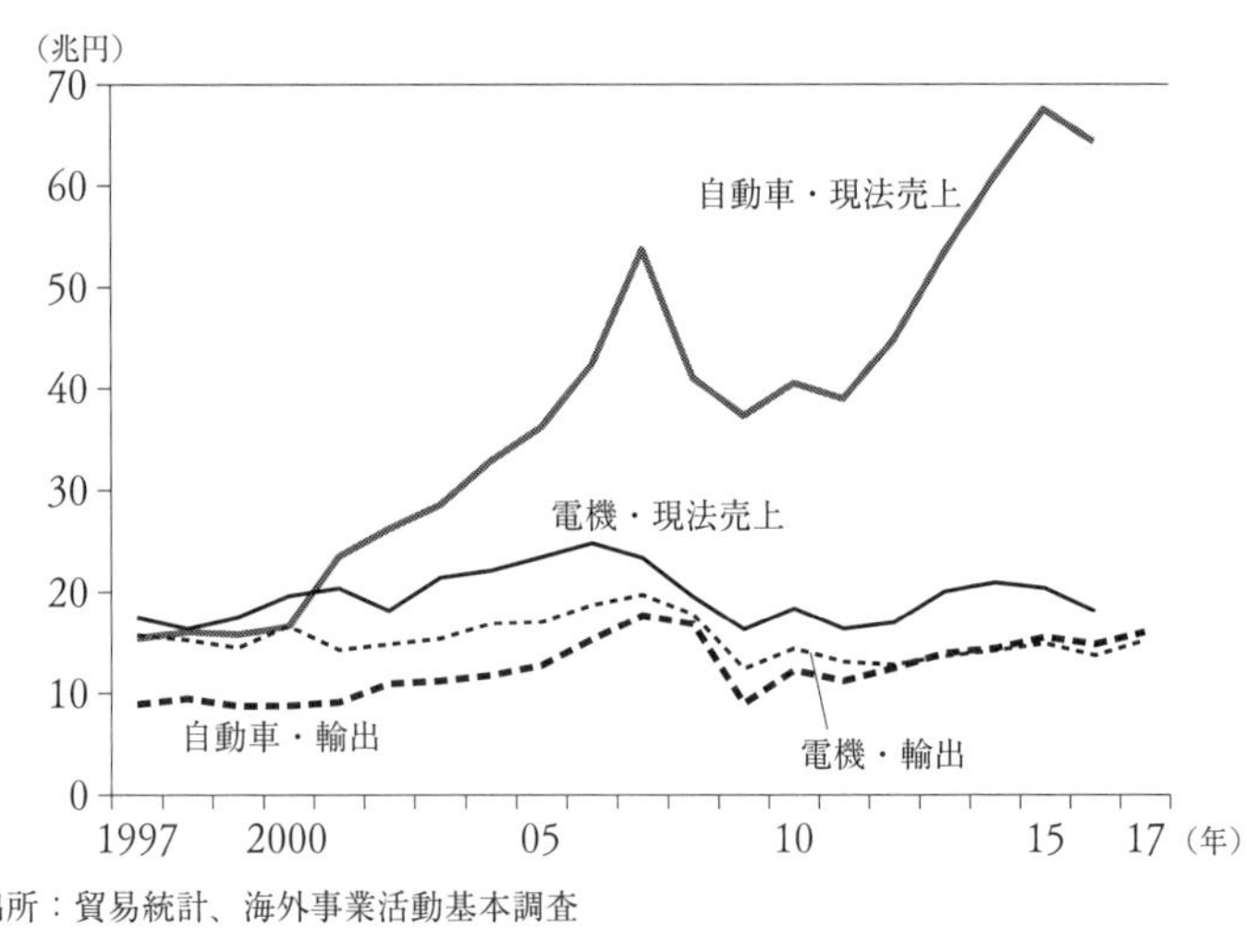

出所：貿易統計、海外事業活動基本調査

これは、前章で書いた「電機敗戦」を数字的に裏付ける一つのデータでもある。

この自動車と電機の交代劇の時間的経緯を、その交代の巨大さとともに感じられるように、シェアのパーセンテージの数字でなく現法売上や輸出の絶対額のグラフとして自動車と電機だけをグラフ化したものが、図4-5である。自動車の現法売上だけが急速に伸び、電機の現法売上はほぼ横ばい、輸出額では両産業ともリーマンショック後の落ち込みを除いてそれほど大きな動きはない。

ここではくわしいデータは提供しないが、一九八〇年代の日本企業のグローバリゼーションを牽引したのは、電機産業だった。とくに八五年のプラザ合意の円高の後の電機の海外進出は、大規模だった。その名残りは、まだ九七年のデータに残っている。九七年の電機の現法売上は一七・五兆円あり、自動車の一五・四兆円より二兆円近く大きかった。輸出でも、九七年の電機は一五・七兆円もあって、自動車の八・九兆円を大きく上回っていた。

しかし、電機の現法売上は早くも二〇〇一年には自動車に抜かれてしまう。自動車の貿易摩擦対策で日本の自動車メーカーのアメリカ現地生産が一九八〇年代末から大規模になっていったことが、大きかった。しかし輸出では電機の方が自動車よりもかなり大きい時期がその後も続いていたのだが、とうとう二〇一三年には抜かれている。

結果として、一六年の自動車現法売上の六四・三兆円に対して電機はわずか一八・一兆円。しかし、それでもまだ全産業中の二位ではある。そして、輸出は一七年に自動車の一六兆円に対して電機は一五・二兆円と、僅差ではあるがこれまた二位の産業となっている。

リーマンショックはたしかに現法売上にも輸出にも大きな爪痕を残していることが、このグラフからも分かる。しかし、そのショックをはね返して、自動車の現法売上が一一年の三九兆円から一六年の六四・三兆円までわずか五年で二五兆円も増えているのは、同時期の円安による計算上の海外売上増加効果があるとはいえ、すごみがある。毎年、五兆円規模で成長していったことになる。同じような円安効果があったはずなのに、電機の現法売上は一一年の一六・三兆円から一六年の一八・一兆円へと、二兆円弱増えただけである。

なぜ、自動車と電機の間にこれほどの差が生まれたか。

一つの原因は、この一一年以降にアジアで巨大なモータリゼーションの波が起き、それに日本の自動車メーカーはうまく乗れたことであろう。もう一つの原因は、電機の方が為替変動の揺れ動きの犠牲になりやすいことである。だから、彼らの海外生産戦略が迷走した。すでに為替変動の項で説明した通りである。

しかし最大の原因は、日本企業の国際競争力が自動車では強く維持されつづけ、電機では弱体化したということであろう。なぜそもそも国際競争力のちがいが、同じように日本で発展してきたはずの二つの産業で生まれるのか。そこには、二つの産業の技術のタイプと技術人材の供給という深い問題があり、さらにはその産業の盟主と思われる企業の強い存在のあるなしという問題もあると思われる。

産業の技術のタイプとして電機は後発国に追いつかれやすいタイプであり、また国内での必要な人材供給（たとえば大学からの技術者の供給量）という点で電機は自動車より不利な立場にこの二〇年間置かれていた。この二つの点については、次章でより深く考えることにしたい。産業の盟主という点については、第8章でトヨタという自動車産業の盟主のみごとな戦略を分析することにしたい。電機には、トヨタに匹敵するような産業の盟主たる企業は登場しなかった。

一つつけ加えておくと、アジアでのモータリゼーションの波への乗り方については、日本の自動車メーカーは面白い対応をとっている。最大の波はもちろん中国で起きたのだが、日本の自動車メーカーは中国依存を過大にせずに、アセアンへの現法投資も大きくしたのである。それが産業の盟主であるトヨタの戦略でもあった。

その結果、一六年の自動車の現法売上の国別数字をみると、アメリカで一七兆円、中国で一二・五兆円、アセアンで一四・七兆円と三つの国・地域でバランスをとっている。しかも、アセアンでの現法売上がすでに中国より大きくなっているのである。ここでも、アセアンが日本企業にとってありがたい存在であることが分かる。

ピザ型グローバリゼーションの国、日本

前項までの分析では、日本企業の国際展開の特徴を、国別ポートフォリオと産業別ポートフォリオという観点からみてきた。この項ではさらに第三の観点として、本国を起点とする企業内国際分業のあり方から日本企業の特徴をみてみよう。それは、海外での生産基地を日本国内の生産システムと密接な関連をもった延長・拡大（外延）と捉えるか、それとも飛び地のような独立基地と捉えるかという観点からの特徴づけである。

日本国内の自社の生産システムと密接な関連をもたせる海外展開の典型例は、海外工場で使う基幹部品や基幹素材の供給を国内の自社工場や関連企業の工場から行なうという例である。さらには、製品によって国内生産と海外生産を振り分け、トータルで世界市場への供給体制をつくる、という例もありうるだろう。いずれにしても、自社グループの国内基地と海外基地の間で密接な分業関係をつくって、全体としての世界最適生産体制を動かそうとするのである。

海外生産基地を飛び地のような独立基地と捉える国際展開の典型例は、アメリカ企業がしばしば行なうように、生産のすべてを海外基地に移して、そこからの生産で国内市場の需要すらもまかなうと

たとえば人件費の安い国に生産システムの大部分を移管することを志向するのである。国内の生産システムとの密接な分業体制という「面倒な作業」をやらずに、

海外を飛び地と捉えれば、海外生産の展開はただちに国内生産の停止ということになりかねず、国内の空洞化という問題が生まれる。それは、比喩的にいえば、国内が空になったドーナッツという形になることをいとわず、世界全体での拡大を志向するということである。しかし、国内の生産システムの外延として海外生産を捉えれば、国内生産との分業体制をつくることになり、ドーナッツにはならない。国内生産との密接な調整という面倒な問題は残るのだが、ピザのように中心部分が残り（しばしばおいしいトッピングがのって）、全体が拡大していくことを志向する。

このタイプの海外展開を、私はピザ型グローバリゼーションと以前から表現してきた。大きな円盤型のピザは、全体がつながりかつ真ん中にトッピングがのっている。中心部は空洞ではないのである。しかも、ピザ職人がピザを作るとき、厚い小さなピザ生地から遠心力を利用してピザを大きくしていく。その時、真ん中部分の生地の厚さはたしかに徐々に薄くなっていく。だが、その分だけ周辺が大きくなるのである。しかし、真ん中はいつまでもなくならず、最後には真ん中にトッピングをのせてピザが完成する。

それがピザ型グローバリゼーションである。真ん中である国内が薄くなり、その分だけ海外へと展開していく。しかし、国内の産業は完全な空洞にはならず、しかもしばしばおいしい部分が国内に残る。完成したピザは、全体として大きくなり、真ん中から周辺までみごとにつながっているからこそ、

美しいピザなのである。

国内の真ん中と海外の周辺とをつなぐ基本動作は、企業内で工程間国際分業をすることである。国際的ネットワーク分業といってもいい。一つの企業の生産工程の長い流れをさまざまな部分（工程）に細分化して、そのどこを国内で行い、どこを海外のどの国に立地させるかという複雑な国際分業のパターンを試行するのである。

たとえば、建設機械のコマツは、製品の設計は日本、基幹部品のエンジンや油圧装置、あるいはさまざまな制御装置の生産も日本、部品の中でも技術力がそれほど必要とされないものの生産や最終組み立ては世界中に散らばった現地工場という国際分業を行なっている。もちろん、日本市場向けの製品は主に国内工場で組み立てており、国内工場は日本市場向けの「現地工場」という役割と世界に散らばる工場のマザー工場という二つの役割を持っている。

つまり、大きく分ければ、製品設計、基幹部品生産、一般部品生産、最終製品組み立てという四つの工程の間の国際分業があり、小さく分ければそれぞれの大分類工程の中でもさらに細かい工程間国際分業がありうる。

企業のグローバリゼーションに関してよく空洞化現象が問題となるが、それは国内の生産というドーナッツの真ん中部分が空になり、たんに周辺である海外での生産に移転していくことである。日本企業のグローバリゼーションの圧倒的主役である自動車産業を中心に起きてきた現象は、ドーナッツ的な空洞化ではなく、このピザ型グローバリゼーションであった。

そのためには、海外生産の拡大とともに国内生産を維持あるいはときには拡大することが必要となるだろう。国際分業のネタを国内にきちんともっておく必要があるからである。第8章で分析するように、トヨタは国内生産の維持を鮮明に宣言している。

こうした国内の生産システム・開発システムと海外のオペレーションとの間にかなり緊密な分業関係を作る経営は、あっさりとある製品のオペレーションをすべて海外の別の国にもっていってしまうという一般的な米国企業のやり方と比べると、かなり面倒なはずである。

その国際経営的負荷にもかかわらず、複雑な企業内工程間国際分業をしようとする志向が、日本企業には一般的に強い。その最大の理由は、重要な仕事を国内に残すことによって雇用と技術の両方を維持したいという経営の意思があるのであろう。とくに、技術の空洞化へのおそれの気持ちが強い。ある事業部門の製品開発から生産まで根こそぎ海外へもっていってしまうと、雇用の空洞化が起きるだけでなく、技術の空洞化も起きてしまう。それがこわいのである。

この志向は、平成時代にはじまったものではない。日本企業が本格的な海外直接投資をはじめたのは、一九八五年のプラザ合意後の円高をきっかけとしてであったが、その時から、日本企業にはドーナッツを回避しよう、ピザをめざそうとする志向が強かった。

ピザ型を志向すると、単純な空洞化が起きずに済むだけでなく、むしろ国内生産が海外での生産への部品・素材・生産設備の供給のために増加することすらありうる。

その一つの理由は、海外での生産に必要な工場設備や機械など、資本財が日本から輸出されることである。第二のプラスのインパクトは、部品などの中間財の輸出が海外生産の拡大とともに増えることである。その中間財が、自社製品であることも多いし、日本の他の中間財メーカーからの供給であることもある。たとえば、日本の自動車メーカーは、基幹部品であるエンジンや変速機を日本国内から海外工場へ供給している量がかなり大きい。それが、ピザのトッピングに該当する部分なのである。

こうした国際分業をきちんと行なえば、ピザの拡大とともに国内の雇用は減るよりはむしろ増える。たとえば、工業統計調査のデータによれば、自動車産業の国内雇用は八九年の七六万人から二〇一六年には八六万人へと、一〇万人も増えている。たしかに、ピザ型グローバリゼーションが成立してきたのである。

空洞化はどの程度、起きていたのか

アメリカ企業が経験してきたのはしかし、ドーナッツ型の空洞化である。そしてアメリカは、その空洞を雇用面ではIT産業や金融をはじめとするサービス産業で埋めたのである。それとの連想で、日本も空洞化すると考えがちだが、じつはもう一つの道があることを日本の自動車産業は示している。いや、自動車産業だけではなく、多くの産業で深く将来の自社能力の維持拡大を考える企業で、同じような努力が行なわれていると私は思う。

しかし自動車では雇用は拡大したが、電機では雇用の大幅減少が起きた。一九八九年の一九二万人から九七年には一六九万人、そして二〇一六年の九九万人へと、大きく減っている。拡大していく海外需要を自動車のように自分のものにできなかったために、ピザのトッピングはおろかピザ生地の中心でも欠落が始まった部分もあるようだ。それは、図4-5でみたような海外事業活動の停滞をみれば、無理からぬものであろう。海外なくして国内なしという時代が、グローバリゼーションの時代なのである。

しかしこの雇用減全体を、「空洞化」と表現するのはかならずしも正しくないだろう。雇用減は、大きく分けて二つの理由で発生したと思われる。一つは、国内需要が低迷する中で生産性向上を進めたために、同じ国内売上を実現するのに必要な雇用の数がどんどん減っていったこと。

もう一つの理由は、電機の国際競争力が落ち込んできたために、海外での拡大需要をとれないばかりか低迷する国内需要でも海外企業の進出を許したことである。スマホのアップルなどがその典型例であろう。

電機の国内売上の減少あるいは低迷は、電機メーカーにとってきつかったと思われる。海外事業活動基本調査によれば、電機の海外現法のデータを提供した電機メーカーの本社の売上自体が、一九九七年（この年からデータベースがあるのでこの年からしかくわしいデータはとれない）から二〇一六年までの間に七兆円減っている。前項でみたように電機の輸出も現法売上もこの間に微増だったから、国内の売上が大きく落ち込んだことになる。同じ調査での自動車の本社売上が同じ期間に一〇兆円以上増えていることとまったく対照的である。

国内売上の低迷のもっとも基本的な理由は、国内経済の低成長である。その低成長を補うだけの海外展開ができた自動車産業と、さまざまな理由でむつかしかった電機産業では、国内低成長のインパクトのちがいがこれほど大きかったのである。

もちろん、電機だけが平成の三〇年間に雇用減少を経験したのではない。他の産業でもおしなべて、類似の減少が起きた。自動車産業はむしろ例外だったが、それは国際展開の成功ゆえの例外だったのである。たとえば、化学でも一九八九年から二〇一六年の間に一〇万人の雇用減少、一般機械ではさらに大きな二九万人の雇用減少があった。日本の製造業全体でいえば、一〇九六万人から七五〇万人へと、じつに三五〇万人近くも雇用が減っている。

もちろんこうした雇用減少はたんに空洞化を意味するのではなく、経済の高度化に伴うサービス産業への雇用移転などがその背景にある。また、低迷する国内需要をより生産性の高いプロセスで供給する努力から生まれる必要雇用の減少ということもあったであろう。

しかし、自動車産業の華麗な「例外」をみるにつけ、日本企業全体がとるべき方向は海外需要の獲得という本道であると思わざるを得ない。空洞化が平成の三〇年間に起きたのではない。国際展開の大きな不足が日本全体で起きていたというべきであろう。

電機産業でも、考え方としてはこうしたピザ型グローバリゼーションを志向する国際展開がかなりの程度行なわれたのではないかと、私は観察している。電機でも、海外生産による空洞化現象を少なくしようと、日本国内で部品などの生産をつづけて海外現法に輸出するという行動がとられた。だから、本社の輸出に占める現法への輸出も他の産業に比べて電機は大きいし、海外現法の日本からの調達比率も自動車などよりもかえって大きいのである。

しかし、海外需要をきちんと獲得できるだけの国際競争力を、日本列島を含めた全体の分業体制で作れなかったものだから自動車のような成果を生めなかったと、私は考えている。問題の本質は、国際競争力とそれを維持する力をもてるかどうかにかかっている。この問題は、すでにのべたように、おもに技術の本質と人材供給が絡む深い問題だと思われるが、それについては次章で深く検討したい。

アメリカと中国のはざまで

アメリカと中国という二つの超大国のはざまで、経済の規模でも政治的関係でもきわめて重要なこの二つの国にはさまれて、アセアンを安定装置に使えないかとアセアンに活路をみいだす日本企業という議論を、この章の前半で私はした。そこでの主な視点は、市場としての魅力であった。

だが、前項の議論のように、日本企業がピザ型グローバリゼーションを志向してそのための国際分業体制（企業内工程間国際分業）を海外の国々と作ろうとすると、どの国を大事な国と考えるかは、国際分業の相手先としての適切さという視点も大事になる。

したがって、日本企業がどの国を大切にしたいかは、市場の魅力と分業相手先としての適切さ（日本企業にとっての適切さ）という二つの視点の総合判断になるだろう。分業の相手先としての適切さとは、その国での人材供給の量と質の問題と、政治なども含めたカントリーリスクの問題、この二つが大きな要素であろう。それは結局、現地への投資のリスクの大きさにつながるのである。

図4-6 現法売上／輸出

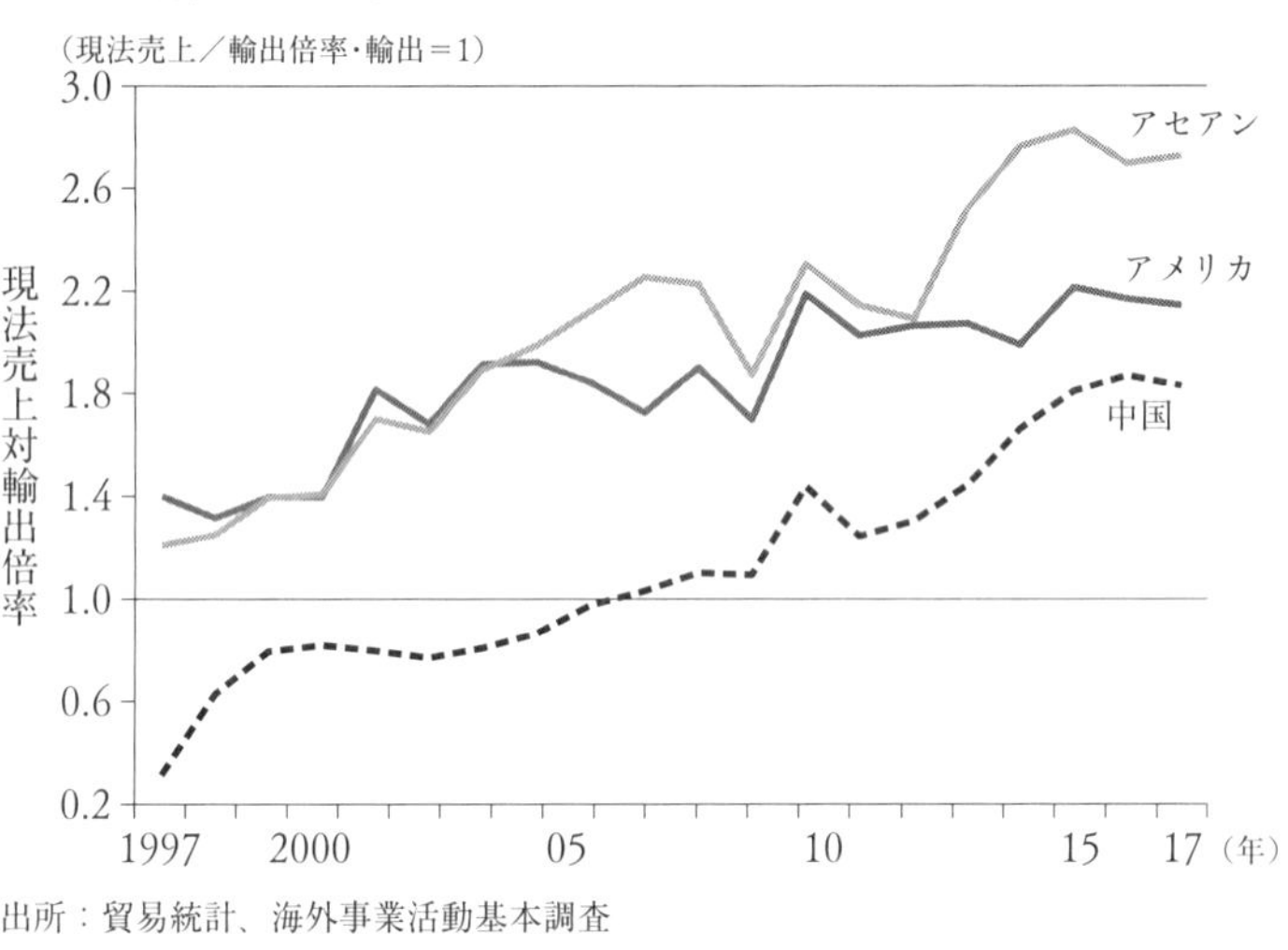

出所：貿易統計、海外事業活動基本調査

平成の三〇年間に、市場としても国際分業の相手先国（つまり現法を置いてそこで生産をする国）としても、アメリカ・中国・アセアンがほとんど拮抗するような重要性をもつようになってきたことは、この章の分析から明らかであろう。中国とアセアンの経済成長がその背景にあった。

しかし、日本企業は市場の魅力と投資のリスクについて、アメリカ・中国・アセアンをどのようにみてきたのだろうか。それはそれで大問題であるから、この章で簡単な結論が出せるとも思えない。しかし、日本企業全体の基本的スタンスを企業が現実にとってきた行動のデータからみてみよう。

それは、現法売上が輸出の何倍になるかという現法売上対輸出比率に関するグラフである。それが、図4−6である。

現法売上を大きくするには、現地への投資と現地と日本との国際分業体制の構築への投資と、二つの大きな投資があり、それだけリスクが大きい。しかし輸出は、いざとなれば撤退するに際してもサンクコストになる投資は、現地生産投資よりもかなり小さいだろう。

したがって、市場の魅力が大きく、かつ分業の相手先としても適切であれば、現法売上をリスクをとって大きくしようとするだろう。輸出よりも優先するのである。しかし、市場としての魅力は大きくても、分業投資のリスクが大きいと考えれば、できる範囲で輸出で対応しようとする可能性が高い。

面白いことに、図4-6ではアセアンのグラフが平成の三〇年間を通して、ほとんどつねに一番上にある。日本がそもそも輸出よりも現法売上の方へと軸足を移しつづけた三〇年間であるから、どの国のグラフも右肩上がりになるのだが、それでもアセアンがつねに一番上というのは、意味がありそうだ。

しかも、二〇〇〇年代初めまではアセアンのグラフはアメリカとほとんど重なっていたが、日本企業のグローバリゼーションが活発になった〇三年あたりからアメリカは横ばい、アセアンは上離れしていく。そしてリーマンショック後にアメリカのグラフは二・〇前後（つまり現法売上は輸出の二倍）できわめて安定的に横ばいになる。しかし、アセアンは二度目の上ぶれを一二年からして、一気にアメリカより相当上位に位置するようになる。

そして、中国はつねに一番下である。他の国よりも現法をつくって現地生産をすることのリスクが大きいと、多くの日本企業が判断してきたものと思われる。もちろん、市場の魅力がきわめて大きいから、現法への傾斜はしていくのだが（だからグラフは右肩上がり）、それでも輸出に依存する部分を残して、やや腰が引けている拡大路線のようにみえる。

現法の売上経常利益率が世界全体では平成の三〇年間で右肩上がりだったことは、図4-1ですでに説明した。アメリカ、中国、アセアンのそれぞれの現法の利益率を比べてみると、中国とアセアンの現法の利益率はほぼ世界全体のグラフと同じ右肩上がりで、一六年の数字は中国現法が六・七%、アセアン現法が六・四%、アメリカ現法が四・一%である。アメリカ現法の利益率グラフは大きくゆれ動きながら若干の微増傾向程度で、右肩上がりではない。

一六年のアメリカの利益率は二〇年間平均よりもやや高い。三地域の一六年の利益率の格差も、二〇年間平均値の差と同じようなもので、つまり、アメリカ現法の利益率はもっとも悪く、中国現法とアセアン現法が最近ではもっとも儲かっている。

中国現法の利益率がもっとも高いのに、そして市場としての魅力ももっとも大きいであろうに、現法売上が輸出の二倍にはるかに届かないレベルで最近は横ばいしている事実は、中国現法投資への一種の躊躇を感じさせる。

ほとんど利益率が変わらないアセアンへの現法投資は、対中投資よりも積極的だと思われる。だから、中国よりもはるか上にアセアンのグラフが位置している。日本企業の分業の相手先としてのアセアンの適切さ、リスクの小ささが、その背後の一つの大きな要因ではないかと思われる。

平成がはじまった頃には、中国はやっと輸出の相手先国として日本企業の対象になりはじめた程度で、とても現法投資などが考えられる時代ではなかった。現法投資といえば、まずアメリカという時代だった。市場としても、日本にとってアメリカ市場は圧倒的な存在だった。アセアンは、たしかに分業相手先としては適切だったが、まだ市場としての魅力が小さかった。

それから三〇年の月日が経って、世界は大きく変わった。世界の中の日本企業の行動パターンも、当然に変わった。アメリカもしたたか、中国もしたたかな国である。日本企業も当然に、それを考えに入れて行動せざるを得ない。

そして、平成が終わろうとしている今の日本企業の基本スタンスをあえてまとめれば、中国への期待と警戒感のミックス、アメリカの前途についての不安、アセアンへの期待ということになりそうだ。それが、アメリカと中国という超大国のはざまでの、日本企業にとっての自然な道、合理的な行き方なのであろう。

第5章 複雑性産業がより中核に
――産業構造の変化と技術

日本の産業構造の変化

前章では日本企業の国際展開の平成三〇年間を振り返ったが、そうした国際的活動のベースがあくまでも日本国内にあることは、当たり前である。国内なくして海外なし、なのである。そうした国内における産業活動の歴史をこの章では振り返るが、その際の基本的な視点として、それぞれの産業が蓄積してきた、または得意技とする技術とはなにかという視点を大切にしたい。すべての企業の長期的競争力の根幹に、製造業だろうがサービス業だろうが、技術力があると思われるからである。

国内でそれぞれの産業がどの程度の重要性をもっているか、その重要性がどう三〇年の間に変わってきたかを考える際に、重要性の量的尺度として、ある産業が生み出す付加価値額を使おう。どれくらいの付加価値を各産業が自分が購入したインプットに付け加えて、市場で売上に転換することができたかという指標である。

簡単にいえば、付加価値とは売上からそれを達成するに必要なさまざまなインプットの仕入れ額を引いた額である。ただし、人件費は引かれていない。人件費は、企業が生み出した付加価値から従業

図5-1 産業別付加価値の推移

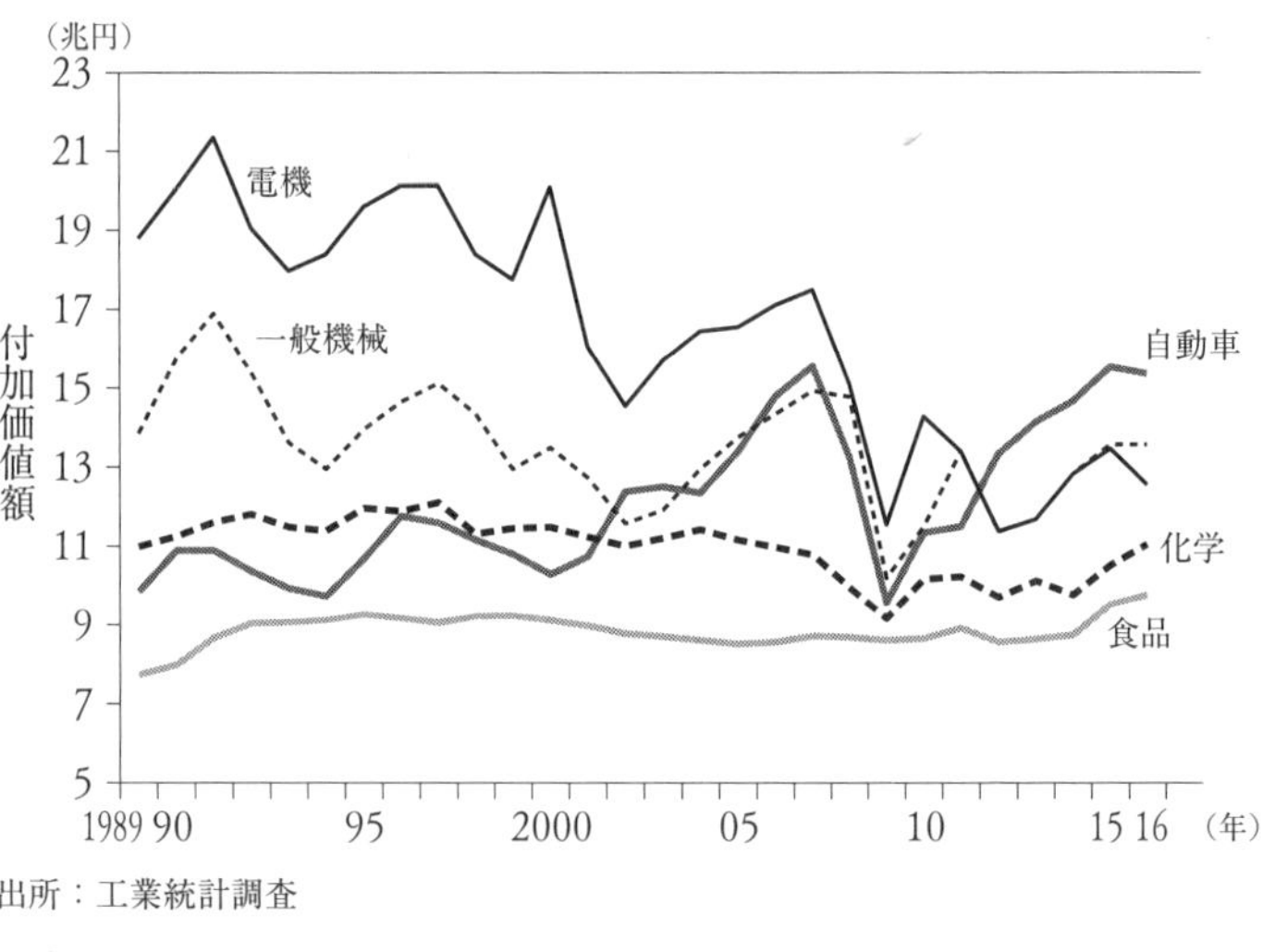

出所：工業統計調査

員に支払われる分配額と考えるのである。そして、国全体のすべての産業で生み出された付加価値の総額が、国のGDPとなる。それが、GDPの定義といってもいい。

図5-1が、日本の主な産業（二〇一六年の付加価値額で上位五位まで）が生み出した付加価値額の三〇年間の推移のグラフである。経済産業省の工業統計調査のデータからとった。ただし、この調査では産業分類が三〇年の間に変化しているため、継続的な比較可能性のために最新分類の産業の合計値を各産業の値としてつかっている。たとえば、一般機械＝汎用機械＋生産用機械＋業務用機械、電機＝電子部品デバイス＋電気機械＋情報通信機械、である。

グラフ全体の最大の特徴はふたたび、リーマンショックの落ち込みのすさまじさであろう。〇九年のボトムに向かって、真っ逆さまの様子がまた出ている。そこからリバウンドした力が強いのは、やはり自動車、次に一般機械、化学の順で、電機はほんの少しのリバウンドにとどまっている。食品は唯一リーマンショックでも落ち込んでいない産業で、その上に最近はさらに伸びている。

このリーマンショック後の自動車のリバウンドの大きさと電機のリバウンドの小ささは、前章でみた海外現法の売上のグラフのリーマンショック後の部分とほとんど相似形である（図4–5）。そして、自動車の付加価値はリーマンショックまでの七年間にも大きく伸びているが、この伸びもまた同じ時期の自動車の現法売上の伸びと相似形である。

あきらかに、海外現法の売上増と国内の産業の付加価値の規模拡大は強い相関をもっている。海外現法へのさまざまな輸出が、国内産業の付加価値を大きくしているのである。その意味では、海外なくして国内なし、でもあるのである。

各産業の付加価値成長率を毎年計算して、この二七年間の平均成長率を計算してみると、自動車二・一%、食品〇・八%、一般機械〇・五%がプラス成長の産業で、化学はほぼ横ばい（〇・一%）、電機マイナス〇・九%となる。製造業全体では、マイナス〇・七%であった。国内の全産業の規模が縮小気味なのは、大いに気になるところである。

こうした成長率の長期的な差の結果として、電機の付加価値規模は二〇一六年には一九八九年から三三%の減少、自動車の付加価値規模は逆に五六%増えた。平成がはじまる頃には電機が圧倒的なナンバーワン産業だったのが、今や第三位の産業になってしまった。そして、二〇一二年からは、自動車が国内付加価値規模での日本のナンバーワン産業となった。

じつは、昭和の最後の一五年間（オイルショック以降）は電機産業の成長がめざましく、日本の多くの産業でエレクトロニクス化とでもいうべき現象が起きた時期だった。

電機が付加価値規模で圧倒的なナンバーワン産業となっただけでなく、多くの産業の製品や生産プロセスの中に、エレクトロニクス製品が入り込んだのである。機械部品を電子部品によって置き換える、自動制御などのために電子制御装置を使うなど、さまざまな形で産業のエレクトロニクス化が起きた。それはもちろん、電機産業の付加価値規模を大きくもした。

それが、平成になると一転して電機産業は最大のマイナス成長の産業になってしまった。もちろん、平成になっても日本の電機産業は他の国内産業への国内供給者としての大きな役割を果たしつづけているのだが、いかんせん海外需要の獲得にあまり成功していないために、これだけ大きな国内マイナス成長とならざるを得なかったと思われる。ただ、今後も電機は国内他産業において、さまざまな電子部品や電気関連システムなどを供給する重要なサポーティング産業でありつづけるとは思われる。

こうしたいくつかの大きな産業の平成年間の浮き沈みと比べると、化学と食品の安定性はきわだっている。化学は、国際的にも展開しているが、やはり国内中心の産業で、多くの国内産業に基礎素材を提供している大きなサポーティング産業なのである。そのサポート先の産業の変遷はありうるものの（たとえば電機への素材供給から自動車への素材供給）、全体としての産業付加価値の大きさにあまり変動がない。

食品はさらに安定的で、年々の変動もほとんどなく（リーマンショック後ですら、食品はほとんど落ち込みがない）、きわめてゆっくりと安定的に大きくなっている。国内需要中心だからであろうが、面白いことに、食品産業は輸出は小さいのだが、海外現法の売上は伸びつづけている珍しい産業である。

海外現法のデータがある一九九七年からの数字でいえば、食品の九七年の輸出はわずか〇・三兆円だが、現法売上はその四倍の一・三兆円もあった。九七年時点で輸出よりも現法売上が四倍も大きいという珍しい産業だったのである（ふつうは倍程度）。そして二〇一六年まで、輸出は〇・六兆円へと微増だったが、現法売上は五・四兆円まで拡大した。この一六年の現法売上規模は、化学についで日本の全産業の中で第五位であった。

したがって、食品の現法売上のこの間の増加額は、国内の付加価値増加額よりもはるかに大きかったことになる。なぜ、食品産業は輸出がそれほど強くないのに、現法売上では強いのか。これは、食品産業の製品と技術のタイプが深く関係する問題と思われるので、項をあらためて議論しよう。

「複雑性産業化」が平成のキーワード

平成の時代の日本全体の付加価値に占める産業別のシェアの変化を表にすると、表5-1のようになる。電機のシェアダウン、自動車のシェアアップというおなじみになった数字が並んでいる。この中で特筆すべきは、シェアアップ幅二位（三・一％もアップ）の食品であろう。製造業全体がマイナ

表5-1 産業別付加価値シェアの変化

（%）

年	自動車	電機	一般機械	化学	食品
1989	8.9	17.0	12.5	9.9	7.0
2016	15.8	12.9	14.0	11.4	10.1

出所：工業統計調査

ス成長なので、自産業の付加価値額は微増でも、シェアとしてはアップするのである。そのアップ幅（三・一%）は、電機のダウン幅（四・一%）にかなり近い。

じつは、ここではくわしいデータは紹介しないが、電機の中でとくに落ち込みが激しいのは情報通信機械で、電子部品や電気機械はまだましである。機械産業の中でも汎用機械はもっとも落ちていて、逆に生産用機械や業務用機械は増えている。同じ傾向は現法売上についてもいえる。

平成の間に、どんな特性の産業セグメントがシェアを上げ、どんなセグメントがシェアを落としたか。その全体的トレンドの傾向を、私は「複雑性産業化」と名付けたい。

複雑性産業とは、製品の機能としても、あるいはその生産工程でも、技術的複雑性が高い産業あるいは産業セグメントである。そうした産業あるいは産業セグメントが、日本の産業構造の中核にますますなってきた。それを、複雑性産業化とここでは呼んでいる。

製品の機能としてもまたその生産工程としても複雑性が高い産業という意味は、多くの人がかなり込み入った仕事をそれぞれにきちんと実行しないと最後はうまくいかないということである。また、多くの人がバラバラに仕事をするのではなくきちんと協調しないと、最終的に機能する製品やサービスにならないという意味での複雑性である場合もあろう。

そうした複雑性産業の典型例が、自動車である。一台の乗用車には三万点の部品が必要で、そのすべてが世界中の多様な使用環境の中で長期間機能する必要があり（したがって個々の部品が高品質である必要がある）、かつその生産のために三万点の部品が最終組み立ての現場に順序よく揃わなければ組み立てはできない（だから生産工程が複雑になる）。その上、電子技術などさまざまな新しい技術革新を取り入れて、自動車はますます複雑な機械になってきた。自動車という機械そのもののからくりとしても生産工程としても、技術的複雑性が高いのである。

しかも、きわめて類似した商品だけで構成されている四輪車という一つのセグメントだけで、世界中で九六八〇万台近い需要がある（一七年）。つまり、自動車産業全体が魅力の大きい複雑性産業という色彩をもっている。電機産業の中に、発電機、テレビ、半導体などという多様な産業セグメントが含まれていることと比べると、一セグメントの規模はきわめて大きい。

しかも、その四輪車の中でもハイブリッド車というサブセグメントは、モーターとエンジンという二つの動力源を併用して適宜切り替えるという複雑性の程度がかなり際立ったサブセグメントである。このサブセグメントでの世界的なリーダーはトヨタで、ホンダがそれを追っている。日本企業がこの複雑性の高いサブセグメントでの世界のリーダーなのである。

一般機械の中にも、生産用機械（たとえば半導体製造装置や建設機械）や業務用機械（たとえば複写機）という、部品点数も多く、組立工程も複雑、機能も複雑という機械類のセグメントがあり、そこでは日本企業が強い。たとえば、複写機は部品点数は三〇〇〇点に近く、しかも機械部分（紙送りなど）とエレクトロニクス部分（読み取り部分）さらにはケミカル部分（トナーなど）と複雑な部分が組み合わさっている。その全体が機能しないと、複写機としての性能が出ないという複雑性がある。この複写機で日本のメーカーが世界的に強い。

複雑性産業セグメントは、じつはさまざまな産業の中にある。一般機械の中の複写機はその一例であるが、繊維、化学、食品などのさまざまな産業の中に、複雑性セグメントはある。そして、サービス産業でももちろんありうる。

たとえば、宅配便である。個人のお宅から別の個人のお宅へと、日本国内だけで年間に五〇億個に近い数の荷物が翌日配達でほとんど間違いなく配達される。その配達プロセスは、集荷から仕分け、配送に至るまでさまざまなハイテクが使われた、じつに複雑なシステムによって実現されている。

またセールスドライバーによる対面でのサービスもいいとよくいわれるが、それはおもてなしのサービスという日本が誇る複雑性技術の代表例である。なぜなら、おもてなしを実現するプロセスは、意外と複雑性に富んでいるからである。おもてなしを実現するためには、多くの人の細かな作業の集積が必要なのである。特定の個人だけの話ではない。その「作業集積」を実現するためには、じつは多くの人がある程度込み入った仕事を相互に協調しあってきちんとやらなければならない。それが一つの複雑性なのである。

象徴的ないい方をすれば、ハイブリッド車の開発・生産と宅配便サービスのシステム開発と現場での細かな気配り、その両方に共通する特徴としての「複雑性」が、この項で強調するキーワードである。前項で五大産業の一つとして取り上げた化学や食品にもさまざまな複雑性セグメントがあるが、それはこうした多面的な複雑性がこうした産業に要求される部分があるからである。それについては、この章の後半でくわしく紹介しよう。

こうして、さまざまな産業に複雑性セグメントは存在する。そのセグメントが大きくなっていくという変化、つまり「複雑性産業化」が、平成日本の産業構造変化の中核的動きであったと私は思う。自動車産業の平成年間の大きな成長は、その象徴だったのである。

複雑性産業を支える技術

なぜ、複雑性産業化という動きが平成日本で大きくなったのか。

大きく分けて、二つ理由がありそうだ。日本企業の内部の技術的理由と、外部の技術環境の変化という理由である。ともに技術的な理由である。

企業内部の技術的理由とは、複雑性産業を支える技術が、日本の企業組織の得意技に合っているということである。だから、国際的にみても日本企業の技術が複雑性産業では高いレベルになりやすい。したがって、その技術にベースを置く産業セグメントが国際競争に勝ちやすくなり、適切な国際展開戦略さえあれば海外需要の獲得ができるようになる。それゆえに、そうした産業セグメントが大きくなって日本の産業構造の中核になっていく。

外部の技術環境の変化とは、とくに電機産業に関係するのだが、アナログ技術からデジタル技術へとエレクトロニクスの基本技術が変化したこと（デジタル化）、そしてＩＴとインターネット技術の時代になったこと、その二つである。この二つの技術変化が、日本の電機産業がアナログ時代にもっていた「複雑性技術」の価値を大きく落としてしまった。だから、国際競争力の優位性を一つ失ったのである。それゆえに、複雑性の小さくなった電機産業の部分は、産業の中核から外れていった。

まず、企業内部の技術的理由から。

日本が高度成長期以来に成功してきた産業の技術の特性として、共通する点は三つある。

第一に、その産業の技術全体の中で、製造工程の技術に競争の核があるような産業である。鉄鋼、自動車、半導体は、そうした典型的な例だった。そこでは、生産工程のすみずみにまで細かな神経を配って、前項であげた「作業集積」を現場で協調して実現する必要がある。

第二に、その技術が何を要求しているかという点で、総合性、調整性を要求される技術という特徴である。総合性を自動車の例をとって説明すれば、たんに一つの技術が優れているだけでは最終製品としてのいい自動車は作れず、エンジン技術、サスペンション技術、車体技術、電気技術など、さまざまな技術が高い水準に揃う必要がある。

第三に、総合性がさらにすすむと、異種技術の本格的融合を必要とする場合がある。総合の究極としての融合で、たんに既存技術がうまくまとめられるのではなく、融合によってこれまでとはちがう新しい技術が生まれるのである。

アナログ時代の日本の電機メーカーが圧倒的に強かったビデオテープレコーダーがその典型例で、日本企業は電子技術とメカ技術の融合、精密加工技術と大量生産技術の融合、この二つの融合に成功した。だから、電機産業は、平成の初期までは日本のナンバーワン産業だったのである。

こうした特性をもった技術は、作業集積の協調、総合と調整、技術融合を必要として、全体としてかなり複雑性の高い技術体系となるだろう。それが、複雑性産業を支える技術の基本パターンなのである。

そうした技術体系の蓄積と維持、さらには発展には、日本企業の組織の得意技が寄与してきたと思われる。日本企業が、現場を大切にし、人々の間の調整を大事にし、多くの人々の間の相互接触と相互刺激が大量に起き、日々の努力の積み重ねの中から小さな革新を積み上げていくことを大切にしてきたからである。

それによって、三つのことが起きやすくなる。一つは現場学習である。現場の人々が現場での作業から学習する。第二には、自律的調整である。個々人や個々の職場が自分のセクショナリズムを主張することが少なく、みんなが周りの動きを見ながら自然に調整をとっていく。第三には、情報融合である。情報融合とは、ふつうは結びつきにくいかもしれない複数の情報が融合しあって、新しい情報へと変貌していくことをさす。それが、人々の間で相互接触し、情報を交換しあうという情報的相互作用が多くなることによって可能になる。情報融合の結果の一つの例が、融合技術である。

現場学習、自律的調整、情報融合という三つの日本企業の得意技は、現場での産業民主主義の成果といえるだろう。現場がそう動けるように、草の根で人びとを事業活動に巻き込めるように、日本の経営は努力してきたのである。だから、この三つの特徴が日本の企業組織の得意技になった。それが、海外需要の獲得につながるのである。

しかし、こうした技術蓄積の特徴をもっている日本企業でも、自分の産業の基本技術が変化してしまうと、従来通りの強みを発揮できるという保証はない。それがまさに起きてしまったのが、電機のデジタル化とIT・インターネット技術の進化という企業外部の技術環境の変化だった。

デジタル化は、多くのエレクトロニクス分野を複雑性産業でなくしてしまった。デジタル化によって電子部品の機能が飛躍的に拡大・向上し、電気製品という最終製品の一つのシステムをアナログ的に組み立てる必要性が減ってしまった。

たとえばテレビ産業も、半導体や液晶パネルを外部から購入できるようになり、そうした部品の性能でテレビの性能が決まる。しかも、部品点数も大幅に少なくなるから、組立技術そのものの重要性が減る。だから、アナログ時代に比べてデジタル時代のテレビ産業は、それほど技術的な障壁の高くない産業に変わってしまった。

こうした複雑性技術の重要度が小さくなってしまった産業セグメントでは、東アジア企業との競争に日本企業は弱いだろう。いい部品を買ってくれば、いい最終製品を作れてしまうから、低賃金や大規模投資を武器にする東アジア企業に太刀打ちしにくいのである。

だから、そういう産業セグメントが電機産業の中で小さくなっていくので、電機産業の中でも複雑性の高いセグメントの方が自然に比重が高くなる。しかし、国際競争に敗れる非複雑のセグメントが増えるので、電機産業全体の規模は縮小していく。ただし、結果として電機産業でも複雑性セグメントが中核となっていく、ということにはなる。

ITとインターネットで敗れた日本

平成という時代での企業外部の技術環境における大きな変化の一つ、いやおそらく最大のものは、ITとインターネット技術の進化であった。これもまた、日本の電機産業が得意とする技術ではなく、したがって電機産業の規模の縮小に一役買ってしまった。

インターネットの民間商用技術としての本格的誕生は、アメリカで商用ネットワークと学術研究用ネットワークのNSFNetとの接続が開始された一九八九年であった。まさに平成がはじまった年である。その四年前の八五年に、それまでインターネットへの前駆的役割を果していたARPANET（国防総省関連の分散通信ネットワーク）からアメリカの公的な科学財団であるNSF（National Science Foundation）が作ったNSFNetへと、インターネットのバックボーンの役割が移っていた。軍事から学術へと、応用範囲を広げたコンピュータ通信網ができたのである。

それが、商業用のコンピュータ通信網と接続を開始することによって、インターネットのバックボーンが一般に開放されることになった。そして九〇年には、スイスの研究者が中心となって現在もあるようなWorld Wide Webシステムのための最初のサーバーとブラウザのシステムが作られた。そこからは、そのシステムやソフトがどんどん改良され、インターネットによって世界中のデータベースやコンピュータがつながり、相互に検索しあえるようになって、一気にインターネットの時代がきたのである。

インターネットの進化は、さまざまなインパクトを多様な産業にもたらした。たとえば、eコマースの拡大、情報サービス産業の拡大、ハード系の生産現場でもインターネットを経由した生産システムの革新、さらにはインターネットの高速利用のための通信のハードの産業、インターネット利用のための高度なハード（たとえばスマートフォン）とソフト産業の誕生などである。

こうしたITとインターネット技術の進化は、それに関連する上記のようなさまざまな産業をソフトという意味で複雑性の高い産業にした。複雑性の高い大規模ソフトの技術がどうしても必要になるからである。

こうしたITとインターネット系のソフト複雑性産業では、日本企業の旗色はインターネットの進化の当初から、一貫して悪かった。アメリカ企業に負けている部分が多い。日本が強いのは、自動車などのハード系の複雑性産業なのである。また、パソコンなどの情報通信機器の分野でも、日本は弱くなっている。平成日本は、ITとインターネットで敗れたといってもいいような状況になった。

たとえば、二〇一七年末の世界の時価総額上位五社は、すべてアメリカのインターネット関連企業である。インターネット関連での上位五社という意味ではない。全世界のすべての産業の中の時価総額上位五社が、アップル、アルファベット（グーグル）、マイクロソフト、アマゾン、フェイスブックなのである。これらの企業に近い次元にソフト系複雑性技術で達している日本企業はないといっていいだろう。当初はこの分野で戦う姿勢を見せていた日本の電機メーカーも、すっかり影を薄くしている。

IT・インターネット人材の供給の少なさ

日本がインターネット関連ソフト産業でこれほどまでに弱い基本的理由は、ソフト人材供給量がかなり小さいまま、そして人材供給の面で対米劣位が巨大なまま、長い時間が経過したことであろう。それは、この分野で日本が国際的に戦おうにも、兵隊さんの数で圧倒的に負けつづけてきたということである。

アメリカの大学統計をみると（“Digest of Education Statistics”）、昔からコンピュータ・情報科学という分類が工学と並んで存在していた。一九八六年のこの分野の学士卒業生は四万二〇〇〇名、修士卒業生は八〇〇〇名だった。そして二〇一五年には学士卒業生は六万人に、修士卒業生は三万一〇〇〇人に増えている。とくに修士レベルの巨大な増加が注目される。この間の三〇年間、これだけ大量のIT・インターネット人材が大学から社会に供給されつづけていたのである。

ところが日本では、コンピュータ科学とか情報工学という分類すら文科省の大学統計（学校基本調査）にはない。近いとすれば経営工学であろうか。あるいは電気通信工学の分野のかなりの学生がコンピュータを専門としている可能性もあるし、工学分野でその他と分類されている専攻のいくつかがコンピュータ関連である可能性もある。

そこで、正式の統計がないので私が推定をしてみると、かりに経営工学の六割、電気通信工学の二割、その他の学生の一割がコンピュータを専門にしていたとやや多めに仮定しても、日本の大学が社会に供給してきたIT・インターネット人材の総量は、一九八六年で学士八四六〇名、修士六五三名程度と推定される。二〇一五年でも、学士九九九〇名、修士三〇二四名である。

この供給数の日米倍率（アメリカが日本の何倍になるか）を計算してみると、一九八六年で学士五倍、修士一二倍となり、二〇一五年には学士六倍、修士一〇倍である。アメリカとの差はまったく縮まっていない。ということは、この三〇年間、学士で五倍程度、修士で一〇倍程度の人材の供給量格差が日米の間でつづいていた、ということになる。

気の遠くなるような人材供給量の差である。とくに、ある程度専門性が高くなる修士レベルでの一〇倍という差は大きい。この差は、「ソフト技術者を育てるには、大学の専門は関係なく、就職後に鍛えればいい」というようなレベルをはるかに超えた大きさである。これでは、日本のIT・インターネット分野の競争力が弱くなるのは当然であろう。

日本の電機産業がアメリカを追い抜いて世界で大活躍していたのは一九七〇年代から八〇年代だが、その一〇年ほど前の六〇年代から、日本の大学が供給する電子工学分野の学生数がアメリカの二倍以上という時期がつづいていた。その人材供給量の差が、エレクトロニクスで日本がアメリカを凌駕できたもっとも基礎的な理由であろう。

それとはまったく逆の現象が、平成の時代を通じてＩＴ・インターネットの分野で起きていた。日本が負けるのも、当然なのである。決して、アメリカでベンチャーが盛んだからではない。たしかに、先に挙げた世界時価総額上位五社はすべてベンチャーとしてこの数十年内にスタートした企業である。アメリカ型のベンチャーの仕組みが彼らの成長を助けたことを否定はしないが、しかしそれが日本がこの分野で大負けしている本質的な理由だとは思えない。

これほどの大学レベルでのＩＴ・インターネット人材の供給量格差が日米の間にある一つの大きな理由は、この分野の技術の発展の初期段階での軍事の壁だったのではないかと思われる。コンピュータがそもそも開発されたのは、大陸間弾道弾の軌道計算のためといわれている。また、インターネットの初期の開発が国防総省によって行なわれたのは、アメリカが核攻撃を受けた際に国内防衛システムが壊滅しないように分散通信ネットワークを軍事用に作るためだった。

こうした軍事利用目的のために、アメリカ政府は研究資金と人材育成資金をＩＴやインターネットの分野で大学へかなりの量で注ぎ込んだ。日本には、そうした政策と資金源は大規模には存在しなかった。平和国家・日本の一つの側面である。それはそれで否定されるべきことではないが、軍事用途を発端とする技術の分野で日本が後れをとることは、仕方のないことかもしれない。

アナログ的な化学と食品も面白い

ハード系の複雑性産業は、決して自動車だけではない。この章の冒頭で紹介した日本の産業構造の変化のグラフで、平成年間に成長をみせていた一般機械、化学、食品という三つの産業も、複雑性技術の支えが大きい産業セグメントをかなりもっていると思われる。その技術ベースに支えられて、海外需要も獲得でき、それもあって産業全体の中で成長セグメントとなってこれたのである。

この三つの産業の海外需要の獲得ぶりをみると、直近のデータで（輸出は二〇一七年、現法売上は一六年）一般機械の輸出は一四・二兆円で現法売上が九・七兆円、化学の輸出が八・二兆円で現法売上八・八兆円、食品の輸出が〇・六兆円で現法売上五・四兆円（その大半が現地販売）となる。いずれの数字も、食品の輸出を除いて、平成年間に大きく成長している。

しかも、この三つの産業の現法の利益率はかなり高い。一六年の数字を挙げれば、一般機械の売上経常利益率が五・三%、化学一三・二%、食品七・七%であり、電機の三・七%をもちろん上回り、自動車の五・一%をもしのぐほどである。とくに利益率に注目すると、化学と食品は面白い産業なのである。

こうした海外も含めた産業需要の成長の背後には、それぞれの産業の中の複雑性産業セグメントの比重の拡大があったと思われる。

そうした複雑性セグメントの例としては、一般機械では、生産用機械に分類されている半導体製造装置や建設機械、業務用機械に分類されている複写機や精密測定機器などがある。

一般機械の分野での複雑性産業セグメントの特徴は、すでに自動車を例に出して説明した特徴と基本はあまり変わらない。部品点数の多さ、基幹部品の性能の高さ、多種の部品の品質精度を揃えることの重要さ、組立工程の複雑さなどである。その特徴と日本の得意技がマッチして、それぞれのセグメントを支える複雑性技術ベースとなった。

だが、読者の多くが少し意外に思えるのは、化学や食品であろう。その二つの産業に、どのような意味での複雑性産業セグメントがあるのか、とくに平成の時代に比重を増してきたのか。

化学産業は、素材系産業の中では複雑性セグメントの多い産業の典型であろう。化学産業にはじつに多種多様な化学製品が含まれている。ポリエチレンのような汎用素材もあれば、半導体フォトレジスト（半導体生産工程で使われる感光制御材）や医薬品のようなじつに複雑な構造をした製品がある。

さらには、ナノテク材料も多くが化学産業の製品だし、太陽光発電装置やリチウムイオン電池の中に使われている先端素材もほとんどが複雑な化学製品である。あるいは液晶パネルの視野角（見える角度）を広くするためのフィルムのように、その生産工程がかなり複雑な製品もある。

また、加工の分野との関連まで考えると、さらに複雑性の高い産業セグメントが化学では出てくる。最終的に同じ性能を出すために、ポリマーなどの化学素材の特質だけで勝負するのではなく、その素材の加工の仕方の工夫で面白い性能を出せる余地が大きいことも多いので、生産工程が複雑になるのである。その一つの例が、ゴルフシャフトから航空機の構造材、さらには自動車の構造材にも使われている炭素繊維複合材料である。炭素繊維とプラスチック素材との複合材料だから、加工方法もむつかしくなることが多い。

だから、化学素材の加工産業の典型であるプラスチック製品製造業まで化学の視野に入れると、化学の複雑性産業としての特徴はよりあきらかになり、またそれゆえの成長の大きさも理解できる。

すでに紹介した図5-1の化学工業の付加価値データに、プラスチック製品製造業の付加価値を加えて広義の化学産業の付加価値額を計算すると、一六年でその大きさは一五・三兆円（約四兆円増加）となり、自動車の一五・四兆円よりもわずかに小さいだけでほとんど自動車と並ぶのである。じつは広義の化学産業は、一一年には電機産業を付加価値額で抜き去り、その後も堅調な成長をつづけて日本のナンバーワン産業に近い状態を維持してきているのである。

食品産業にも、めだたない複雑性セグメントはかなりありそうだ。食品原料のきめ細かな加工、最後の味付けの加工、製品としての最終形態づくり（パッケージングを含む）、安全確保のための品質管理などなど、食品の開発や生産工程はかなり複雑になりうる要素があり、最先端の計測装置や生産機械が使われていることも多い。

味や製品の見栄えにうるさい日本の消費者に鍛えられてきた日本の食品企業の技術ベースは、複雑性技術と呼んでも差し支えないレベルにまで達している企業がかなりあるようだ。その技術ベースが、めだたない複雑性セグメントを支えている。

もちろん食品には、消費者の嗜好に合わなければ売れないという基本要件がある。そのために、日本市場のために開発された食品製品がそのまま嗜好がちがう海外で売れるとは限らない。だから、日本からの食品の輸出はそれほど大きくない。だが、現地の嗜好にきちんと合わせるために大きな努力を注げば、海外生産して現地市場で売れる可能性は大きくなる。その際に、食品企業が日本で培った複雑性技術ベースが海外で活かせるのである。

すでにこの章の冒頭で強調したように、食品は輸出が大きくないのに現法売上が平成の時代にかなりのスピードで成長してきた、珍しい産業である。その珍しさの技術的理由が、このような食品の複雑性技術の国内での蓄積にあると思われる。

化学と食品、結局はこの二つの産業の成長の鍵は、加工まで含んだ複雑性技術ベースを日本企業が蓄積してきたことにあったと思われる。加工の世界は、アナログ的な世界でもある。また、化学製品の開発にも食品の開発にも、さまざまな調合（化学薬品の調合、食品原料の調合）が鍵を握る。その意味で、アナログ的な直感や感性が生きるといわれる。

二つの産業はこれまでは国内型産業として、日本の産業全体の中の安定の錨のような存在だったが、これからは国際展開も、複雑性技術、とくにアナログ的な特性を生かしたさまざまな形で、期待できるであろう。

コモディティと複雑性セグメントの組み合わせ

私はこの章で複雑性技術の大切さを強調し、そうした技術にベースを置く複雑性製品のセグメントがどの産業にもあることを強調している。そのいい例が、化学と食品なのである。そこでもう一つ強調しておくべきことは、こうした複雑性製品の多くでその生産を支えるのは、しばしばコモディティ型製品の大量生産を経験することによって培われた生産技術や生産設備だということである。それゆえに、じつは複雑性セグメントはピザ型グローバリゼーションにつながりやすい。

大量生産をきちんと低コストでやりとげるには、生産工程上のさまざまな工夫や厳格な管理が必要である。そこで生まれる生産技術の蓄積や設備の工夫あるいは生産システムの工夫が、複雑性製品を経済的に採算のとれる範囲内で生産することを可能にしている。そして採算性の高い生産が可能にならなければ、実験室で複雑性製品を作れても、市場に事業として供給することはできない。市場供給が経済的に可能にならなければ、産業としては維持不可能である。

これはきわめて大切なことである。複雑性製品は生産技術の蓄積が大きくなければ採算的に成立しないことも多く、その生産技術の蓄積にはコモディティ製品の生産が必要となることが多い。だから、複雑性製品セグメントはコモディティ製品との組み合わせが可能となってはじめて経済的に成立するということになりそうだからである。つまり、複雑性産業セグメントをめざすには、逆説的だがコモディティ製品の生産ベースを何らかの形で維持するあるいは確保する必要があるのである。

たとえば、小型車に強くて生産技術の蓄積が大きく、コストにうるさいトヨタだからハイブリッド車の経済的量産が可能になる。あるいは、繊維のボリュームゾーン（量産品）をきちんとやってきた東レだから、炭素繊維やヒートテックといった複雑性製品の開発と生産が可能になる。

トヨタは「トヨタ生産システム」で世界的に有名な企業だし、東レは日本の繊維企業の中では例外的に、一九八〇年代から「脱繊維でなく、繊維を基幹事業の一つとして位置づける」と一貫して宣言してきた企業である。

この二つの企業の例だけでなく、複雑性製品のイノベーションに成功している多くの企業に共通に見られる現象は、彼らが生産技術の深い蓄積をもっていることである。そしてその技術蓄積は、コモディティ製品の低コスト生産に努力するプロセスで培われたものなのである。

しかも、複雑性製品の経済的生産のために生産技術のベースを維持する必要があるだけでなく、複雑性製品の開発・イノベーションのためにも、そうした生産技術の維持が必要なことが多い。試作や初期生産のために生産技術が必要だからである。そうした生産技術の開発への助けは、やはり距離の近い国内に、組織文化も類似した国内に、ベースがあった方がいい。近ければ生産と開発が協力しやすいという理由からである。

こうして、量産技術の国内ベースの存在が複雑性産業セグメントの発展には必要だということになると、これは日本企業に有利な条件でもある。そのベースが海外へ完全移転をまだせずに国内にある程度存在する段階で、複雑性製品セグメントに注力できる国はそれほど多くないからである。それが、日本に複雑性製品セグメントでの競争優位をもたらしてくれるだろう。

しかし同時に、量産技術の国内ベースの存在という条件は、多くの日本企業にとってジレンマにもなるだろう。なぜなら、量産品としての競争力確保のための低生産コスト志向、あるいは為替対策としての円建て生産からの逃避といったコスト条件面での要請も強いために、国内にそうした量産品の生産ベースを置くことがむつかしいことも多いからである。しかし、その一方で生産技術の国内蓄積維持のためには国内生産ベースが必要で、そこでジレンマが生まれる。

ジレンマの解決には、大別すれば二つの方向しかない。一つは、コスト条件に多少目をつぶってでも、ある規模での国内生産維持を優先させるという考え方である。たんに雇用維持のためというより、技術ベースの維持・発展のためのコストが必要と割り切るのである。もちろん、量産品の全量を国内生産しなくてもいいだろう。生産技術維持が目的なのだから、それに貢献する生産のみでいいし、生産技術維持ができる程度の規模までは国内で、それ以上は海外でという国内一部生産でもいいだろう。

もう一つの方向は、量産品の生産は海外と基本方針を割り切り、その上で国内での複雑性セグメント用の開発・生産に役立つ技術ベースとして海外の生産基地をいかに使うか、工夫することである。この方向をとると、量産のための雇用はたしかに海外にしか生まれないが、国内外の技術交流の密度を上げることによって実質的に技術維持ができることを狙うのである。この方向を模索する場合、「飛行機代をたくさん使う経営」がしばしば必要となるだろう。技術の内外交流の密度確保のためには、どうしても人的接触による情報交流の密度がきわめて重要だからである。

こうして、コモディティ製品は複雑性製品セグメントのための縁の下の力持ち、いわばインフラ的な役割を果たすことが多い。だから、コモディティ製品と複雑性製品セグメントとの組み合わせが重要となる。それは、既存事業の中での「インフラになりうるベース」部分を守りつつ、複雑性セグメントに大きく注力するということになる。

その結果として生まれる国際展開のパターンは、ピザ型グローバリゼーションであろう。国内に量産能力をある程度もった上で、国内で複雑性セグメントの開発や生産も行ない、しかし海外での市場開拓や海外での生産も行なうという国内・海外の分業を志向することになるからである。

幅広い技術基盤とアナログの強さ、そしてITの補強

私はこの章の最初の項で、「昭和の最後の一五年間（オイルショック以降）は電機産業の成長がめざましく、日本の多くの産業でエレクトロニクス化とでもいうべき現象が起きた時期だった」と書いた。その時代の後、複雑性産業の時代がやってきた。その歴史的順序は、それなりに理由がある。

まず、複雑な機械産業（自動車や一般機械）という意味での複雑性産業の成功のためには、高度な電子部品の供給と複雑な生産工程の高度な管理が、ともに必要となるだろう。製品の性能を上げるための電子部品、複雑な生産システムを管理するための情報システムなどである。それが高いレベルで供給できる日本の電機産業があったからこそ、日本で複雑性産業セグメントが成立できた。

化学や食品でも、生産工程の複雑さ、開発の複雑さは、さまざまな形でエレクトロニクス技術に助けられている。たとえば、生産工程の高い品質を維持しての自動制御や開発プロセスで使う高精度の分析機器には、制御や分析のための半導体などの電子部品が欠かせない。

つまり、一九七〇年代、八〇年代の日本産業のエレクトロニクス化は、九〇年代以降の複雑性産業

化への準備段階として必要だったのである。その意味で、電機産業の貢献は九〇年代以降も大きかった。ただ、大きな技術変化の波があったために、産業全体としては技術革新の犠牲者に電機産業自身がなってしまったのは、不運でもあった。

複雑性産業の時代はまだしばらくつづくだろう。少なくとも、日本企業が世界の中で生きていく基本に複雑性技術がなるだろう。ただ、複雑性の内容が変わることはありそうだ。

たとえば、これまでの複雑性にＩＴや感性が重要な要素として加わるという形で、日本の産業全体の姿が変わっていくことは十分にありうる。たしかにＩＴとインターネット産業そのものでは、日本はアメリカの後塵を拝してしまっているが、しかし、日本の複雑性産業がさらに進化するための基礎要件としてＩＴ技術やインターネット技術を使えるという技術供給基盤は、日本に備わってきていると思われる。ただ、ＩＴやインターネットを直接の売り物にして国際市場で華々しく活躍できるほどの水準にないというだけのことである。

もちろん、ＩＴという要素がきちんと日本の産業のベースに組み込まれるためには、この分野の人材供給への日米格差を少しでも減らす対策が必要であろう。その対策は、基本的に三つある。一つは、大学でのコンピュータサイエンス教育の拡大。第二に、コンピュータ専門でない大学卒業者に対する産業界でのＩＴ関連の現場教育。そして第三に、日本以外にＩＴ人材の供給源を求めることである。

その三つの対策を、第一の対策を除き、日本はかなりの程度やってきた。しかし、それでもまだ足りなかったと考えるのが適切であろう。だから、日本の産業全体の技術ベースの将来のためには、

ＩＴが弱点にならないように三つの対策をすべて大幅拡充する必要がありそうだ。

しかし、ＩＴばかりでなく、日本国内に幅広い技術基盤がこれからも準備されていないと、複雑性産業の時代がつづいていかないだろう。複雑な製品や部品・部材の開発と生産（あるいは複雑なサービスの提供）には、じつに多様な産業分野の技術蓄積が必要となることが多いからである。複雑な製品を構成する個々の部分の要求が多様で、その多様な要求に応えられるような多様な技術力や供給力がないと、複雑性産業セグメントは成立しないのである。

たとえば、ハイブリッド車という複雑性セグメントの基幹部品の一つにレゾルバというモーターの回転制御のための角度センサーがある。この機器は多摩川精機という長野県飯田市に本拠を置く精密機械部品メーカーがトヨタに最大手として開発・供給しているが、彼らはもともと自動車部品メーカーではなく、航空機部品を中心とするメーカーであった。その企業の技術が、ハイブリッド車の部品開発と量産に生かされた。

複雑性の高い建設機械を世界的に供給しているコマツは基幹部品の国内開発・国内生産にこだわっているが、その理由は高品質な基幹部品を効率的に開発・生産するために必要となるさまざまな技術（金属材料、精密加工、制御機器など）や供給能力がワンセットで揃っているのは日本だからだという。

つまり、トヨタの例でもコマツの例でも、日本の産業集積の多様さと技術蓄積の深さが、複雑性産業分野が日本に存在しつづけることを助けている。それをいいかえれば、幅広い技術基盤が国内で揃うことが必要ということである。

そうした国内の幅広い技術基盤の維持のためには、それぞれの技術をもった企業の国内生産の継続が重要であろう。生産しつづけることは、技術能力を維持することにつながるからである。もちろん、その生産基盤維持とは、決してたんなる雇用維持のための生産継続ではない。将来の能力蓄積維持のための生産継続である。この点、電機は円高の圧力の下で海外展開を急ぎ過ぎ、国内での生産基盤維持を結果として軽視することになってしまったようだ。

複雑性産業にアナログ的感性がさらに付け加わることもまた、次の時代の動きとして重要であろう。その先駆的事例と思われるのが、東レのヒートテックという機能性肌着のイノベーションである。

この事例の開発の大きなポイントは三つあった。一つは、そうした高機能衣料材料の核となる特殊なポリエステル素材の開発である。第二は、この素材だけでなくいくつもの異なった合成繊維を低コストで混織・染色することであった。第三は、その混織の構成の仕方を肌着として女性の感覚に合うように「風合い」よく決めることであった。

第一と第二のポイントは、かなり複雑な技術的ベースがないと乗り越えられないポイントで、まさに複雑性産業セグメントらしい話である。だが、第三のポイントは、たんに技術があるだけではダメである。風合いという感覚的なものをいかにニーズにフィットするよう設計できるか、商品として実現できるかという感性的能力が必要となる。

この第三のポイントは、アナログ的能力の重要性といい換えてもいいだろう。たんに科学やエンジニアリングの世界のイノベーション能力だけでなく、感性価値を判断するアナログ的能力あるいはそれの実現に資するアナログ技術が、ヒートテックだけでなく多くの複雑性製品のイノベーションには重要だと思われる。化学や食品での日本の強みの一つも、そこにありそうだ。

平成が終わろうとしている今、日本の産業にはまだ幅広い技術基盤が残っている。それを維持し、さらに発展させていく必要がある。さらに、感性的能力についていえば、日本の食品産業の背後には、和食の伝統を含む味覚というアナログ的感性があるし、日本の工芸の伝統はじつは日本にそういうベースが歴史的に存在してきたことを感じさせる。京都を代表例として、日本の古い都市に存在してきた工芸の伝統は、職人の技術と美的感性のかけ算の累積にみえるのである。尾形光琳の感性と技術を思い出したい。それを、これからも大切にしていく必要があるだろう。

ＩＴとアナログ的感性を加えた複雑性産業セグメントとは、複雑性を可能にしてきた日本の組織の現場学習、自律的調整、情報融合という得意技をＩＴとアナログ的感性でブラッシュアップするものであろう。つまり、ＩＴと感性が加わった現場学習、自律的調整、そして情報融合。それをめざすことが、製造業だけでなくサービス産業も含めて次の時代の日本企業の基本的あり方の一つであろう。

第6章

変わる看板、変わらぬ基盤
――日本企業の雇用と人事

元に戻った失業率と離職率

これまでの二つの章では、世界の中の日本企業の姿と日本企業の技術のあり方という二つの視点から、平成三〇年間の日本企業を振り返ってきた。そうした国際事業展開にしろ技術基盤の形成にしろ、それを実行するのは企業組織である。ヒトの結合体としての企業組織であり、カネの結合体としての企業組織である。

企業はこの二つの結合体の側面（ヒトとカネ）を否応なしに同時にもっている。事業活動をするには、ヒトがかならず必要だし、カネもまた必要だからである。本章と次章の二つの章では、ヒトの結合体としての企業の雇用と人事、カネの結合体としての企業の財務と投資という二つの視点から、平成の日本企業の大きな流れを描いてみよう。

平成の日本企業の雇用と人事はどう動いてきたかを大まかに描くとすると、私の基本的結論はこの章のタイトルのようになる。表向きの看板はいろいろと変わったときもあるが、「雇用や人事に関する基本的考え方」という基盤はあまり変わらなかった。

看板が変わったとは、長期雇用から短期雇用へ、年功序列から成果主義へ、実力による処遇格差拡大へ、従業員より株主重視へというように、先進的やり方として話題になったことが変わってきたということである。その多くが、「アメリカ型の雇用と人事」への色彩を強めるとおぼしきものであった。しかし、日本企業の雇用と人事の実態の基本部分（これを基盤と呼んでいる）は、それほど大きく変わらなかった。あるいは一時的に表面は擬似アメリカ型に振れたかもしれないが、平成時代を通して底辺の基盤に大きな変化はなかった。

「変わらぬ基盤」という事実が望ましいことかどうかについては、意見が分かれるかもしれない。私自身は、「簡単には変わるはずのないものだから、変わらないのが自然」という感覚をもって、この章で描く事実をうけとめた。そして、バブル崩壊から金融崩壊、そしてリーマンショックという二つの疾風にさらされ、激動の渦に投げ込まれても、日本企業のヒトの結合体としての基盤は変わらなかったのかと、むしろ感慨の方が深い。

変わらぬ基盤をもっとも分かりやすく象徴しているのが、失業率の水準も離職率の大きさも、平成が終わる頃には平成スタート時点の水準に戻ったことである。失業率は企業と関係をもちたいのに拒否されているヒトの比率、離職率は自ら望んで企業を離れるヒトの比率であり、ともに企業と働くヒトの関係を描くもっとも基本的な変数と思える。もっと失業が増え、もっと離職が増えてもいいような環境の激変が平成の時代にはあったのに、この二つの率が元に戻ったということ自体が、驚くべきことのように思える。

図6-1 失業率の日米長期比較

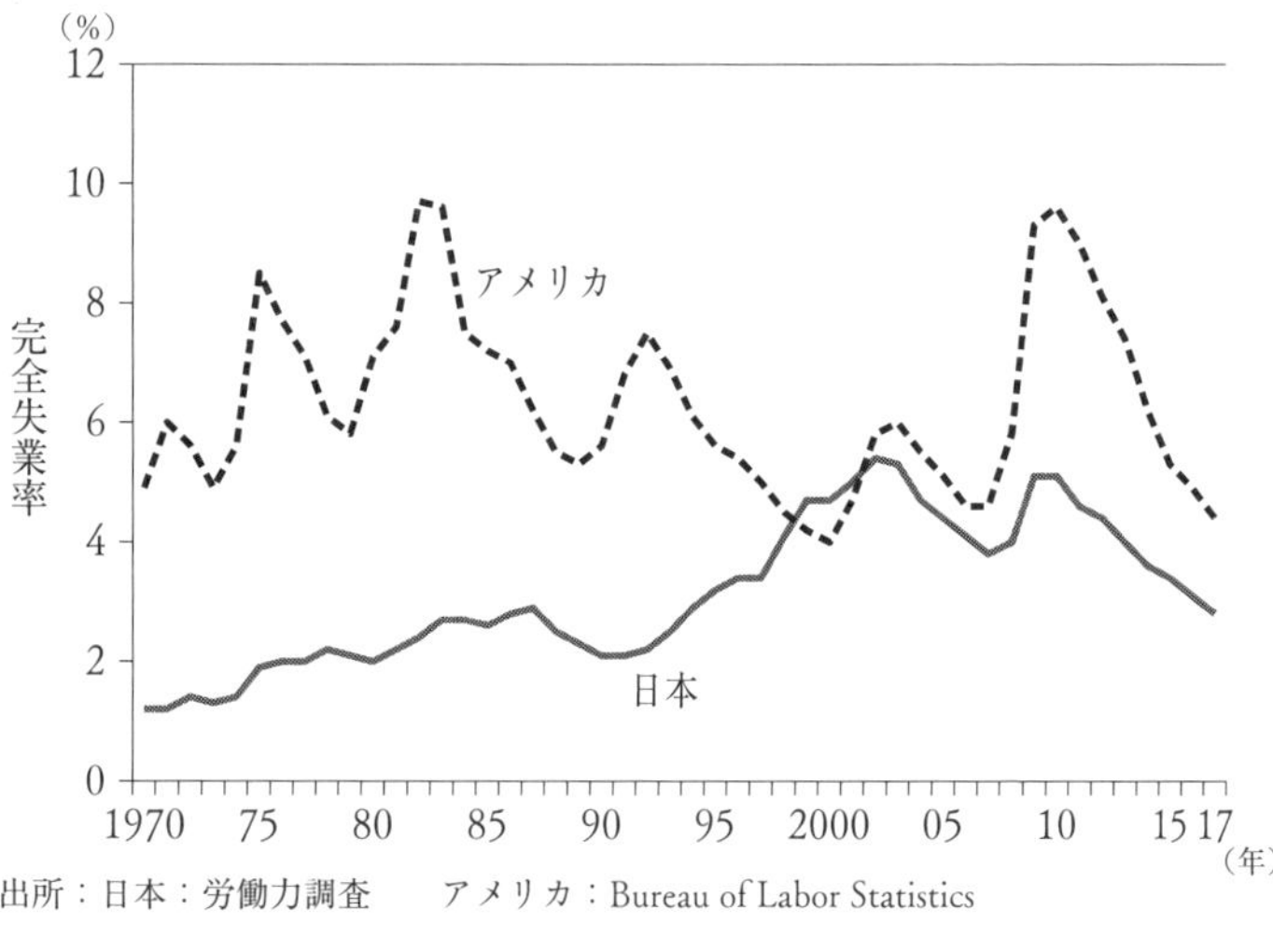

出所：日本：労働力調査　　アメリカ：Bureau of Labor Statistics

失業率については図6-1をご覧いただきたい。後でのべる日米長期比較のために、一九七〇年からグラフにしてある。

平成時代についていうと、日本の失業率は八九年（平成元年）には二・三%と低かったが、二〇〇二年に五・四%というピークをつけ、しかしその後は長期的に低下へと向かい、一七年には二・八%、一八年前半の平均では二・四%と平成元年の水準に戻っている。

失業の背後には、もちろん離職がある。自己都合にせよ、会社都合にせよ、離職する人が多く出て、彼らが求職をしても職を得られないから失業率が高まるのである。

もちろん、離職率が高くても入職率（新しく職を得る人の率）も同じように高ければ、失業率は高くはならない。しかし、日本の失業率が平成三〇年で元に戻ったのと同じように、日本の雇用者の離職率も元に戻っている。

データのある範囲で数字を示せば、一九九一年の離職率は一五・二%だったが、失業率と同じように平成の半ばには一八%近くまで上がった後に、二〇一六年には一五・〇%まで下がっている。そして、失業率の平成年間のグラフの形（平成の中ごろにピーク）は離職率のグラフとほとんど同じ形となるのである。

この本の第2章で扱った平成一〇年代（西暦で一九九九年から二〇〇八年）は、日本にとってとくに激動の一〇年だった。金融の崩壊があり、リーマンショックがあったのである。その時期に失業率や離職率がある程度大きくなるのは、企業の雇用や人事への基本的考え方が変わらなくても、激変する経済環境への対応として当然のことであろう。

企業の基本的考え方が平成三〇年間にそれほど大きく変わらなかったことを感じるのは、日本の失業率のグラフをアメリカと比べたときである。日本企業の行動原理とアメリカ企業のそれがあきらかにちがいつづけてきたことを、図6-1はみごとに示している。

この図は、長期比較のために平成年間のみならず一九七〇年からの四七年間をグラフにしてある。一貫して、日本の失業率は相当にアメリカよりも低く、かつ景気変動にもかかわらずかなり安定的で毎年の変動幅が小さい。アメリカのグラフはタテに大きく揺れ動いている。

それは、景気変動とともに失業率が大きく変動するアメリカ、景気変動があったとしても失業率の変動が驚くほど小さい日本というちがいである。オイルショックの時にも日本の失業率はあまり上昇せず、さすがにバブル崩壊の後は二％から三％半ばまでわずかに上昇した。しかし、バブル崩壊という激変ですら、アメリカの景気変動による失業率の上昇よりはるかに小さい失業率の上昇で済んでいる。

そして、九七年に「日本人がお化けをみた年」から二〇〇二年まで、さらに日本の失業率は二％程度上昇するが、それでも五％を少し超えた程度であった。ただ、一九九九年から二〇〇一年までの三年間だけ、日本の失業率がアメリカのそれをわずかながら上回ったから、当時はよけいに話題になったのである。日本の失業率は遠からず八％になるというような記事がマスコミをにぎわせていたが、そうはならなかった。

この図から日米のちがいをもっとも感じる部分は、リーマンショック後の失業率の上昇のちがいであろう。日本は二年間わずかに（一％強）上昇したが、アメリカの失業率は三年間にわたって五％以上も上昇している。この時期のアメリカのグラフはまるでマッターホルンである。解雇を迅速に行ない、しかしまたすばやく再雇用する姿が明瞭にでている。

そうした日米のちがいの背後には、企業の雇用に関する基本的考え方のちがいがあると思われる。

日本企業は、長期雇用を重んじ、雇用の安定を大事にする。だから、景気変動に対してはすでに雇用している人たちの労働時間の調整でなるべく対応しようとして、雇用量は変えない努力をする。ただ、景気の落ち込みが深刻でかつ長期になれば、雇用量の変更をせざるを得なくなるが。一方、アメリカ企業は景気変動への対応として雇用量そのものを動かすことに躊躇しない。だから、解雇と再雇用を繰り返す企業も多く、失業率が大きく変動するのである。

こうした日米の雇用政策のちがいは、高度成長時代の歴史的産物で現在ではもはや存在しないと思っている人もいるかもしれない。しかし、リーマンショック後の日米の失業率変動の大きなちがいは、むかしと変わらない雇用慣行の基盤のちがいが日米の間に存在することを示している。

産業別の雇用構造

雇用の基盤として平成年間にも変わらなかったのは、企業の雇用政策だけではない。産業別の雇用構造の基盤もそれほどには変わっていない。もちろん、三〇年間の技術変化の大きさ、人口構成の変化（少子・高齢化）を考えれば、雇用の産業別構造も変わらざるを得ないが、そうした環境変化の大きさを勘案すると、雇用構造の変動は意外に大きくない。

具体的には、次の表6-1で、日本における産業別雇用者数の一九八九年と最新データの二〇一七年との比較をしている。

この二八年間で、雇用者の総数が一二〇〇万人近く増えている。総人口の増加が平成年間にたしかにあったが、この雇用者総数の増加ほど人口が増えているわけではない。女性雇用と高齢者雇用の増加がおもな原因だったと思われる。そして、どこの国の経済でも第三次産業の雇用が増えていくように、日本でも平成年間に運輸・通信からさまざまなサービス業に至るまでの第三次産業の雇用が増えている。とくに、サービス業の雇用の増加は膨大で、その半分近くは医療・福祉産業での雇用増加である。日本の高齢化の一つの自然な帰結であろう。

製造業の雇用の減少も、すでに前章で触れたことであるが、かなりの規模でみられた。図6−1のデータから産業別構成比を計算してみると、製造業が約一〇%だけシェアを落とし、その分だけサービス業が増えている。しかし、製造業の減少の半分近くは電機産業での雇用減少で、雇用がそれほど変わらなかった産業も多かった。

それを示すのが、表6−2である。具体的には、化学と一般機械がやや減少し、食品はわずかに増えている（製造業の数値が表6−1とちがうが、この表は工業統計調査のデータである。労働力調査とは調査の対象が多少異なるので、製造業の雇用者数は工業統計調査の方が小さな数字となる）。

ここに挙げた食品、化学、一般機械、自

表6-1 産業別雇用者数

（万人）

	1989年	2017年
総数	4,679	5,819
建設業	451	407
製造業	1,276	1,006
運輸・通信業	451	531
卸小売飲食	1,041	1,326
金融保険不動産	225	277
サービス業	1,084	1,874

出所：労働力調査

表6-2 製造業従業員数

（万人）

	1989年	2016年
総数	1,096	757
食品	108	113
化学	39	36
一般機械	115	111
電機	192	100
自動車	76	88

出所：工業統計調査

動車という電機以外の四大産業の雇用者が製造業全体の雇用者総数に占める比率は、一九八九年の三一％から二〇一六年の四六％へと大きく増えている。この四大産業が日本の製造業に占める雇用面での重要性も、増してきているのである。

そうした構成比の変化はあるものの、どの産業が重要かという基盤については、電機を除いて平成年間に大きな変化はなかった。自動車産業は、付加価値の大きさや海外活動の水準ではまぎれもなく日本のトップ産業になっているのだが、雇用の量という点ではそれほど大きくない。

危機になるとはね上がる労働分配率

雇用と人事の基盤の一つと私が考え、第I部でも各年代ごとの変化をのべてきたのは、労働分配率であった。企業が生み出す付加価値の総額から従業員への人件費支払いとして分配される比率である。日本企業の労働分配率が、アメリカ企業のそれとは異なった動きをすることは、すでに第3章でのべた。大きな不況あるいは経済危機になると、企業は人件費の支払いをあまり変動させずに維持する一方で、不況のために付加価値額は減少するので、労働分配率の大きな増加になるのが日本企業なのである。つまり、危機になるとはね上がる労働分配率という特徴が、日本企業にはある。

その数字の平成年間を通してのグラフを、付加価値の他の分配先の比率とともに描いたのが、図6-2である。他の分配先とは、配当という形で分配を受ける株主と貸付への利息受け取りという形での分配を受ける金融機関である。それぞれ、株主分配率と金融分配率とここでは呼んでいる。

図6-2 付加価値分配率：労働、株主、金融

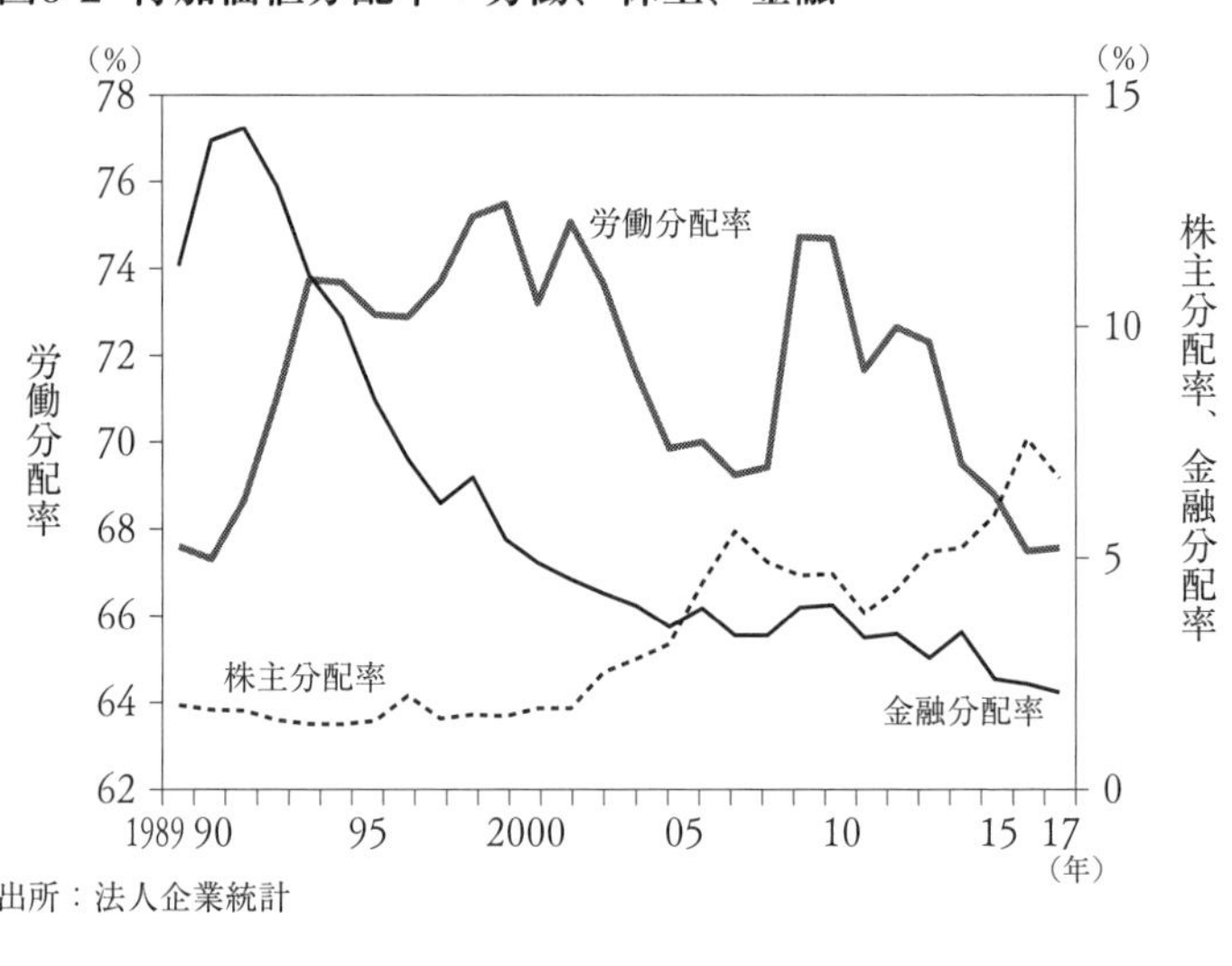

出所：法人企業統計

このグラフから、いくつかの面白い事実が読み取れる。

まず第一に、日本の労働分配率が大きく上昇している（はね上がっている）時期が、このグラフには三度ある。一九九〇年代前半と二〇〇八年から〇九年にかけて、つまりバブル崩壊とリーマンショックの後である。そしてもう少し小さな分配率の上昇の時期が、一九九七年の金融機関連続破綻の直後、つまり金融崩壊の前後にある。この三つはすべて危機の時期で、たしかに日本企業の労働分配率は危機がくるとはね上がるのである。

もう一つ、地味にみえるが確認しておきたいのは、労働分配率の最初と最後が同じ高さであること。つまり、平成の二七年間をかけて、労働分配率は六八％という元の水準に戻っている。失業率や離職率だけが元に戻ったのではなかった。

さらにいえば、労働分配率が大きく下降している時期も、二回みられる。二〇〇一年から〇四年の時期と、一二年以降の一六年までの時期。いずれも、好況あるいはゆるやかながらも景気が回復している時期である。

この二つの時期は、株主への分配率が上昇している時期と一致する。株主への分配率が〇一年まではまったく安定的（二％前後）であったものが、その後リーマンショックまでは上昇傾向となり、しかしリーマンショック後の付加価値の低迷期にはふたたび株主への分配は下降線をたどり、さらに次の景気回復期には株主分配率が上昇するのである。全体として、平成年間でみると株主分配率はかなり安定的に上昇し、最初は二％程度だったのが最後には七％前後の大きさになっている。

景気回復で付加価値額が増加する時期には株主分配率が上昇し、危機の時期には労働分配率がはね上がって株主分配率は一定（バブル崩壊の危機の頃がそうだった）か、あるいは下降する（リーマンショックの危機の時がそうだった）ということは、日本企業の分配の原理は、従業員への安定した支払いをまず優先し、しかしその責任を果たした後に余裕があれば株主分配を増やすというものであることを意味している。

この株主分配への「余裕があれば配慮」というスタンスに日本企業が変わったのは、〇一年以降である。それまでの日本企業は株主分配率を低率（二％）で一定にしてきたのである（一定ということは、配当が完全に付加価値に連動ということ）。この変化は、株主重視への変化と表現できないこともない。

その反省の一つの証言として、私は二〇〇〇年代前半の時期にある財閥系大手企業の人事担当役員から面白い言葉を酒の席で（つまり本音の席で）聞いたことを、いまだに鮮明に覚えている。

彼は、私が従業員への分配を株主より優先している日本企業のスタンスは合理性が高いといいつづけてきたことに賛成していた人だった。合理性とは、従業員の企業へのコミットメントを大きくして、結果として彼らの努力で利益が大きくなって株主も株価の上昇などのメリットを得られるということである。

その彼が、「株主をもっと重視しなければ」と反省の弁をしみじみといったのである。ただ、その後に彼が付け加えた言葉が、じつは当時の日本企業の経営者の本音であったと私は感じた。

彼は株主を重視しなければならない理由として、「これまでは株主のことなどまったく考えなかったといってもいい位だったが、それでは資本を提供していただいているのに申し訳ない」といったのである。決して、従業員と株主を比較して株主をより重視すべきという意味での株主重視論ではなく、これまでが軽視し過ぎていたから少しは重視しなければという意味の株主重視論だった。

その意味の株主重視であれば、いざというときには従業員への分配を株主よりも優先するというスタンスと矛盾するものではない。じっさいその後リーマンショックという大嵐がきたときには、やはり労働分配率ははね上がり、株主分配率は下降をはじめたのである。そして、また景気が一二年以降に持ち直して労働分配率が下がりはじめると、株主への分配率をふたたび高めようとしたのが、図6

–2のグラフが示す日本企業の姿であった。

さらにいえば、株主への分配を大きくする原資は、じつは銀行への分配が低金利と借入金抑制で二〇〇〇年代以降に大きく下がったことによって得られたともいえる。株主への分配が増える一方で、金融分配率は減りつづけているのである。

株主は企業に株式資本を提供し、銀行は借入金という形で資金を提供している。こうした資金の提供者に対するトータルの分配率をかりに資本分配率（株主＋銀行）と呼べば、この分配率の数字はじつはほぼ一貫して下がっている。

バブル崩壊の一九九一年には資本分配率は一六％というピークだったが、二〇一六年には八・八％しかない。株主分配率はたしかにこの間に上昇したのだが、その上昇分は金融分配率の減少分ほどには大きくないのである。つまり、企業は銀行への分配を少なくできた分の一部を株主への分配に回しているという形になっている。

それにしてもバブル崩壊前後の利息支払いの大きさには驚かされる。付加価値の一〇％をはるかに超えていた。それが、平成の終わりになると二％前後である。これでは、バブル崩壊前後の日本企業は銀行に利息を払うために事業活動をやっていたようなものである。

労働分配率と失業率の面白い関係

従業員への分配を大切にしよう、雇用を守ろうというスタンスを、日本企業が平成の時代を通して

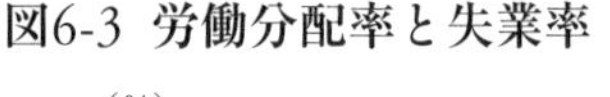
図6-3 労働分配率と失業率

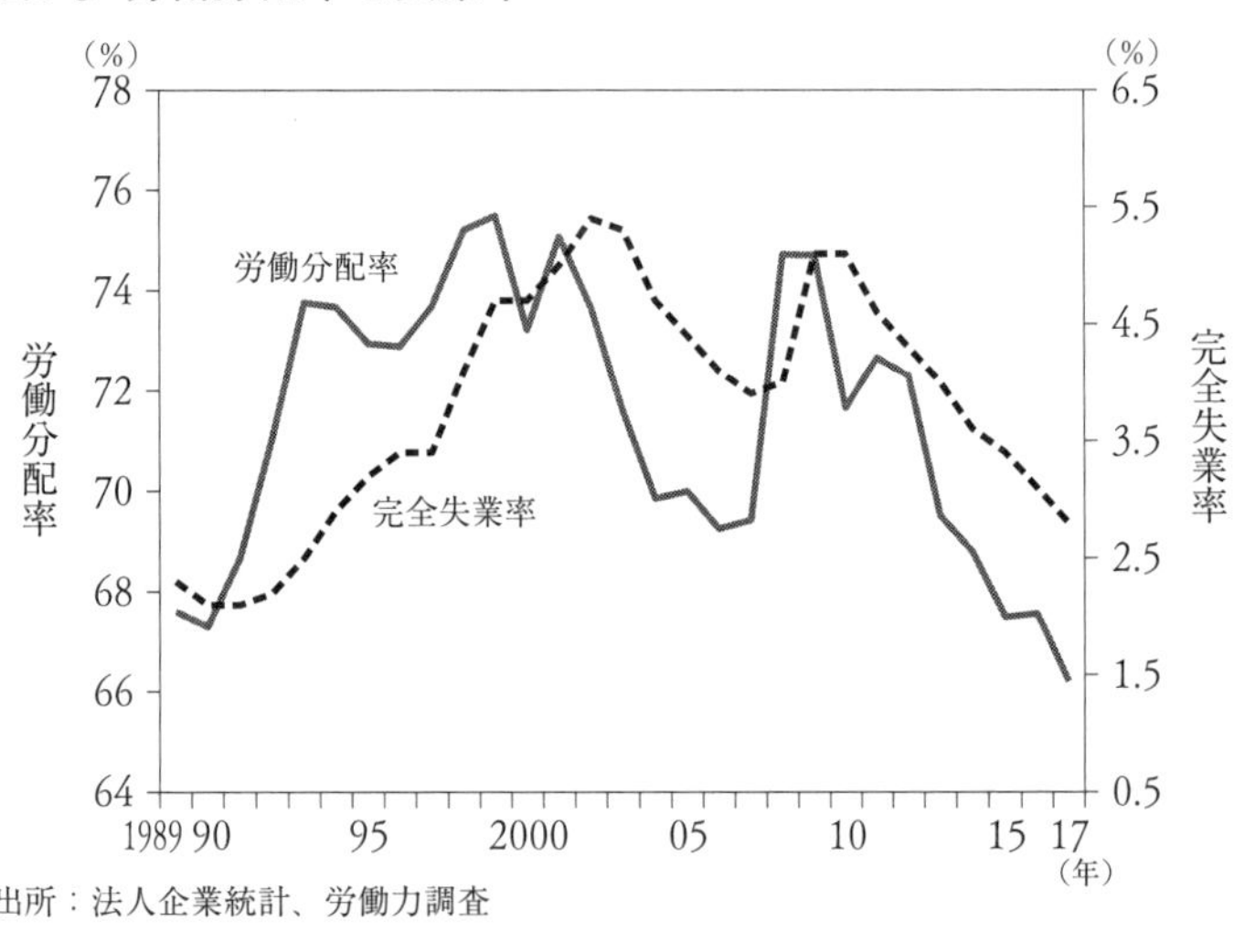

出所：法人企業統計、労働力調査

もちつづけていたことを傍証する面白い関係が、労働分配率のグラフと失業率のグラフを重ね合わせるとみて取れる。それが、図6−3である。

二つのグラフはきわめて似た動きをしている。しかも、時間差を置いた相似形になっている。それは、労働分配率のグラフがまず上昇あるいは下降をはじめ、一年か二年後に失業率のグラフも同じように上昇あるいは下降の動きをするということである。いいかえれば、分配率のグラフが右へ平行移動したような形を、失業率のグラフがしている。それが、時間差を置いた相似形という意味である。

このグラフ、とくに時間差を置いた相似性がもつ意味は深そうだ。

日本企業は、危機がくるとまず雇用を守り人件費もあまり減らさないようにするから、労働分配率がはね上がる。景気が悪いために分配率算式の分母の付加価値額が減るのに、分子の人件費総額はあまり減らないからである。しかし、それではもはや利益がとうてい出ないほどに状況が悪くなると（つまり危機が長期化すると）、はじめて企業は雇用に手を付ける。それで、失業率が時間差をもって上昇をはじめる。

一方、景気が良くなると、まず労働分配率が改善する。人件費総額はあまり変わらなくとも、売上の増加によって付加価値が増えるからである。そして、その動きが一、二年つづくと、企業はやっと雇用を増やしはじめるから失業率が低下する。

この図の労働分配率のグラフと失業率のグラフとの比較、そして図6-2での株主分配率のグラフとの比較、その二つの比較から読み取れる日本企業の行動原理は、危機のときには従業員への支払いを優先し、株主への分配は付加価値総額と連動的に行なう（つまり分配額としては減らす）、景気のいい時には余裕のある部分で株主への分配を大きくするよう配慮するというものである。

この行動原理は、アメリカ企業の行動原理とはちがう。第3章で紹介したように、アメリカ企業は株主への分配も従業員への分配も、ともに付加価値額に連動的に行い、したがって労働分配率も株主分配率も景気にあまり関係なくかなり安定的に推移する。むしろ、景気が悪くなるとアメリカ企業は雇用にすぐに手を付けるので、労働分配率が日本とは逆に下がる傾向すらある。それと比べると、日本の人件費はじつに固定費的で、失業率もあまり変動しない。つまり、日本の労働者が負っているリスクの程度は、アメリカよりもかなり小さい。

こうした労働分配率の動きは、平成年間にみられるだけでなく、一九七〇年代以前から一貫してみられるもので、日本企業の分配の優先順位が、従業員が第一、株主第二となっていることを示している。

私は、日本企業は従業員主権メイン的（企業統治の主権者として従業員がメイン、つまり企業はまず第一に働く人々のものである、しかし株主にもサブの主権があるという考え）であるからこそ戦後の発展が可能になったと、この三〇年以上一貫して主張してきたが、この労働分配率の動きはその証拠の一つであろう。

しかし、さすがに先の人事担当役員氏のいうような行き過ぎた株主軽視は反省した方がいいというので、少しの株主重視へと実態を振り、その時に「株主重視」という看板にかけ替えたのが二〇〇〇年代以降だと思われる。

しかし、看板はかけ替えたが、基盤は変わらなかった。リーマンショックのような非常事態には、その国の真実が出る。アメリカでは失業率がはね上がり、日本では労働分配率がはね上がった。最大級の嵐を前に、日本企業はやはり古くからの原理的基盤の通りの企業行動をとったのである。

そして、リーマンショックからの回復期には、労働分配率も下がる一方で資本への分配率はそれほど大きくはならなかった。つまり、分配されない付加価値額が大きくなった。その分は利益に回ったのである。だから、リーマンショック後に日本企業の利益率はかなりよくなり、企業の内部留保も増えていった。この点は、次章でさらに検討する。

成果主義、市場型賃金というかけ声

平成時代の人事関連のおそらく最大のトピックは、成果主義人事であろう。個人の達成した成果の大きさに応じて支払われるべきという主義である。また、それに関連して、市場型賃金という方向への主張も平成時代には大きくなったことがある。個人の仕事の市場での世間相場に応じて報酬が支払われるべきという主張である。いずれも、一見するともっともではある。

その「かけ声」は、二〇〇〇年前後から大きくなる。それは、日本企業よ真の株式会社になれ、共産主義を抜け出せ、と経済ジャーナリズムが書きはじめた頃で、株主対応のコーポレートガバナンスだけでなく人事でも「アメリカ型」が幅をきかせた頃である。しかし、早くも〇五年ごろから、いずれの制度も日本では機能しないという論調が多くなる。

なぜ、こうしたかけ声が二〇〇〇年前後から大きくなったのか。

一つの理由は、外部環境の悪化であろう。一九九八年からの金融崩壊で、企業が将来の景気展望や自社の売上と利益の展望に自信がもてなくなっていた。だから、組織としての長期的存続のために、人件費支払いをカットする方向になんとか動かなくてはならないという経済状況であった。製品市場での売上や利益の獲得可能性が減ったことへの心配といってもいい。

そうした外部環境の変化による人事制度変革への動機とならんで、企業の内部にも変革の必要性を感じさせる状況が二つあったと思われる。

一つは、バブル崩壊後に人件費の払い過ぎがあったことである。だから、人件費総額がふくらんでしまっていて、その縮小を考えなければならない状況が二〇〇〇年前後にはあった。もう一つは、従業員の高齢化である。高齢者の比率が高くなる方向へと動いていくことは、人口動態の長期的予測によって以前から予想されていたことだが、じっさいに二〇〇〇年ごろから従業員の年齢構成にその状況が顕在化しはじめるのである。

人件費の払い過ぎと高齢化、それぞれの状況変化をくわしくみてみよう。

表6-3は、日本の法人企業全体の労働生産性上昇率と一人当たり人件費の上昇率を比べた表である（いずれも名目値の変化率）。三つの時期は第I部の三つの章立ての時期で、平成でいえば、〇年代、一〇年代、二〇年代に相当する。金融崩壊前の一〇年は人件費の払い過ぎだったというのは、一九八九年から九八年までの平均人件費上昇率が労働生産性上昇率を一・二%も上回っている事実をさす。すでに第1章でも指摘した、バブル期の慣性のもとでの企業行動の一つで、それが一〇年もつづけば、人件費総額はかなり過大になる。

従業員の中の高齢者比率の動向を示すグラフが、図6-4である。二〇〇〇年前後から、高齢者の比率の上昇傾向がより急になっている。一

表6-3 生産性上昇率と人件費上昇率

（%）

	労働生産性上昇率	一人当たり人件費上昇率
1989～98年平均	0.7	1.9
99～08年平均	−1.0	−1.1
09～2017年平均	1.6	0.3

出所：法人企業統計

図6-4 雇用者の年齢別比率

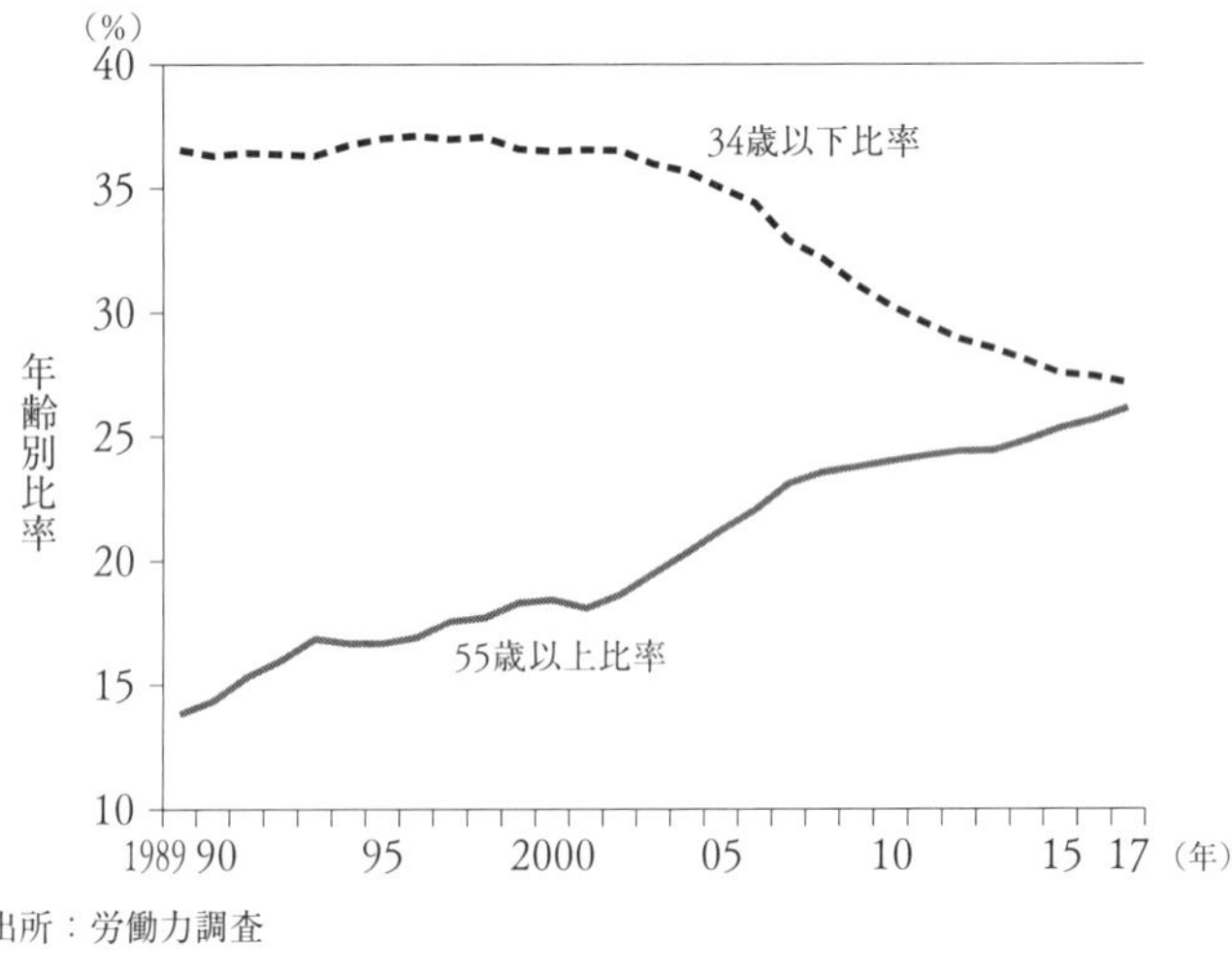

出所：労働力調査

九五〇年前後に生まれた団塊の世代が急速にむかしの定年年齢であった五五歳を超えてくるのである。

企業の人事部とすれば、若年層の比率が減りぎみになる現象が現実のものとなっている状況で、さらにバブル崩壊後の不況の中で新規採用も抑制しているのだから、若年層の比率が自社の組織の中で今後は大きく下がることも予想できる。その上、高齢者の処遇も考えなければならない。年功型賃金が一般的でありつづけてきた日本企業では、このままでは人件費総額がパンク状態にまで増加してしまう危険が、容易に予想できる状況に二〇〇〇年前後から入りはじめていたのである。

こうした企業外部・内部の事情が重なって、日本企業の多くではとにかく人件費総額を下げることを考えなければならない状況だった。しかし、ストレートにそういい出すのもはばかられたのであろうか、この問題への対処に「アメリカ型成果主義や市場型賃金に学べ」といい出した人たちがいた。しかし、それはお門違いであろうが、当時の日本異質論の雰囲気の中では、みんなが乗りやすい理屈ではあった。

なぜ成果主義や市場型賃金が機能しにくいのか

成果主義や市場型賃金が当時の（そして今も）日本の状況では機能しにくい理由は、すでにさまざまな議論で明確になっている。

成果主義の最大の問題は、短期的に賃金決定につなげられるような個人の短期的成果の測り方が分からないことである。目標管理を使うという手段（目標を期初に決め、その達成度を成果尺度とする）がとられたことが多いようだが、目標そのものの決定があいまいだから、個人成果の測定にはつながりにくい。こうして正確な成果測定ができないのだから、正確な賃金の決めようがない。不正確なやり方では、従業員の不満ばかりが募る。

さらに、市場型賃金については、個人の仕事に対する世間相場が企業内のさまざまなタイプの仕事に対して「根拠ある数字」として存在するのかというのが大問題である。日本企業のスキル蓄積はしばしば企業特殊的蓄積といわれるが、他社にもっていってすぐに通用するようなスキルの仕事というは、かなり少ないのである。それであれば、世間相場など存在しない仕事がかなり多いということになる。

つまり、個人の成果にしろ世間相場にしろ、そうしたものを測れる数字があることを暗黙の前提に、その数字に合わせて賃金を決めればいいというのが成果主義や市場型賃金だが、その暗黙の前提が成立していないのである。だから、現実に機能できる人事制度設計などできないということに、ならざるを得ないのである。

その上、かりに測定の問題がなくなったとしても、労働慣行や労働市場の日本的特徴から、アメリカでは想定できるかもしれない成果主義のメリットが生まれにくい状況がある。アメリカ型成果主義を全面的に導入した場合に、それが総体的に企業のよりよい業績につながるには、成果の悪い人は組織から退出するという前提が必要であろう。その暗黙の前提が満たされにくいのが、日本の組織のあり方である。そこで成果主義を全面導入すれば、成果が悪くて報酬が低い人が不満をもちつつ組織に滞留する。その負の効果は、ばかにならない大きさだろう。

こうして、いくつもの暗黙の前提に支えられている成果主義の看板は、かけ替えたものの機能させにくいから、結局は実行されないということになるのである。

では、日本企業は実際にはどうしたのか。それが、前掲の表6–3の一九九九年からの平均値と二〇〇九年からの平均値に出ているように思われる。

一九九九年からの一〇年間は、労働生産性の下落が人件費の下落とほぼ同じになっている。じっさいに人件費カットが行なわれたのである。おそらく、一律人件費カットに近い、成果主義とはかなり異なる手段がじっさいには有効だったのであろう。それは、組織内の平等性を重んじる日本の企業組織の原理的基盤に合致したやり方だった。

二〇〇九年からのリーマンショックのどん底からの回復の八年間では、人件費はやや上がったが、労働生産性の伸び率よりは一・三％も低い上昇率だった。人件費は上昇させるものの、上昇の大きさを抑制したのである。

奇しくも、労働生産性の上昇率と人件費の上昇率の差は、最初の一〇年が人件費が上がり過ぎで差は一・二％、最後の八年はまったく逆に人件費が上がらな過ぎで差はほぼ同じく一・三％。つまり、最初の一〇年の払い過ぎを、最後の八年の払わな過ぎで取り戻している。だから、生産性との関係での一人当たり人件費の水準は、平成の二八年間でもとのバランスに戻ったのである。

それ以外にも、表6-3の含意は案外と面白い。まず、三つの時期のうち、労働生産性と人件費上昇率がマッチしていない時期が二つある。企業全体としての成果が労働生産性の大きさであろうから、その上昇下降と一人当たり人件費の動きがマッチしない時期が多いというのだから、日本企業はまずもって成果主義ではない。それに、最後の八年は失業率がかなり下がりつづけていて、それは労働需給が人手不足の方へと逼迫する傾向を意味するのに、そのときに人件費があまり上がっていない。これは市場需給を反映した賃金とはいいがたい。

つまり、成果主義や市場型賃金というかけ声は、日本企業全体としては成立していないのである。

私はこの章で「元に戻った日本企業」という姿をいくつも紹介しているが、しかし、元に戻らないものもある。従業員の高齢化である。図6-4は、平成がまさに高齢化の時代であったことを明瞭に示している。高齢者比率が増すというだけでなく、若手比率も減少するため、ダブルパンチを日本企業は食らっていることになり、ついに平成の終わりには二つのグラフが交差しかかっている。

この従業員高齢化のインパクトは、人件費支払いの問題をこえて大きい。それについては、次章と終章で触れることになるだろう。

非正規雇用と格差

平成時代の日本企業の雇用と人事の分野で、成果主義とならんで話題になったのは、非正規雇用の問題であろう。パート、アルバイト、派遣社員、契約社員、さらには嘱託と、期間無限定のフルタイム雇用契約を結んでいるのに近い状態の正規社員以外の、さまざまな雇用形態の総称が非正規雇用である。

たしかに、非正規雇用の人数は平成年間を通じて、増加してきた。一九八九年には八一九万人だったものが、二〇一七年には二〇三六万人にまで拡大している。もちろんこの間に雇用者総数そのものが拡大しているので、役員を除く従業員身分の雇用者総数との比率で非正規比率を計算すると、一九八九年の一九・一%が二〇一七年には三七・三%へと、たしかに大きな拡大である。しかも、一三年までほぼ一直線に近い増加ペースであった。

ただ、一四年以降は、三七%前後でこの比率は増えなくなっている。一四年から一七年まで、正規雇用は増加しているのだが、高齢者で定年退職する人たちを非正規雇用（典型的には嘱託か）として雇用する数も増えていて、正規・非正規両方とも増加してきたために、非正規比率は横ばいになっているのである。こんなところにも、従業員高齢化の影が姿をみせている。

非正規雇用の比率増加には、二つの点から多くの関心が集まる。一つは、雇用形態の多様性の確保といういわばプラスの側面である。正規社員以外の働き方が可能だから、雇用という社会参加をしようとする人が増える（とくに女性）という側面である。もう一つは、企業内格差といういわばマイナスの側面である。非正規雇用の方が雇用条件が悪く、しかも景気変動のバッファーとして使われていて、同じ企業で働いていてしかも表面的には似たような仕事をしている人たちの間に格差が生まれている、という違和感である。

雇用形態の多様性のもっとも分かりやすい例が、パート社員やアルバイトとして自分の都合のいい時間帯に働きたいという理由である。総務省の労働力調査（一七年）によれば、じつはそうした理由で非正規雇用を求めた人が女性の二九%、男性でも二七%となり、他の理由（たとえば、正規の仕事がなかったからという多くの理由）を含めても、最大の理由に女性でも男性でもなっている。

さらに雇用の多様性を求める理由として、家計の補助や介護との両立などがありうるが、この二つの理由を挙げた人の合計の割合は、女性で四二%、男性で一四%となっている。都合のいい時間帯だけ働きたいという理由と合わせて、この三つの理由を雇用の多様性を求める理由と解釈すると、じつに女性の七一%、男性の四一%が多様性の理由で非正規を選択しているのである。

もちろん、正規の仕事がなかったから非正規を選ばざるを得なかったと答えた人もかなりいる。男性では二三%、女性で一一%、男女合わせた平均では一三%強である。この人たちにとっては、非正規の第二の側面、企業内格差が大きな問題となるだろう。

だが、非正規社員と正規社員の間の企業内格差だけでなく、正規社員の間の企業内格差の点でも、日本は格差の小さな国である。平成時代の前からそうだったし、平成の時代に実績に応じた給料格差などがつきはじめたとしても、まだまだ欧米での企業内格差と比べれば小さい。

その典型例が、社長と一般社員の給料の差の小ささである。日本の大手企業ではとくにその感が強いが、社長の給料が不当なほどに少ないと思うのは私だけであろうか。社長という職責の重要性と能力によっての成果のちがいの大きさを考えると、社長の給料はとても成果主義で決まっているとは思えない。

「日本経済新聞」によれば（二〇一八年五月一三日付朝刊）、自動車産業のトヨタ自動車の社長の年収は一般従業員の平均年収の三八倍、アメリカのGMでの倍率は二九五倍になる。また電機産業の日立の場合の同じ倍率は二五倍だが、アメリカのGEでの倍率は一五七倍になる。日米でケタがまるでちがう。

トヨタや日立はまだ倍率が高い日本企業の例であろう。ふつうの大手企業を考えて、社長の年収を一億円、社員の平均年収を七五〇万円とすれば、その倍率は一三倍である。むかしは、一〇倍以下だった時代もあっただろうから、多少は格差が広がってきた。しかし、日本の社長はもっと給料をとってもいいし、それだけの責任のある仕事をしてほしいとも私は思う。じっさい、多くの社長はそれだけの仕事をしておられるだろう。

しかし、なぜか社長は自分で巨額の給料をとるといい出さない。その大きな理由は、私の想像するところ、二つありそうだ。一つは、社長としての仕事の成果の大きさの主な原因を、自分の貢献の大きさに求めることへのためらい。それは、多くの人の仕事の重なり合い（つまりチーム）の中で組織の成果が決まり、一人の人間の貢献はそれほど大きくはないという考え方にもよるのだろう。そんな社会通念が日本にはありそうだ。個人の成果主義がさかんにいわれていた時期にも、チームの価値を強調する議論がしばしば繰り返されていた日本である。

もう一つの理由は、共同体の原理である。人と人とが共同体を作っているからこそ社会が成立していると考え、その共同体を維持しようとすることが大切だと考える原理である。企業組織の中でも、人々の間の心理的な紐帯をベースにした関係も重要とし、そうして生まれる共同体が維持されていることが社会生活を安定的に推移させるために重要だと考える原理である。

そうした共同体の原理が、企業組織という経済的関係に見える人間の集まりにもかなり色濃く反映されてきたのが、日本の一つの特徴だと思われる。つまり、企業は「労働サービスをカネと引き換えに渡す場所」以上の役割を果たしていると、多くの人が自然に考えている。それは、人々が勤めのために長い時間を会社組織の中で過ごし、また共同作業をしようとすれば、否応なしにそこに人間関係が生まれ、共同生活が生まれるからである。勤めは、自然に社会生活の場である職場共同体をも企業の中に生み出すと考えるのである。そして、長期雇用が多ければ、この共同体が生まれてくる可能性はかなり高くなる。

その共同体に社長がそもそも新入社員として所属しはじめたとき、とくに他の人たちと格差をもった存在として所属しはじめたのではない。多くの人が、ただの新入社員で、平等な形での所属を開始するのが大半のケースである。

こうした共同体の原理で経済的格差の問題をみれば、本来は平等であった人々の間に立場が変わったからといって格差がきわめて大きくなるのはどこかおかしいと考えても不思議ではない。ある程度の格差は経済的に仕方がない部分もあることを認めつつ、しかし過度の格差を避けようとする。共同体の心理的紐帯の維持がむつかしくなるからである。

個人の貢献の意義の大きさについての社会通念にせよ、共同体的感覚にせよ、ともに企業内格差を生み出しにくい方向へ機能する。それは、平成の時代にも変わらなかった雇用・人事の基盤の一つと、私には思える。

そして、その通念や感覚が社会の中でかなり広く共有されているとすると、経済的格差への社会的許容度が日本では低いということになる。だから、社長の給料が上がるばかりでなく、非正規社員の処遇格差や広くは社会の中の所得格差など、格差が少し広がる傾向をみせると、日本社会はことさら敏感に反応する。そしてそれゆえに、日本はこれまでも格差の小さな国でありつづけてきたのであろう。それはそれで、一つの「いい社会」のあり方だと思える。

所属の国、日本

平成年間に雇用と人事の世界で行なわれた看板のかけ替えは、アメリカ型へ、市場主義へという方向性のものだったといっていいだろう。バブル崩壊後の日本自身の自己疑問とアメリカからの日本異質論の両方の攻撃を考えれば、ある意味で自然の流れであったろう。

しかし、看板をかけ替えても、その看板通りの制度・慣行は機能せず、制度・慣行の基盤の部分は変わらなかった。労働分配率も失業率の動向も、アメリカのようにはならなかった。成果主義にも市場型賃金にも、あまりならなかった。非正規雇用の率の大幅上昇も、結局は雇用形態の多様性への欲求に応えた面が大きかったようだ。

もちろん、人事慣行がすべて変わらなかったわけではない。これだけの環境の変化が平成の三〇年間に起こったのだから、変わらない部分がないというのは、かえっておかしい。問題は、何が変わって何が変わらなかったかということである。

たしかに、企業も正規雇用を非正規に変えたがった部分があったろう。成果主義でやりたい、成果の悪い人は追い出したいと思ったかもしれない。しかし、その動きを大きなものにさせない何かがあった。たんに法制度として雇用や従業員の利益が守られているから企業がやりたくてもやれなかったということではなく、社会通念としての何かが、これだけの激しい環境変化にもかかわらず基盤の本質的変容を妨げたと、この三〇年の軌跡を振り返って私はあらためて感じた。

その社会通念とは、企業組織というものへの働く人々の関与のあり方についての、「暗黙の」あるいは「言葉にしないほど常識的な」考え方で、「働く人々は企業組織にたんなる参加を超えて、しばしば所属している」という社会通念がある、というのが私の仮説である。それが、平成時代の日本企業の雇用と人事の変わらぬ基盤の最深部であったのではないか。

アメリカとの比較で分かりやすく表現すれば、アメリカでは企業組織に人々は「参加」する。日本では「所属」する。所属の国・日本では、人々は簡単には組織を離れない。そんな国の企業に参加の国・アメリカの人事制度や慣行を持ち込んでも、あまりうまくいかないということになりそうだ。

いうまでもなく、どこの国でも雇用や人事の慣行は、その国の社会的条件、文化的条件に深く根づいている。根づいていないものは、広く機能することはない。そして、そうした社会的条件や文化的条件は、歴史の累積の中で作られてくる。

もちろん、金銭を欲しがるとか、名誉を欲しがるといったきわめて基本的な欲求については、万国共通の部分があるだろう。しかし、その上のレイヤーに、歴史的経緯に規定された社会的・文化的条件があり、それは国によってちがう。たとえば、金銭的インセンティブの意義の大きさでも、国によるちがいがある程度はありそうだ。そうした社会的・文化的レイヤーの上に、具体的な雇用や人事の制度・慣行がのっかっているのである。

参加と所属という問題は、企業とは何かという企業概念の本質に深く関わっている。企業とは、経済活動の場であり、株主も働く人も経済的報酬を求めてそこに「参加」している。経済的条件が変わって、ある特定の企業に参加していることに意義が小さくなったと考えれば、株主は株を売り、働く人は企業を変えればいい。参加している一方で、そこから退出する自由がつねに機能している。

こう書くと、それは万国共通の考え方でどこの国でもそうだと多くの人は思いがちだが、国による差は案外ありそうだ。たしかに、アメリカではこうした社会通念が強い。日本ではしかし、多くの働く人々にとっても企業はたんに経済的に「参加」している場という意味を超えて、「所属」している組織になっているように思われる。

もちろん、日本でもヒトが企業組織と関係をもとうとする最大の動機は、経済活動の場としての企業に「参加」をして、そこで働くことによって生活の糧を得ようとするというものであろう。しかし、いったん組織に対する参加がはじまり、しかもそれが長期的であるのがかなりふつうという社会的了解があると、人々の間の職場での社会的関係は深くなり、職場は社会生活の場としても意識されるようになる。職場共同体が生まれ、人々はその共同体に「所属」していると感じるようになるのである。

日本は所属、アメリカは参加というちがいは、たんに企業組織だけのものではない。たとえば、演劇の劇団という組織についても同じことがいえるそうである。演劇を誰が作っているのか日本とアメリカで比べると、日本では固定的なメンバーからなる半永続的な劇団組織という形態で演劇が生産されているのに対して、アメリカの演劇生産システムではそういう組織は稀で、プロデューサー方式と一括して呼べそうな、プロデューサー・演出家・作家というトップを構成する少数の固定的メンバーがその都度俳優やスタッフを採用するという方式が圧倒的に多い。オーディション方式である。日本では俳優たちが「劇団」に「所属」する。アメリカでは俳優たちは「公演」に「参加」する。

日本では、芸術肌で個人の感覚と自由を重んじると思われる演劇人の世界ですらそうなのだから、ましてや企業組織では所属の感覚を経営する側も働く側も暗黙のうちに強くもっていると考えてもいいだろう。

経営の制度・慣行＝原理×環境

アメリカは参加、日本は所属という社会通念のちがいが生まれてきた背景には、おそらくさまざまな歴史的要因が働いているのであろう。その重要な要因として、私は二つの国の歴史的成立プロセスのちがいがあるように思う。アメリカは、大陸欧州からさまざまな理由で逃れてきた人たちが作った国である。日本は、自然に四つの島を中心にいつの間にか一つの国として成立した。とくに強い、「国家建設」の意図があったとは思いにくい。

アメリカ建国のプロセスはそれとはちがい、「強く意識をもって」「古い社会や圧政から逃れるために」異なった人々が「参加」して作られた国である。現在でも世界中からの移民がアメリカに大量に流れ込み、アメリカは「参加」の国でありつづけている。アメリカ人にとっては、もっとも基礎的な組織である「国」自体が、「参加」の対象なのである。

日本人にとっては、日本という国は「参加」するものとはなっていない。大半の日本人にとって、日本という国は生まれたときから「所属」していたものなのである。生まれた地域社会への所属も自然に生まれる。そして働くことになる企業への所属感覚も、多くの日本人には自分で意識しない内に、自然に生まれているのであろう。

それは、もはや「意識しない原理」というべきものになっているのかもしれない。

私は以前から、人事や雇用の分野に限らず、企業が選択する経営のためのさまざまな制度や慣行は、その企業のもつ「経営の原理」とでもいうべき基盤的考え方とじっさいに経営を行なわなければならない環境条件のかけ算で決まると考えてきた。式であらわせば、

経営の制度・慣行＝原理×環境

この式の原理の部分に、所属の国・日本の職場共同体の維持の原理を入れてみると、それが平成の時代に変わらなかった基盤をなしていると思える。しかし、その原理の下でも、これだけの環境の激変があれば、じっさいの制度や慣行は変えざるを得ない。ただ、その制度・慣行の部分に無理やり「アメリカでの慣行の焼き直し」を入れてみても、式が成立しなくなるのである。原理の部分と矛盾するからである。そこで、無理やりかけ替えた看板が機能しないことが判明し、そんな制度・慣行は日本で広まらなかった。成果主義人事がその典型例であろう。

しかし、非正規雇用の問題は、所属の国・日本だからこそ、大きな問題となる。たしかに多くの非正規雇用の人々は、企業に所属するよりも参加したくて、参加を選択している。自分の時間の都合のいいときに働けるようにという非正規の選択理由は、まさに参加の典型である。

しかし、正規雇用にしてほしいのにその機会を得られなかったために企業に参加だけすることになってしまっている人は（数字では一三%弱だが）、本当は所属したいのに所属を拒否されたと感じてもおかしくない。その人々が感じる不満や反感は、処遇への不満を超えたものになりそうだ。だから、平成も終わりに近づいた今、人手不足も理由になって非正規社員を正規社員に転換する企業が増えているという事実は、所属の国・日本として原理に合うまっとうな対応が増えてきたと解釈できる。

こうした「原理に見合い、環境変化に対応できる制度変更」が、平成が終わろうとしている時期の日本企業にかなり深刻に要請されている分野が、少なくとも一つある。海外事業での人事制度である。国際展開が大きくなることが必須の日本企業では、かなり大きな問題である。

その対応でも、もっとも具合が悪いと思われるのは、国内の慣行の基本のままに海外でも対応することである。たとえば、日本国内がいまだに年功序列的だから、海外事業の人事もその色彩が強いままの慣行とするということである。しかし、人事制度はその国の労働市場の状況に適合する部分を大きくしなければ、機能しないだろう。

ここではこの問題を深く議論する紙幅はないが、基本的には日本企業としての原理の基本は守った上で、各国の労働市場という異なった環境に対応するということにならざるを得ないだろう。そのとき、二つの割り切った考え方が必要かもしれない。

一つは、国内の慣行とは異なった雇用制度を海外ではその国にあわせて採用し、しかし職場共同体の維持のような原理を別な形で実行しようとするという考え方。一つの企業の屋根の下に、異なった人事制度を併存させる覚悟が必要となる。

もう一つの考え方は、各国の労働市場の中で自社の日本の原理に近い考え方をする従業員をなるべく選抜するようにするという考え方。どこの国の労働市場も、平均的考え方一色に全体が塗られているわけではない。たとえば、日本企業の働き方に親和性を感じる人が、どこの国にも何割かはいそうである。その人たちを見つけようとする。

どちらの考え方をとっても現場での人事制度の設計や運営はむつかしいものとなる。しかし、その挑戦を日本企業は引き受けざるを得ないであろう。

所属という問題は、雇用慣行にかかわるだけでなく、企業という組織体の基礎概念にもかかわる。私はこの章で労働分配率の動き方を論じた際に、「日本企業の分配の優先順位が、従業員が第一、株主第二となっていることを示している」と書いた。日本企業は従業員主権メイン的であるとも書いた。なぜ企業はまず第一に働く人々のものであるという考え方が成立するかといえば、企業組織に所属しているメインの人々が、彼ら従業員だからである。株式市場で株を短期的に売買する株主たちは、企業に参加しているだけで所属はしていないと考えてもおかしくない。

もちろん、日本企業の大半は株式会社として法人化されている。ここではくわしくはのべないが、株式会社制度の意義は非常に大きい。したがって、日本企業の多くは、「所属の国」の従業員主権メイン的株式会社ということになりそうだ。そういう会社がどんな財務構造を求め、資本市場にどう対応してきたか、それが次章の議論の一つの大きなトピックになるだろう。

第7章 積み上がる自己資本、増えない投資
――日本企業の財務と投資

積み上がる自己資本

「ヒトの結合体」としての日本企業の原理あるいは基盤は、平成時代にあまり大きな変化はしなかったというのが前章の大まかな結論だが、では「カネの結合体」としての日本企業の財務と投資は平成時代にどう動いてきたのか。とくに、基盤あるいは原理とでもいうべき部分が動いたのか。それをこの章では振り返ってみよう。

この本を準備するプロセスで私は数多くのグラフを描いてみたが、その内でもっとも驚いたのは、図序-3で紹介し図7-1でも掲げている、法人企業全体の自己資本比率のグラフである。一九九九年までは一九%前後でまったくの横ばい、そしてそこから一直線に近いペースでほとんど毎年のように上昇をつづけ、二〇一七年には四一・七%にもなってしまう。平成年間で二二%もの上昇である。

驚くほどの自己資本の積み増しが一九九九年から起きている。しかも、それまでずっと横ばいだったグラフが、まるで長い眠りから目が覚めたように、この年から急に上昇しはじめるのである。この前年の九八年は金融崩壊の年、そして九九年から都市銀行を中心にした銀行の大再編が起きて、銀行

図7-1 自己資本比率と設備投資

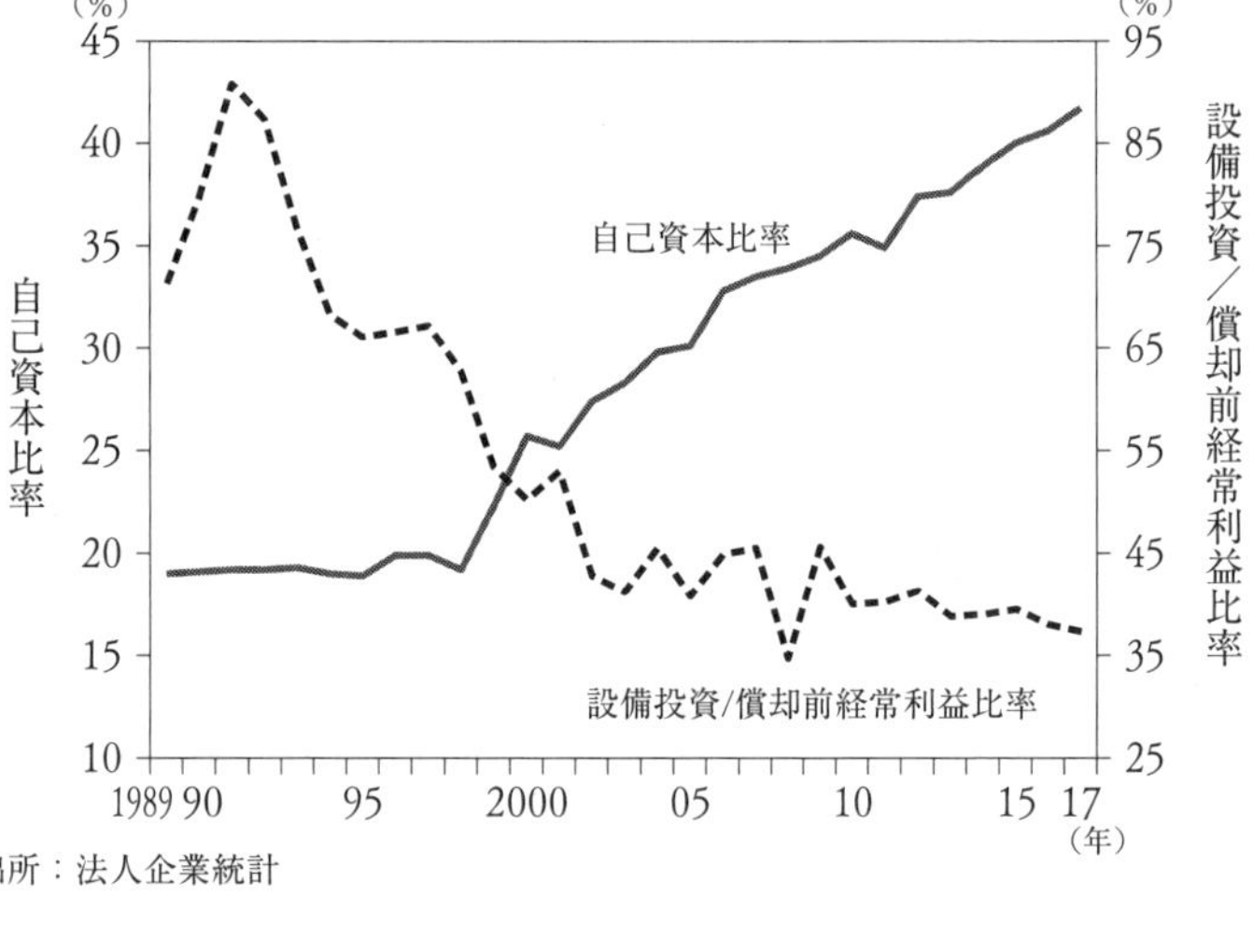

出所：法人企業統計

が不良債権処理に追われはじめる。貸し渋り、貸し剝がしなどが起きはじめた頃である。

つまり、いざというときの頼みの綱として銀行がむかしほどには当てにならないということを、日本企業が認識した年であった。この年に、興銀がメインバンクであった日産自動車がフランスのルノーにかなり安価で買収されたことは、すでに第2章でのべた通りである。

このグラフのもとになっている法人企業統計とは、中小企業も含めた日本全体の法人企業の実態の標本調査による統計である。法人企業全体の数は二〇一七年度末で二七九万社もあり、圧倒的に中小企業が多い。彼らのすべてが調査に応じているわけではないが、資本金一億円以上の企業は大半が調査対象となり、もちろん東証上場企業はすべて入っている統計である。もっと小さな企業だけが標本調査による推計である。

その意味で、実際に影響力のある日本の法人企業はほとんど網羅された、日本企業全体を代表する統計である。その企業全体で、これほどの自己資本の積み増しが起きてきたのである。東証上場企業だけで自己資本が積み増されてきたというのとは訳がちがう。

中小企業を中心とした彼らは、銀行が頼りにならないことに敏感なのであろう。こうした驚くほどの安全志向の財務構造を日本企業が平成の後半の二〇年間とりつづけてきたのは、自己資本だけが自分の身を守る究極の手段と、多くの日本企業が考えたからだと思われる。バブル崩壊のすさまじいインパクトに恐れをなし、その上に銀行が頼りにならなくなったとすれば、自然な思考にも見える。

さらに、いざという時のリスクを小さくするために、設備投資なども控えるようになったとも思われる。それをこの図の設備投資のグラフが示しているのだが、それは項をあらためて、よりくわしく分析しよう。とにかく、投資を控えれば借入れなども大きくする必要は小さくなり、だから総資産の拡大よりも自己資本の拡大の方が内部留保の積み増し分だけ大きくなる。その面からも自己資本比率が上昇しつづけるのである。

増える配当

しかし、これだけ長期間にわたって自己資本が積み増されつづけると、その大きくなった自己資本を有効に利用してより大きな利益を上げることと、そしてその利益から配当を多く支払うことと、この二つの要求が強くなることが予想される。株式会社として自己資本が帰属するはずの株主としては、

図7-2 ROEと配当人件費比率

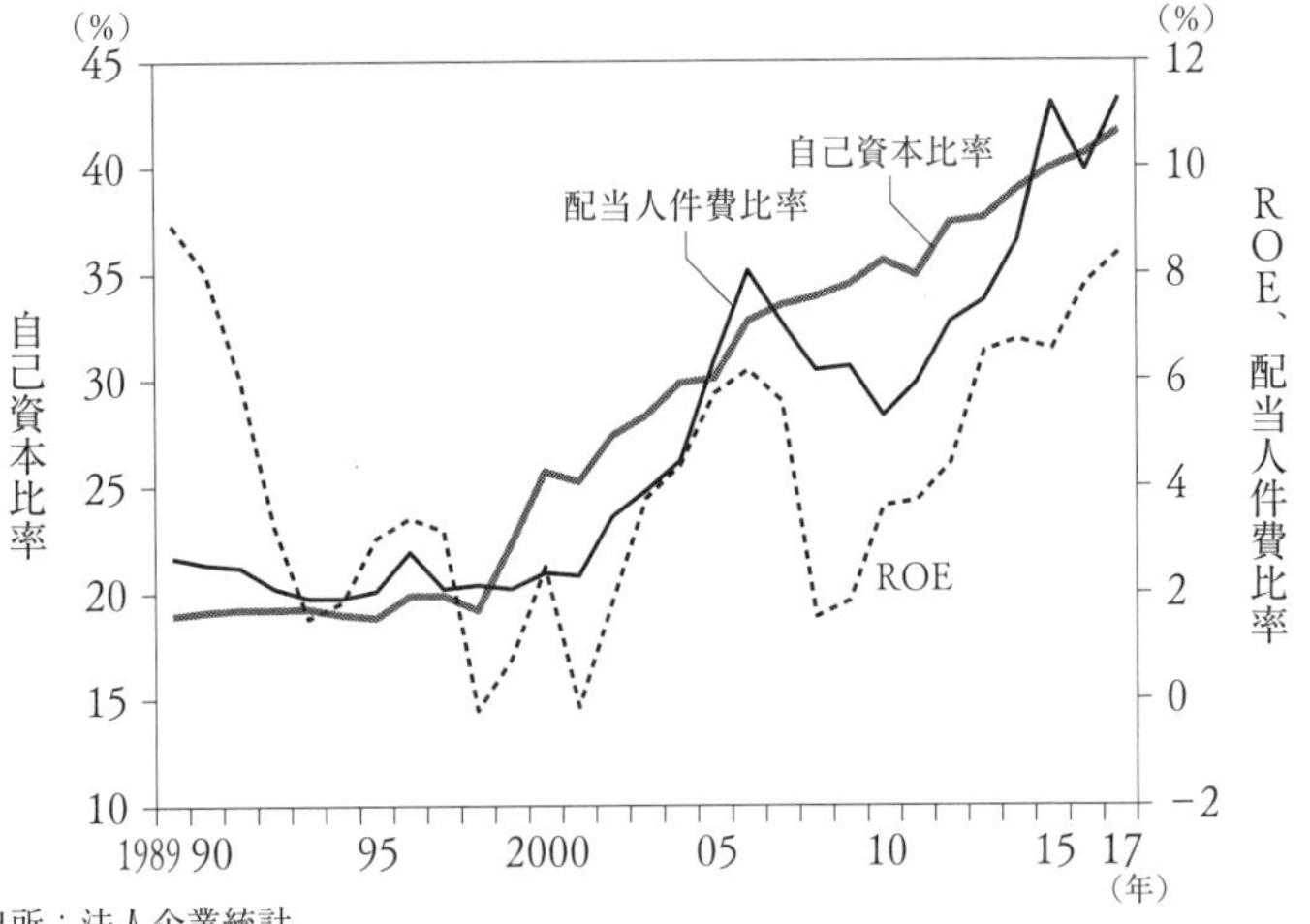

出所：法人企業統計

当然の要求である。いかに従業員主権メイン的な経営をしていても、株式会社である以上は仕方がない。

仕方がないと書くと、株主重視を叫びたい人々からは叱られそうだが、配当という株主への支払い、人件費という従業員への支払いの両方の動きを平成三〇年間にわたってみてみると、「仕方がない」と多くの日本企業が考えた節がみられる。それを示唆するのが、図7−2のROEと配当人件費比率（配当金が人件費の何パーセントかという比率）のグラフである。

配当人件費比率とは、耳慣れない指標かもしれないが、企業として株主への配当支払いと従業員への人件費への支払いの比重をどう考えるかということを示している。前章で、労働分配率と株主分配率を示すグラフをみたときに、株主への支払いが平成の三〇年間に手厚くなっていることをみたが、それをもっと直截的に示している。

自己資本が大きくなったのなら配当を厚くせよという姿勢をみるために、配当性向という指標（当期利益の何パーセントが配当となるか）があるが、この指標は当期利益の上下動とともに大きく振れてしまう。しかし人件費も配当もじつはそれほど毎年の変動はないから、配当人件費比率の方が株主と従業員への対応を直接的にみるためにも、便利である。

この図は、平成の三つの一〇年間で、企業の動きがかなり変わってきたことを示している。まず、最初の一〇年（金融崩壊までの一〇年）は、自己資本比率も横ばいだし、配当人件費比率も横ばいである。企業は、人件費も配当もともに固定的な支払い義務のあるものと考えていたと思われる。ROEがいかに悪くなっても変動しても、配当人件費比率は二％強の水準で変化しない。

しかし、次の一〇年（リーマンショックまでの一〇年）になると、自己資本比率の上昇とともに配当の支払いも大きくなり、人件費との比率が八％にまで上がる。株主への支払いができるような利益の大きさを確保できると、人件費と比べて配当を相対的に大きくしたのである。前章で紹介した「株主をほとんど無視していたことを反省する」といった大手企業役員氏の反省は根拠があるものだった。たしかに、人件費の二％程度の固定的支払いでは、株主無視といわれても仕方ないかもしれない。

ただ、配当人件費比率の上昇（〇二年から）が自己資本比率の上昇（一九九九年から）よりも三年遅れるところが、大手企業役員氏の「株式会社だから仕方がない」という思いを代弁しているようで、面白い。

この一〇年の最後の頃には、リーマンショックがやってきて、ROEはがた落ちとなる。その利益では配当はできないと、さっそく配当は人件費よりも大きな下落率で落ちたために、配当人件費比率のグラフもリーマンショックでかなり下がる。やはり、危機がくると人件費の方が優先されてより固定費的だったのである。

最後の一〇年（どん底からの回復の一〇年）では、自己資本比率がこれまでと同じペースで上昇をつづけて自己資本がますます厚くなっているのに、ROEがみごとな回復ぶりを見せている。それだけ日本企業の収益力が大きくなってきたのである。それだけの利益を出しても、前章の労働分配率のグラフがこの時期大きく下降していたように、人件費は相変わらず固定費的だから、配当が大きくなっていく分だけ配当人件費比率は上昇していったのである。

しかも、ROEの回復はみごとで、一七年には八・四％となる。経産省レポートのROE八％という目標を、収益力の回復でみごとに達成したのである。

ただ、第3章で紹介したように、東証一部上場企業のROEは一七年には一〇％を超えている。法人企業全体と上場企業の数字のちがいの一つの理由は、じつは自己資本比率そのものの動きにある。第3章で、自己資本を減らせば同じ利益水準でもROEは大きくできると書いたが、まさにそうした行動を上場企業はとったのである。

東証一部企業の自己資本比率は、基本的には法人企業全体のそれと大きなちがいはないのだが、一六年からの動きだけが顕著に異なる。一五年の東証一部企業の自己資本比率は三八・一％、法人企業のそれは四〇・〇％であったものが、一六年には東証一部企業では二九・一％へ急落、法人企業では相変わらずの上昇で四〇・六％になった。それまでほとんど同じ水準だったものが、一六年を境に急に一〇％以上の差がついたのである。だから、ＲＯＥの水準は自然に東証一部企業の方が高くなる。

東証一部企業の自己資本比率の急落は、自社株買いなどの自己資本を減らす政策を彼らが一五年あたりから急に強化したことがおもな原因であろう。法人企業全体の中には、東証一部企業ももちろん入っているのだが、非上場企業の方が圧倒的に多い。その非上場企業と上場企業の間で、自己資本に対する財務政策のちがいが急に生まれたのである。

そのタイミングを考えると、第3章で説明した官主導のコーポレートガバナンスと物言う株主の発言がともにＲＯＥの向上をうたったことに影響されたと考えるのが自然であろう。

増えない投資

図7-1には、自己資本比率とともに設備投資／償却前経常利益比率というグラフも掲げておいた。このグラフが、平成の三〇年間ほとんど一貫して下落しつづけているのにも、私は驚いた。これほどまでに日本企業の設備投資が小さくなっていようとは、意外だった。これでは経済全体が低成長になるはずだと、情けのない納得もしたが。

償却前経常利益とは、経常利益の計算プロセスで減価償却をしない前の利益額のことである。経常利益とは、減価償却も利息支払い（あるいは受け取り）も引いた後の利益額だが、減価償却はじっさいのキャッシュの流出のない費用項目である。だから、償却前経常利益は、投資などに企業が使えるキャッシュフローの推定値として使える。

そのキャッシュフローのうちどれほどを設備投資に回しているかという指標が、設備投資と償却前経常利益の比率である。バブル崩壊の年には、じつに九〇％を超えていた。これではいくら何でも、投資過大であろう。しかしそこからこのグラフは急落をはじめ、〇三年には四一％になってしまう。そして、その後はリーマンショックの年だけ三四・七％に下がるものの、四〇％前後で推移し、さらに一二年からはまたゆるやかな下落がはじまって一七年の三七・三％に至っている。これは、リーマンショック時を除き、平成年間の最低値である。

つまり、キャッシュフローの四割あるいはそれ以下しか投資しない状態が一五年間つづいている。これでは、償却負担も減り、利益が上がってそれだけ内部留保は貯まるはずである。前項でみた自己資本比率の驚くべき上昇の一つの原因が、設備投資の小ささだったのである。

こうした日本企業の姿は、自己資本比率は高めるが投資は増やさないといえそうだ。多くの企業で、「投資は償却の範囲内で」という発言を聞くことがあるが、それでは更新投資はできても、成長投資は十分にできそうにない。

自己資本比率を高めるとは、いざというときのために自分の身を守るための行動、設備投資を増やさないとは、リスクをとらないという行動。金融崩壊後の日本企業はきわめてリスクに対して慎重になったというべきであろう。

図7-3 海外設備投資比率と現法利益率

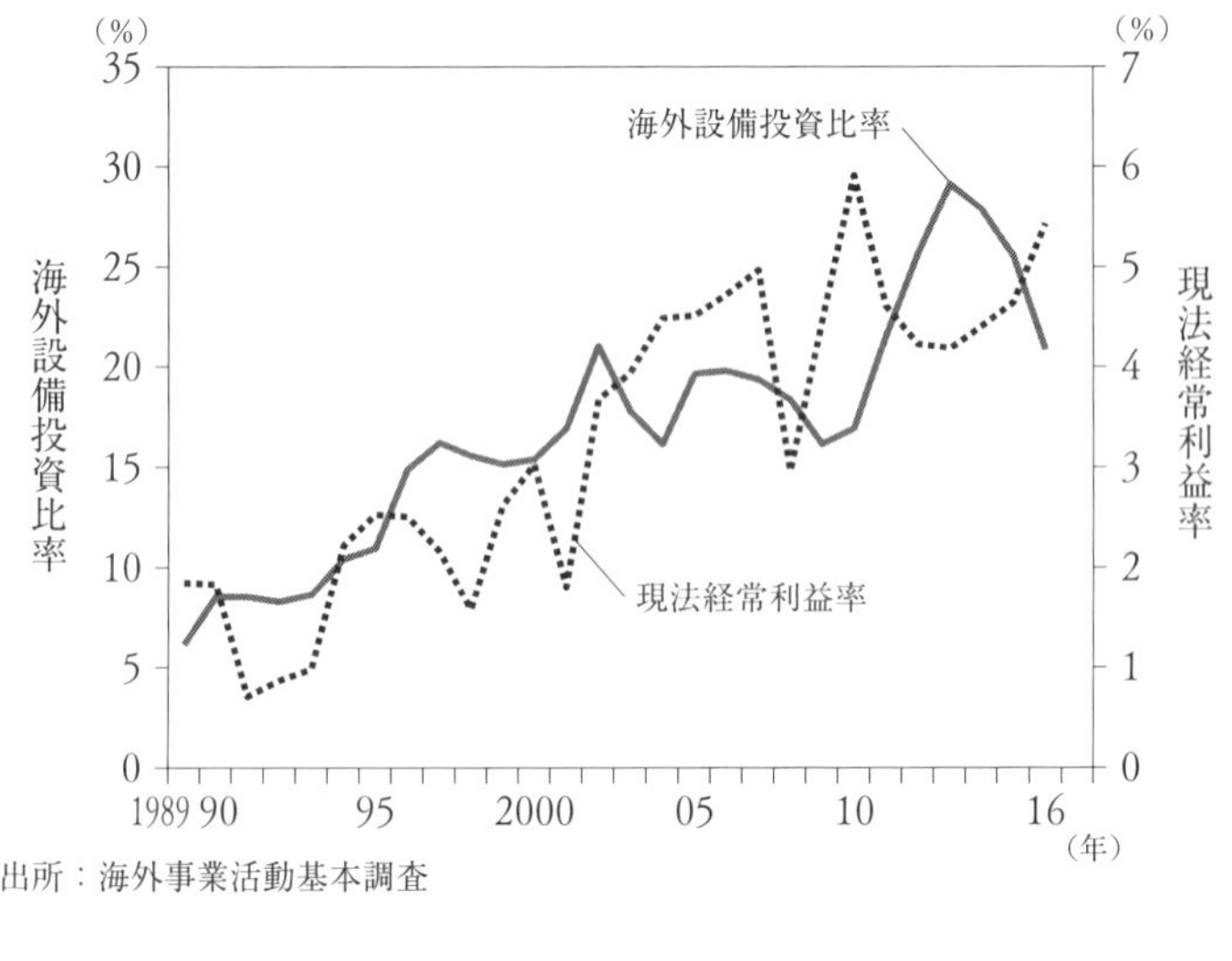

出所：海外事業活動基本調査

もちろん、自動車など一部の製造業を中心に、海外への投資を積極的に行なっている企業もある。そこで、海外の設備投資が国内・海外をあわせての総設備投資の何割くらいになっているかをみた指標が、図7−3の海外設備投資比率である。経産省の海外事業活動基本調査で報告されている。比率の定義は、製造業企業の海外設備投資（海外事業活動基本調査より）と法人企業・製造業部門の国内設備投資（法人企業統計調査より）の合計額に対する海外設備投資の比率である。

たしかに、海外比率は歴史的に上がってきている。平成の初頭に六％程度だったこの比率は、一三年に二九・一％というピークとなり、最新データの年である一六年でも二〇・九％である。また、リーマンショック後に海外投資比率がかなり急上昇しているが、これは海外投資が増えたというより、国内投資が急減したためである。そして、一四年から国内投資が回復すると海外比率は大きく下がっている。

これは、海外設備投資の絶対額が直近の五年間は三・八兆円から四・六兆円の間を推移しているためで、かならずしも巨額ではないからである。だから国内設備投資額（製造業）は一七・五兆円（〇七年）から一一兆円（一二年）と揺れ動くと、海外投資比率のグラフが大きく振れるのである。

同じ図に、すでに第4章で紹介した海外現法の売上経常利益率のグラフも掲げておいた。それと海外投資比率のグラフを見比べると、海外現法の利益率が上がるに応じて、海外投資比率も上がっていることが分かる。利益率が高くなったから投資を増やすという、もっともな企業行動である。

図7‐1の設備投資のグラフは、製造業だけでなく金融・保険を除く全産業のデータで作ったものである。製造業では多少は海外投資が増えたが、全体としてはキャッシュフローの大きさに比して、かなり小さい設備投資しかしてこなかったことは否めない。

自己資本が積み上がっているのだから、それを原資にもっと投資をしてもよさそうなのに、なぜ設備投資が〇二年以降あまり増えないのか。

国内経済の低成長のために、国内に投資機会が減っている。さらには、今後の高齢化・人口減少社会を想定すれば、ますます国内の投資の将来性にも不安が残るだろう。そうしたいわば投資機会の減少という側面からの理由もあるだろうが、企業のリスクテイクの姿勢にも問題がありそうだ。昔ならとったと思われる投資へのリスクを、回避する傾向が強くなっていないか。

リスク回避の傾向が強くなりそうな理由として、この本でさまざまに分析してきた日本企業の行動の平成年間の特徴から、三つの理由が挙げられそうだ。

一つは、株式市場からの利益業績の監視が強くなり、短期的な利益確保を優先する姿勢が強くなりかねないこと。第二に、これは従業員主権メイン的企業の一つの弱点かもしれないが、従業員への安定した支払いができる基盤の確保を優先して、その支払いができる自信がないと投資をしないという傾向。設備投資をすれば、カネがいるだけではなく、人員も増やす必要が生まれやすい。そうなれば、守るべき職場共同体の規模が大きくなるので、安全重視の姿勢が強くなる。

第三に、これがもっとも深刻かもしれないが、企業内の人員構成が高齢化してきた（図6−4）ために、組織全体の若いエネルギーが減少し、それが将来への成長をめざすエネルギー水準の低下になっている可能性。投資のリスクをとるときのアニマルスピリッツ（合理的な経済計算の枠をやや超えたジャンプのための精神）の重要性を考えると、組織の高齢化はそのスピリッツの低下につながる危険があるのである。

いずれの理由が主因にせよ、「増えない投資」という状態は望ましいとは思えない。そこを将来に向けてどう考えるべきか、終章であらためて議論したい。

海外M&Aの試練

海外での製造業設備投資の拡大を前項で紹介したが、平成年間の日本企業における海外投資の大きな特徴は、大型のM&Aで海外企業を買収するというタイプの海外投資が増えたことであろう。自前の設備投資だけでなく、企業を買うという投資も増えたのである。そして、その海外M&Aの多くが失敗するという試練を日本企業が経験してきたのが、平成という時代だった。

国内市場の伸びが大きくは期待できないのだから、海外での事業展開を盛んにしたい。そのとき、自前の投資でやるだけでなく、既存の海外企業の買収によって、一気に海外展開を拡大したい。たしかに、「動機」としては十分に理解ができる。しかし、その大型M&Aを海外で成功させる「能力」が多くの日本企業に備わっていたか、疑問の余地は大きい。

動機と能力のすれちがいは、M&Aだけでなく多くの投資の局面で経営者が悩むことだが、M&Aの場合には、日本企業の経験不足ゆえに、とくに大きな問題となったようだ。

日本企業の海外M&Aは平成の時代が進むにつれて大きくなり、レコフのM&Aデータベースによれば、二〇〇〇年に件数で三六八件、買収金額で三・四兆円だったものが、一七年には件数で六七二件、買収金額で七・四兆円まで拡大している。買収金額での平成のピークは一五年で、一一・二兆円であった。子会社を作ってのグリーンフィールド投資（自分で一から投資すること）を買収投資が超えたのは、一六年のことであった。

こうした海外M&Aのタイミングには四つの群がる時期があるようで、その時期ごとの代表的な大型M&Aのリストが、表7-1である。左が買収する日本企業で、その次が買収された企業あるいは事業、最後の数字がおおよその買収金額である。

表7-1 主な海外M&A

時期	社名	買収企業・事業	実施年	買収金額（億円）
バブル期	ソニー	コロンビアピクチャーズ	1989	6,400
	三菱地所	ロックフェラーセンター	1989	2,200
	松下電器	MCA	1990	7,800
ITバブル期	日本たばこ	RJレイノルズ・国際部門	1999	9,400
	NTTコム	ベリオ	2000	6,000
	古河電工	ルーセント・光ファイバー事業	2001	2,800
	日立製作所	IBM・ハードディスク事業	2003	2,500
リーマンショック前	東芝	ウェスチングハウス	2006	6,200
	日本板硝子	ピルキントン	2006	6,100
	ダイキン	OYLインダストリーズ	2007	2,300
	日本たばこ	ギャラハー	2007	2兆2,500
	武田薬品	ミレニアム	2008	9,000
	三共	ランバクシー	2008	4,900
回復期	キリン	スキンカリオール	2011	3,000
	武田薬品	ナイコメッド	2011	1兆1,000
	ダイキン	グッドマン	2012	3,000
	ソフトバンク	スプリント	2013	1兆5,000
	三菱UFJ	アユタヤ銀行	2013	7,200
	サントリー	ビーム	2014	1兆6,500
	第一生命	プロテクティブ	2014	5,800
	東京海上	HCCインシュアランス	2015	9,400
	ソフトバンク	アーム	2016	3兆3,000
	アサヒグループ	SAB・東欧ビール事業	2016	8,800
	セブン&アイ	スノコ・コンビニ事業	2017	3,600
	コマツ	ジョイ・グローバル	2017	3,900

出所：各種雑誌記事より筆者作成

日本を代表するような企業が、続々と海外大型M&Aを行なっていること、そして最近になるほど件数も増え、規模も大型化していることが分かる。また、製造業から流通や金融に買収する企業の分野が広がっていることも指摘できる。時期が重なる傾向にあるのは、一種の流行あるいは伝染効果があるからかもしれない。

ただし、最後のM&A拡大期であるリーマン後の回復期に大型M&Aが多いことの一つの理由は、低金利であろう。これらのM&Aの資金源の中心は、日本の銀行からの借入れだった。一二年からの黒田日銀の低金利政策、金融超緩和政策で、企業の借入れの金利はそれまでも低かったがさらに低くなった。そして、銀行の側からしても安心のできる大企業の大型借入れはのぞましい。だから、これだけの大型買収の資金調達が、それほどむつかしくなくなったのである。

ただ、残念なことに、これらの大型M&Aの多くが失敗、あるいは苦戦しているようである。のれん償却の巨大な負担、減損、売却して撤退など、さまざまな形での失敗がある。一二年以降の買収についてはまだ成功・失敗の判断が出せる状況ではないと思われるが、一一年以前の一五事例の中で成功といえるのは、日本たばこの二事例、日立のハードディスク、ダイキンのOYLという四事例だけであろう。成功確率は低いといわざるを得ない。

その失敗あるいは苦戦の多さの原因については、三つの要因からなる失敗の方程式がかなり共通してありそうだ。それは、①買収の相乗効果の過大見積もり、②買収後のコントロール能力不足、③買収後の追加資源の投入不足である。

事前の相乗効果の過大見積もりは、買収そのものがときに目的化してしまい、それを合理化するために効果の過大見積もりをするということである。それに、異なった国、異なったビジネスシステムの企業を買うことが多いために、自社に十分な効果を見極める能力がないことも多い。しかし買収そのものにのめり込んでしまい、過大評価になりがちなのである。

買収後の相手企業の経営をきちんと管理する能力の不足が、第二の要因である。これは、買収後の統合マネジメント（Post Merger Integration）の失敗といわれたりするが、海外でそれなりに存在しつづけてきた企業を日本から乗り込んでコントロールする能力は、きわめて希少な能力であろう。相手が名門企業なら、なおさら向こうの誇り高さが邪魔をするだろう。

その上、買収後のマネジメントを成功させるための資源の追加投入が不足しがちである。買収で巨額の資金を使い果たしてしまって、もう追加するのはためらうというのも真実であろう。

こうした失敗の方程式の三要因があること自体は、いわれてみればなるほどであろうし、かなり公知の事実である。しかし、自分が買収する側に回ると、企業はつい楽観的な判断になってしまいがちのようだ。それは、買収をおぜん立てするスタッフにも、決断する経営者の側にも、二つの「歪み」が生まれがちだからだと思われる。

第一の歪みは、判断のための地図の歪みである。人間誰しも、自分が経験の深い分野の判断においては細かい縮尺で小さなことにも気が付く地図をもっている。しかし、自分の経験と遠い分野だと、ついつい縮尺が粗くなる。だから、国内の設備投資では慎重過ぎる判断をする人たちが（だからこそ、前項で説明したように設備投資が増えない）、海外の買収ではおどろくほど跳んでしまって、「勇気ある決断」をしてしまう。それは、勇気ある決断ではなくて乱暴な跳躍なのかもしれないのである。

第二の歪みは、買収の心理学の歪みである。買収先の事情を当然、買収先の企業の人たちほど知らないのが、日本の本社で買収後のマネジメントを指導したり現場で実際に管理をする人たちのつねである。その「十分には分からない」という心理が遠慮につながり、買収側なのに心理的についつい弱い立場になりかねない。逆からみれば、被買収者が心理的に強い立場になってしまうという、心理の歪みである。その歪みが、「まあ、しょうがない」という多少は甘い買収先管理を誘うのである。

こうした歪みの解消や、そもそもの失敗の方程式である三要因へのきちんとした手配りは、海外買収の経験を積むプロセスで学ぶしかないことであろう。願わくば、その現場学習の授業料が高くなり過ぎないでほしい。

資本市場からの圧力

平成時代の日本企業と資本市場の関係を振り返ると、経営者への資本市場からの圧力がだんだんと大きな話題となってきた感がある。そこには、二つの異なった圧力が存在したといっていい。一つは負債市場（つまり銀行借入れと社債の市場）からの圧力、もう一つは株式市場からの圧力である。

負債市場からの圧力のうち、銀行借入れ市場からの圧力は、「もっと借りてほしい」という圧力ではなく、「いざという時にも、もう最後の救いの手は差し出せません」と銀行にいわれてしまうという圧力である。

一九九八年の金融崩壊の後、日本の銀行がもはや最後の頼みにはならないと、経営者たちが上場企業も非上場の中小企業も等しく、感じはじめてからの「資金確保」の圧力といっていい。その圧力が自己資本比率の一本調子の上昇の背後にあったことは、すでにこの章の冒頭で紹介した。

負債市場からのもう一つの圧力は、債券市場からの圧力で、社債の格付けという圧力である。社債の格付けが下がると、社債の発行金利が上がるだけでなく、さまざまな事業機会への参加資格にマイナスの影響が出ることがある。格付けが下の企業は参加できない、あるいは取引条件がかなり不利になる事業プロジェクトがあったりするのである。

その社債の格付けは、財務体質の安全性が大きなファクターとなって決まる。だから、自己資本比率のような自前のカネの用意の大きさを経営者が気にするのである。そして、格付けを下げないために、たとえばオフバランスの投資（バランスシートに載せないような投資、たとえば設備をリース調達するなど）が増えたのも、二〇〇〇年代以降の日本の企業財務の特徴の一つであろう。

株式市場からの圧力は、上場企業に対する圧力である。非上場企業にはダイレクトには関係ない。その圧力には、直接性の強いものから間接的なものまで、三種類の圧力を想定すべきであろう。

第一の圧力は、直接性の強い、物言う株主の圧力である。おもに海外の機関投資家が、物言う株主として積極的な発言をマスコミを通して行なったり、経営者に直接に発言を伝えたりすることが活発になってきたのは、〇二年ごろからだったと思われるが、とくに活発になったのはリーマンショック後からであろう。たとえば、ROEが三年連続で五％を下回った企業の社長の取締役選任議案には、株主総会で反対票を投じるといった発言である。

第二の圧力は、株価という数字がもつ一種の通信簿効果の圧力である。株価が低いこととその時の経営者の能力とは直接的には関係のないことも多いのだが、しかし数字で能力が評価されているかの如くの感覚は多くの経営者がもってしまうものである。だから、企業としてとるさまざまな行動への株式市場の反応、株価の反応を経営者が気にするという形で圧力がかかることになる。

第三の圧力は、株式会社という建前の圧力である。株式会社は会社法で株主がその財産の所有者であり、会社の基本方針を決める株主総会での議決権者である。そして取締役は、株主の代表として経営者を監督するものである。

こうした「会社は株主のもの」という建前はたしかに法律の建前だから、その建前に従えという圧力が社会的に生まれやすい。第3章で説明したようなコーポレートガバナンス改革の動きが金融庁や証券取引所を中心に出てくるときには、この建前の圧力が前面に出てくる。

もっともこの第三の圧力は、非上場企業にもある圧力で、この建前は当然といえば当然なのだが、従業員主権メイン的な経営をじっさいにはかなり行なってきたと思われる多くの日本企業にとっては、多少は厄介な感じのする圧力であろう。

物言う株主の存在がマスコミで喧伝されるので、私たちはつい株式市場発の三つの圧力がかなり大きかったというイメージを持ちがちだが、平成の時代を通しても株式市場の圧力は、おもに経営者に説明責任を求めるという意味では機能したが、実質的な経済的機能は意外と限定的だったというのが、私の仮説である。その仮説の十分な証明には、この章の紙幅はとても足らないが、示唆的なデータをいくつか紹介しよう。それは、基本的には上場企業のデータと非上場企業を多く含む法人統計調査のデータの比較である。

たとえば、物言う株主が主張することの多い、配当性向を高くして株主に利益還元せよという圧力について。とくに株式市場からの圧力が以前よりは高まったと思われるリーマンショック前後から一七年までの東証一部企業の配当性向と法人企業全体の配当性向を比べたグラフが、図7-4である。

東証一部企業のグラフが〇八年は突き抜けているのは、この年の配当性向がすでに紹介したように一八九八%という天文学的数字だったからである。当期利益がきわめて微小だったのに、それまでとあまり変わらない配当を支払ったのである。配当金を銀行への利息のように固定的支払いのように考えていた証拠であろう。

この年だけを例外として、東証一部企業の配当性向はつねに法人企業のそれを一五%程度も下回っている。東証一部企業の数は一七年度末で一三二五社で圧倒的に大企業が多く、法人企業全体の数は一七年度末で二七九万社もあり、圧倒的に中小企業が多い。おそらく経営者が大株主である企業が大半であろう。彼らの配当性向の方が高いのは、株式市場の圧力ではなく、大株主としての権利行使であろう。株式市場での物言う株主のインパクトは、じつはそれほど大きくはないのである。

さらにいえば、株式市場の圧力が現在よりはかなり小さかったと思われる平成初頭の東証一部企業

図7-4 配当性向比較：東証一部、法人企業

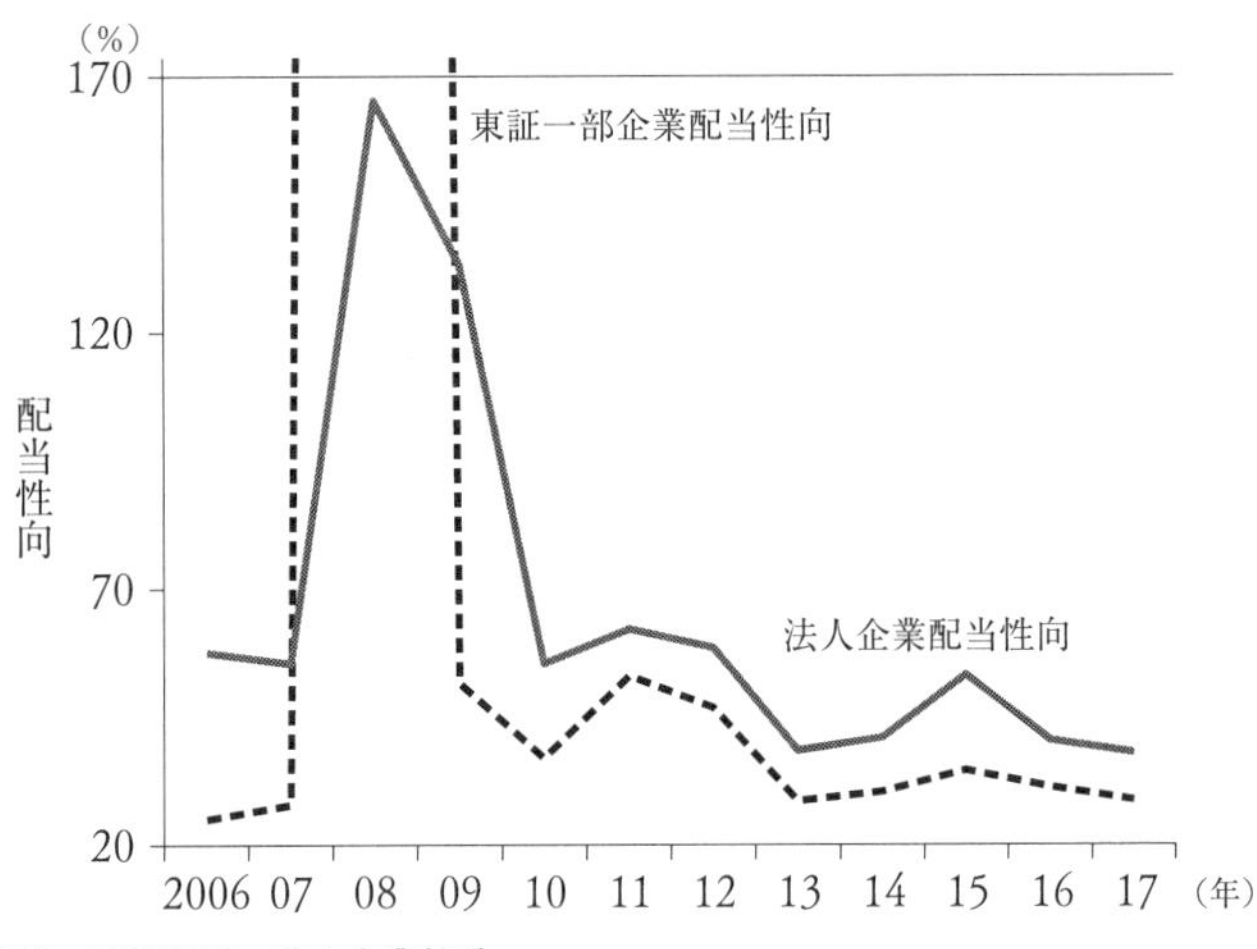

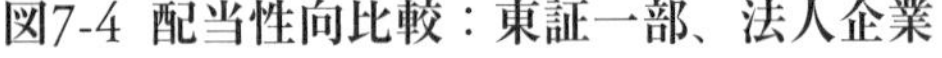
出所：東証統計、法人企業統計

の配当性向の水準は三〇%程度で、それは一六年・一七年の平均水準と変わらない。東証一部の配当性向は、平成の初めに先祖返りしているのである。しかし、法人企業の配当性向は平成初頭が二四%前後、平成の終わりが三八%で、かえって高くなっている。これも、すでにこの章の冒頭で説明したように、積み上がる自己資本へのリターンという経済的圧力のゆえであろうから、株式市場からの圧力とは少し異なる。

株式市場からの圧力のもう一つの例は、ROEを大きくせよという利益圧力であろうが、ここでも市場の圧力の結果はあまり大きくないようだ。ROEの〇六年から一七年までの一二年間の平均値を計算してみると、東証一部企業で六・八%、法人企業で五・三%である。たしかに一・五%の差はあるのだが、利益パフォーマンスのよくないといわれる中小企業が圧倒的に

多い法人企業全体、しかも自己資本比率を四一％を超える水準にまで一本調子で積み上げてきた法人企業（東証一部企業の一七年の自己資本比率は三〇％）ということを考えると、利益圧力が上場企業にとくに強いとはいえそうにない。

ただ、すでに紹介した一六年からの東証一部企業の自己資本比率の急落（一〇％近く下がった）とその時期の自社株買いについては、株式市場の圧力があった結果であろうと思われる。だから、株式市場の圧力の経済的機能はあることはあった、しかし限定的であったというべきだろう。

こうしてみると、資本市場からの圧力としては、負債市場の圧力の方が大きかったのではないかと思われる。ただそれも、銀行を当てにしなくても済む経営というスタンスに企業を追いやったという圧力で、今はそれが行き過ぎて、これだけ金利が安くても借入れで投資をするというスタンスがなくなり過ぎではある。

たしかに、社外取締役の数の拡大など、コーポレートガバナンス改革で要求された項目の変化は平成の後半にはあった。しかし、それは、株式市場の圧力の経済的機能というより、経営者の説明責任を要求する機能の表れであろう。これについては、項をあらためて触れることにしたい。

株式市場は資金調達の場か、資金返還の場か

株式市場からの圧力の経済的機能が意外と限定的だったことの大きな理由の一つと思われるのは、株式市場が資金面での企業の命運を握っていないから、つまり資金調達の場としての機能がかなり小

さいからという理由である。

もし株式市場が資金面で企業の命運を握っていれば、株式市場からの圧力はもっと大きく機能するはずである。それは、銀行が企業の最後の命綱（資金源）として企業の命運を握っていた時代の、銀行から経営者への圧力の大きさとそのインパクトの強さを考えてみればいい。しばしば、企業のトップ交代の陰で銀行が大きな影響力をもった事例が、世間に知られたこともあった。

たしかに、証券市場論の教科書的理解では、株式市場は多数の株主が資本を企業に供給する場である。株式会社制度の下では株主の責任は有限責任になるので、投資のリスクをある程度とってもいいと思う投資家が株主資本を提供する気になる。個々の投資家としては少額の投資でも、それを市場全体で集めると大きな資本となり、企業の成立や成長を助けるという訳である。

こうして株式市場を通じて株主から企業に直接的に資金が供給されるのは、株式の公開の場合と増資の場合、基本的には二つの場合だけである。こうした株式市場の機能を、「発行市場」としての機能といったりする。一方、株式市場は株主の間で株が売買されて株式の所有者がかわる、「流通市場」としての機能ももっている。そして流通売買価格としての株価が、毎日のように変化している。ただ、流通市場でいくら株が売買されても、企業としては直接に株主から資金供給を受けるわけではない。株を売る株主と買う株主の間で資金がやりとりされるだけである。

どこの国でもそうだが、日本ではとくに、発行市場としての株式市場の規模が非常に小さい。増資や株式公開の規模が小さいのである。だから、企業にとっての資金面の命綱を株式市場が握っている

図7-5 株式資金調達と自社株買い

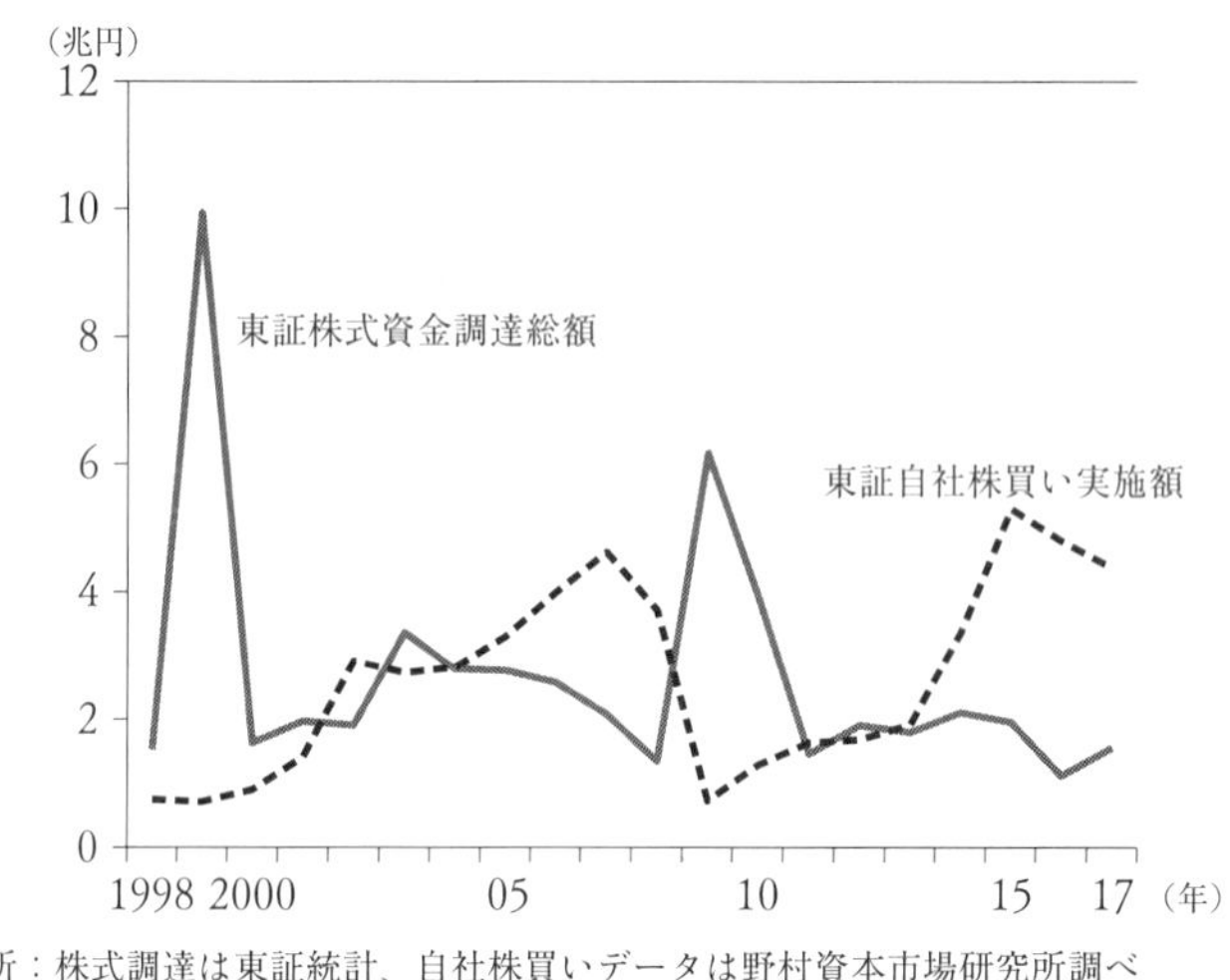

出所：株式調達は東証統計、自社株買いデータは野村資本市場研究所調べ

訳ではない。それを示すのが、図7−5である（データは、東証一部のみならず、二部なども含む東証全体）。

増資といっても、さまざまな種類がある。新規公開時の増資もあれば、すでに上場している企業の公募増資もあるし第三者割当増資もある。後者でよくある事例は、優先株式（議決権はないが、配当の優先配分の権利がある株式）の発行である。たとえば、一九九九年の金融危機の際に政府の公的資金が銀行に注入された際には、具体的方法として政府が大手都銀の新たに発行する優先株式の第三者割当を受けるという形で行なわれた。

一方、増資という株主から企業への資金供給になるものとはまったく逆方向に、企業から株主へと資金が返還されるのが自社株買いである。二〇〇一年に金庫株保有（自己株式を企業が保有すること）が商法改正で認められてから、自社株買いがかなりの規模で起きてきた。それが、この図のもう一つのグラフである。

この図は、二つのことを明瞭に語っている。一つは、すべての形の株式市場からの資金調達総額が、じつに小さいこと。政府の銀行への公的資金の注入があった一九九九年だけは一〇兆円に近い規模になっているが、それ以外は二兆円から三兆円の間の規模（リーマンショック直後だけは六兆円規模）である。東証のすべての企業の調達総額だから、きわめて小さいといえる。この時期の法人企業全体の借入金総額が五〇〇兆円規模だから、〇・四％程度である。

ちなみに、流通市場での企業価値の規模を示す株式時価総額（発行株式数×株価）に対する株式資金調達額の比率も同じような小ささで、二〇〇七年以降（物言う株主の発言が多くなった時期）でも〇・二％から〇・六％の間である。東証上場企業の従業員持株会が保有している株式の割合が時価評価で一％程度は平成時代を通してあったから、従業員持株会の方が株式市場からの調達よりも意味が大きそうである。

さらに付け加えれば、この図にはグラフをのせていないが、株式による資金調達の中での新規上場の極端な小ささも指摘すべきだろう。株式市場からの資金調達のイメージの一つの典型である新規上場時の資金調達は、グラフの期間で最高額が一三年の三七〇〇億円強である。自社株買いの一割程度である。

株式公開というのは話題になることが多いのだが、それは公開する株式のもとの保有者（つまりオーナー）が市場に売り出す株を、新しく株主になる人が買うということが中心で、オーナーは巨額の資金を手に入れるが、公開する企業としての資金調達にはあまりなっていない。

この図が示すもう一つの事実は、金庫株保有が認められるようになった〇一年以降、自社株買い実施額の方が基本的には株式による資金調達額を上回っていることである。その例外は、リーマンショック直後の〇九年と一〇年だけである、株式市場での株主への資金返還額が株主からの資金調達額よりも大きいということは、株式市場が株主からの資金調達の場としてはあまり機能せず、むしろ株主への資金返還の場として機能していることを意味している。

もちろん、すべての企業が平均的に自社株買いを行なっているわけではなく、一部の大手企業が巨額の自社株買いを行なっているのである。しかし、自社株買いを実施している企業は毎年、五〇〇社から一〇〇〇社を超えるのだから、平成の最後の二〇年間近く、日本の株式市場は資金調達の場としてよりも資金返還の場として機能してきたといってもいいだろう。

つまり、株式市場が資金面での企業の命運を握るということはほとんどない。だから、株式市場からの圧力が、経済的効果をあまりもたないのである。もっとも、一つだけ例外がありうる。それは、流通市場の指標である株価が下がり過ぎて、敵対的買収に必要な金額が小さくなり、買収の危機が生まれる場合である。買収後の経営次第では、経営者や従業員の立場に大きなマイナスがでる可能性がある。しかし、大型の敵対的買収が成立したケースは平成年間にもほとんどない。ただ、こうした低株価を招かないような経営をするようにと、経営者の規律へのインパクトをもったという機能はあるかもしれない。

経営者への規律の場としての株式市場

じつは、株式市場の最大の機能は、このような株価を通した経営者規律機能、経営者への警告機能だと思われる。

この機能にしても、買収の危機感という警告が中心の機能とは思えない。それよりも、株価が経営者の通信簿、能力評価の指標であるかのごとくに機能することが中心であろう。だから、経営者は株価を上げようと自社株買いをしたりするのである。

なぜ経営者は、資金面での命運を握っているのでもないのに（増資もあまりしないのだから）、株価を気にするのか。

それは、株価が多数の市場参加者の判断の総合結果としての、偏差値のような数字だからであろう。株価は、売る人と買う人のせめぎ合いの中から、決まってくる。日々株価が変動するということ自体、企業の実態が日々細かく変化するわけはないのだから、株価には投機色が強いことを意味しているのだが、それでもそれは一円一票の多数決の結果なのである。

株価はいわば「多数の人間の総合的評価」の数字なのである。そこには、民主主義の多数決の原理の正しさに似た、市場での多数決という「正当性」の感覚がある。「みんなの共通的な見解だから、正しい」というわけである。それが数字で出てきてしまうので、偏差値のようについつい気になるのである。

こうした偏差値的な規律維持機能の他にも、株式市場での物言う株主の存在は、それが株主会社制度での株主の権利に裏打ちされた発言である以上、経営者に説明責任が生じるという感覚を多くの人がもつ。この説明責任機能も、経営者規律機能の一部と考えていいだろう。

その説明責任機能を果たすために、典型例としては「取締役の監督機能がきちんと実行されている」ということの説明のために、日本企業は社外取締役の数を増やしてきた。さらには法的根拠のない任意の諮問機関として、役員の指名諮問委員会や報酬諮問委員会を取締役会からの諮問機関として社外役員を中心に設置する企業がこの数年、増えている。コーポレートガバナンスコードの影響といっていいだろう。

しかし、株価による偏差値機能にせよ機関投資家を中心とする発言への説明責任機能にせよ、その機能を具現化している株主の中心が、株式の保有期間の短い機関投資家（ときには機関投機家とすら呼ぶべき人もいそうだが）でいいのかという根本問題がある。

すでに第3章で説明したように、東証の売買回転率はかなり高くなっている。短期保有者が企業の長期的将来を決める経営者の意思決定に、どれだけの影響力をもつのが健全かというむつかしい問題が、株式市場からの圧力の高まりとともに、本質的な議論をすべき問題として浮かび上がってきた。それが平成の株式市場の変化の一つの帰結のように、私には思える。

たとえば、物言う株主とは、アクティビストとも呼ばれ、たしかにマスコミで報道されることがりーマンショック後に多くなっている。ただし、「日本経済新聞」によれば、一八年三月末のアクティビスト一六社の日本株保有金額は約一兆六〇〇〇億円だという。この金額は、東証一部上場株式全体の三月末の時価総額六六五兆円の〇・二%にすぎない。しかし、彼らの言い分が報道されることも多く、株式保有金額をはるかに超える影響力がありそうだ。

ROEと労働分配率の逆連動

こうして平成の三〇年間を通じて、株式市場からの経営者規律機能は強くなってきたといえるだろう。とくに、リーマンショック以降、ROEの改善、自社株買いという株主への資金返還、社内志向が強かった取締役会への社外からのインプットの増加という影響が出てきたことは間違いがないだろう。それはそれで、前章の最後に書いたような「従業員主権メイン的な株式会社」としても健全な方向への動き（資金返還のやり過ぎを除いて）と評価してもいいだろう。

しかしそういった平成日本の資本市場と企業との関係の変化は、日本企業の基盤が従業員主権メイン的経営から株主主権メイン的経営に変わったと表現するようなものかどうか。私は、多くのデータが示唆する方向性として、雇用・人事の局面と同じように資本市場との関係についても、「変わる看板、変わらぬ基盤」といえるのではないかと考えている。

それを示唆するデータの一つが、図7–6である。前章でおもな議論の対象とした労働分配率とこの章で一つのメインのトピックであったROEと、二つのグラフ（法人企業全体）を平成の三〇年間

図7-6 労働分配率とROE

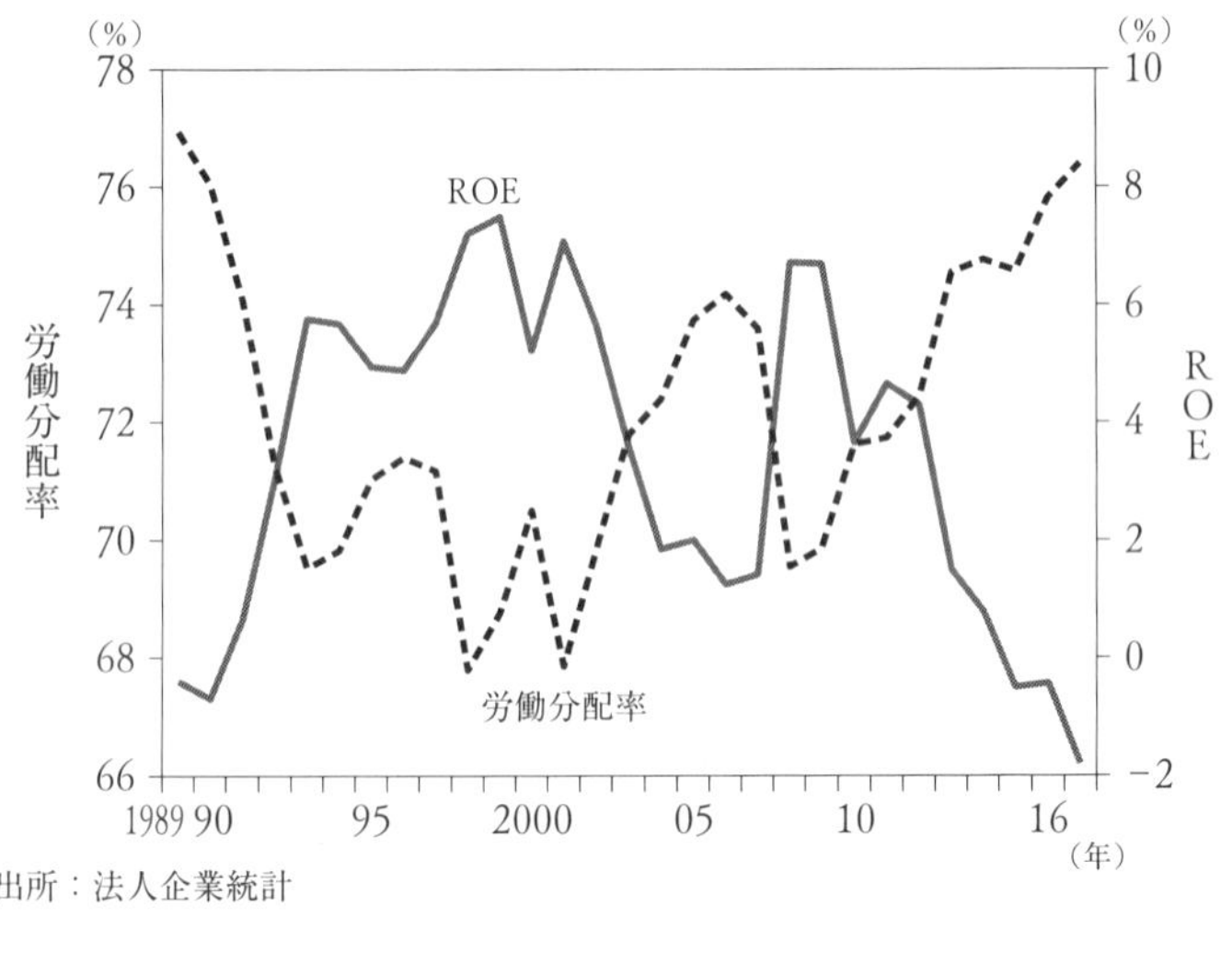

出所：法人企業統計

にわたって比較したものである。

二つのグラフは、ほとんどミラーイメージ（鏡像）である。一方が上がるときには、他方が下がる。そのタイミングもほぼ同じ。しかも、上下動の振れ幅も同じ。二つの軸は同じ二％刻みでグラフを作ってあるので、二つのグラフの振れ幅が同じように見えるということは、同じパーセントだけ上下動を逆方向にしているということである。三〇年間で、労働分配率は七七％から六八％弱の間を、九％強の幅で動いている。ROEは八％強からマイナス二％弱の間を、これも九％強の幅で動いている。

これだけみごとな逆関係があると、二つの指標の間には、計算式として逆の動きをするような構造があるのではないかと疑いたくなる。

人件費の大きさという変数が両方の指標に大きな影響を与えるという意味では、たしかに構造的な逆関係がかなりの程度ある。労働分配率指標の分子は、人件費総額である。ＲＯＥの分子の当期純利益の計算では、当然に人件費総額が売上から引かれた数字から、その他のさまざまな費用や金利支払いなどが引かれている。だから、構造的な逆関係がたしかに存在する部分がある。ただし、売上高に対する人件費の比率は一二％前後で巨大な比率ではないから、当期利益の計算が圧倒的に人件費に左右されるということではない。

しかも、二つの指標の分母は直接的には関係の小さい変数である。労働分配率の分母は毎年の付加価値額というフロー変数、ＲＯＥの分母は積み上がった自己資本というストック変数である。そして、付加価値額の大きさは事業戦略の影響を大きく受ける変数だが、自己資本は資本政策の影響も大きく受ける変数である。自己資本を少なくするような資本政策を企業がとれば、同じ付加価値額でもＲＯＥは大きくなるのである。

不況の際に人件費を減らすような事業戦略をとれば、じつは労働分配率は安定的に保てるし、ＲＯＥも大きくできる。それが、アメリカ企業の典型的行動パターンであることは、すでに第3章でも紹介した。だが、日本企業の行動パターンは、平成の三〇年間の間ほぼ変わらずにこのアメリカ型のパターンとは異なったものだったと、図7-6では解釈できる。

ここでも、変わらぬ基盤

不況がくると、日本企業は人件費支払いをかなり維持しようとして（つまり優先する）、その結果として労働分配率が上がることを甘受する。同じく人件費維持の結果として当期利益が下がり、ＲＯＥが低下することも甘受する。そして景気回復期あるいは付加価値が上昇する時期には、その上昇速度ほどには人件費を増加させず（つまり人件費を固定的にあつかう）、その分だけ労働分配率が下がって利益が上昇するパターンを選択する。

その上、日本企業は一九九九年以来ずっと自己資本を積み増しているから、自己資本を減らすことによって（それは自己資本を株主に配当や自社株買いの形で返還することを意味する）ＲＯＥを大きくする選択肢もありうるのだが、その選択もあまりしてこなかった。つい最近になって上場企業が自己資本比率を多少下げた程度である。だから、好況になってもＲＯＥの改善スピードはそれほど大きくなく、労働分配率の低下と同じ程度にしかならない。

あるいはむしろ、こうした従業員への支払い能力の基盤をもった上で企業の維持を考えると、自己資本の積み増しをなんとしてでもしたいと思い、資本政策を変えることは選択しなかったということなのだろう。

こうした日本企業の基本的行動パターンをあえてシンプルに表現すれば、不況の時には従業員への支払いである人件費支払いを優先し、株主へのリターンの指標であるＲＯＥの優先順位は第二位となる。好況の時には、従業員と株主を等しく考え、とくにどちらを優先するということはない。どちらにもいいような分配をする。

ただし、株主への最終分配である配当については、これも固定費的に考えるから配当性向は当期利益の変動とともに大きく揺れ動く。株主への分配も金利のような安定的な支払いをするのである。そして、配当金額そのものは徐々には大きくなってきたものの、人件費と比べればかなり小さな部分にすぎない。

つまり、全体としては従業員への分配が優先され、株主への分配は第二位となっている。そして、その第二位の程度が、平成の始まる頃には「軽視」に近い第二位だったものが、平成が終わる頃にはさすがに改善されたが、優先順位が従業員と逆転するまでにはいたっていない。

したがって、従業員主権メイン的な経営だった日本企業は、まだ株主主権メイン的経営には変わっていない。基盤は変わらず、その基盤の中での株主への姿勢の改善があった、昔よりは「株主重視」と大きく書いた看板に変わった。そう表現すべきような変化が起きてきたのが、平成の日本企業だったのである。

所属の国・日本の企業内分配の優先順位の基盤としては、さまざまな批判はあるかもしれないが、それはそれで全体合理性（株主だけでなく従業員もきちんと視野に入れるという合理性）がかなりある基盤だと思う。平成三〇年を振り返って、あらためてそれを確認した思いである。

第8章 トヨタと日産――二つの平成経営史

トヨタと日産の、平成三〇年

第Ⅱ部では、世界、技術、ヒト、カネという四つの視点から日本企業全体の平成の歴史を振り返ってきた。全体を扱うために、個々の企業のエピソードを時に紹介したものの、個別企業の経営のディテールには立ち入れなかった。

そこで第Ⅱ部の締めとして、一気に視点を個別企業に下げて、平成を代表する二つの企業の平成経営史を振り返ってみよう。日本一の企業といってもいいトヨタ自動車（以下、トヨタと呼ぶ）と、同じ自動車産業でつねにトヨタと比較されてきた日産自動車（以下、日産と呼ぶ）である。

二〇一八年三月期決算（一七年度）で、トヨタは日本企業としての純利益の過去最高記録を更新した。前年より三六％増えて、二兆四九三九億円となったのである。自身の記録の更新であった。同じ期の決算でのライバル、日産の純利益は七四六九億円で、トヨタに大きく離されている。日産の純利益は本田技研工業（以下、ホンダと呼ぶ）の一兆五九三億円（ホンダとして過去最高）にもはるかに及ばなかった。

表8-1 トヨタと日産のおもな経営指標（1989年と2017年）

	売上（億円）		売上営業利益率（%）		自己資本比率（%）	
	1989	2017	1989	2017	1989	2017
トヨタ	91,928	293,795	7.0	8.2	50.2	39.6
日産	56,452	119,512	6.3	4.8	30.9	28.7
日産／トヨタ（倍率）	0.61	0.41	0.90	0.59	0.62	0.72

	国内販売台数（千台）		世界生産台数（千台）	
	1989	2017	1989	2017
トヨタ	2,309	2,255	4,690	8,964
日産	1,385	564	3,018	3,853
日産／トヨタ（倍率）	0.60	0.25	0.64	0.43

出所：各社有価証券報告書

しかし日産は、平成の日本企業の中で異彩をはなっている。一九九九年にフランスのルノーから日産に乗り込んだカルロス・ゴーン（二〇〇〇年に社長に就任）が不振にあえいでいた日産をV字回復で立て直した「ゴーン革命」が、あまりにも有名だからである。

一方でトヨタは、しばしば日本的経営の典型のようにいわれる。この二つの企業の平成経営史は、この本で書いてきた日本企業全体の平成の歴史の象徴的事例となるだろう。

まず、二社の平成史の全体観をもっておこう。表8-1は、一九八九年（平成元年）と二〇一七年（平成二九年）のトヨタと日産をおもな経営指標で比較したものである。

平成が始まってからの二八年間に、トヨタと日産の間の差が広がったことが、この表から一目瞭然である。売上や生産の規模でいえば、一九八九年には日産はトヨタの六割強の大きさだったが、その比率が二〇一七年には四割強に下がっている。トヨタの方が成長したのである。利益率でも、トヨタと日産の格差は広がった。

しかし、自己資本比率では格差は縮まった。トヨタの自己資本比率が一〇%以上も下がったことが格差縮小の主因である。トヨタが投資を積極的に行なったこと、資本政策を転換したこと、この二点が原因であろう。もっとも、トヨタの一七年の自己資本比率の水準は、法人企業全体の平均値として前章で紹介した数字（四一%強）とほぼ等しく、日産の二九%弱はそれよりかなり低い。

表8-1では、二つの年のトヨタと日産の倍率も掲げておいた。トヨタを一としたときの日産の割合である。そのなかでもっとも目立つ数字は、国内販売台数の倍率の平成年間の変化であろう。六〇%から二五%へと急落である。絶対水準でいえば、トヨタは一七年でも二二六万台の国内販売を維持しているのに、日産は平成年間に大きく減らして一七年には五六万台しか国内で売っていない。それだけ日産の日本市場でのプレゼンスが小さくなってしまった。

世界生産台数の倍率でも日産の平成年間の落ち込みが確認できるが、それは六四%が四三%になったという落ち込みである。それよりも国内販売台数の倍率の落ち込みははるかにはげしい。日産のクルマが日本市場で売れなくなった、あるいは日産が日本市場にあまり注力しなくなった、その両方が理由であろう。

日産の一七年の国内販売台数は、ホンダの六三万台よりも小さい。世界全体の生産台数ではホンダと日産はほぼ拮抗している（ホンダが三八四万台で日産が三八五万台）から、国内販売への注力はホ

図8-1 収益力と成長性

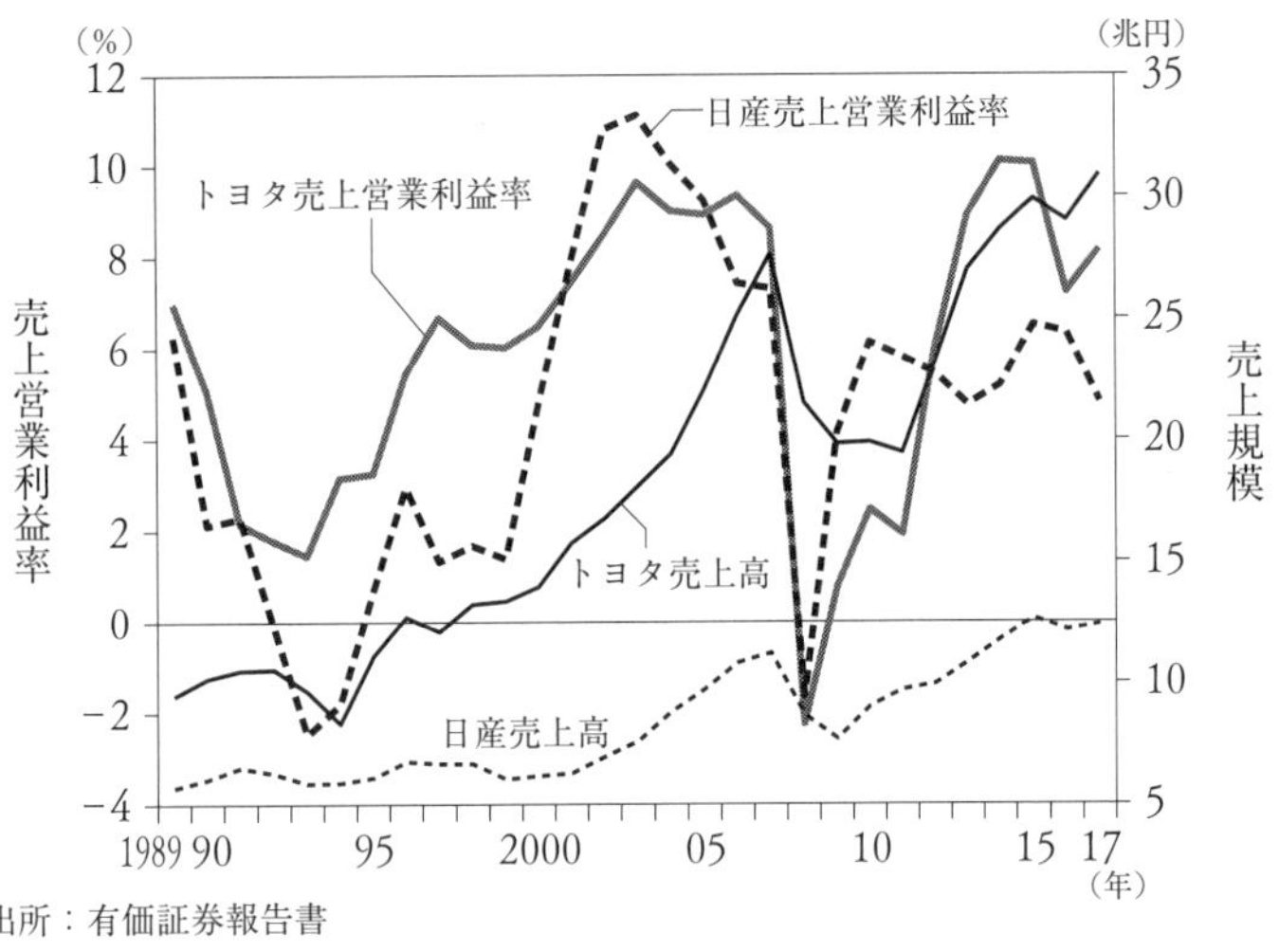

出所：有価証券報告書

ンダよりも小さいということになる。ちなみに、二輪やパワープロダクツもあるホンダの一七年の売上は一五・四兆円で、日産よりも三兆円以上大きい。つまり、戦後の長い期間にわたって国内二位の自動車メーカーであったはずの日産は、しばらく前から売上でも国内販売台数でも三位になっていたのである。

売上と利益の変遷

トヨタと日産の平成年間の経営の変遷を、売上高と売上営業利益率のグラフで大まかに見ようとしたのが、図8-1である。バブル崩壊とリーマンショックの衝撃の大きさ、ゴーン革命のすごさと限界、トヨタの経営の強靭さ、そのいずれもがくっきりとみえる。

バブル崩壊（一九九一年）後の時期とリーマンショック（二〇〇八年）後の時期はともに、

トヨタも日産も売上が大きく減り、利益率も急激に悪くなる。とくにリーマンショック直後は、第3章で日本全体について示したように、まさに崖を真っ逆さまである。

ゴーン革命のすごさは、ゴーンが社長に就任して本格的に経営しはじめた二〇〇〇年から利益率が急回復し、しかも〇一年から〇五年までの五年間にわたってトヨタよりも利益率が高い状態にもっていったことである。バブル崩壊後の日産は、営業利益が赤字になる年が二年もあった（一九九三年と九四年）ことから分かるように、完全に迷走していた。その惨状から日産を救ったのは、まちがいなくゴーン革命であった。

ただし、二〇〇六年、〇七年と日産の利益率はトヨタに再逆転されている。そしてその後、リーマンショックからのV字回復ではトヨタに先んじたものの、一二年からはトヨタの成長と高い利益率に日産は大きく離されている。ゴーン革命の限界であろう。

この図が示すもう一つの事実は、トヨタの経営の強靭さである。それは、二〇〇〇年代に入ってからリーマンショックまでの高い成長と高い利益率の両立、そしてリーマンショックからの本格回復後（一二年から）の同じような高い成長と高い利益率の両立、この二つの両立にくっきりと出ている。とくに一二年からは、トヨタはリーマンショック前の好調な経営に戻り、日産はリーマンショック前の経営に戻れないでいる。成長も遅いし、利益率もリーマンショック前のピーク（〇三年の一一・一％）にはるか及ばない五％前後で終始して、トヨタに大きく離されている。

こうした売上成長と営業利益率の変遷が、二社の財務構造（自己資本比率）と株主目線の利益率

図8-2 自己資本比率とROE

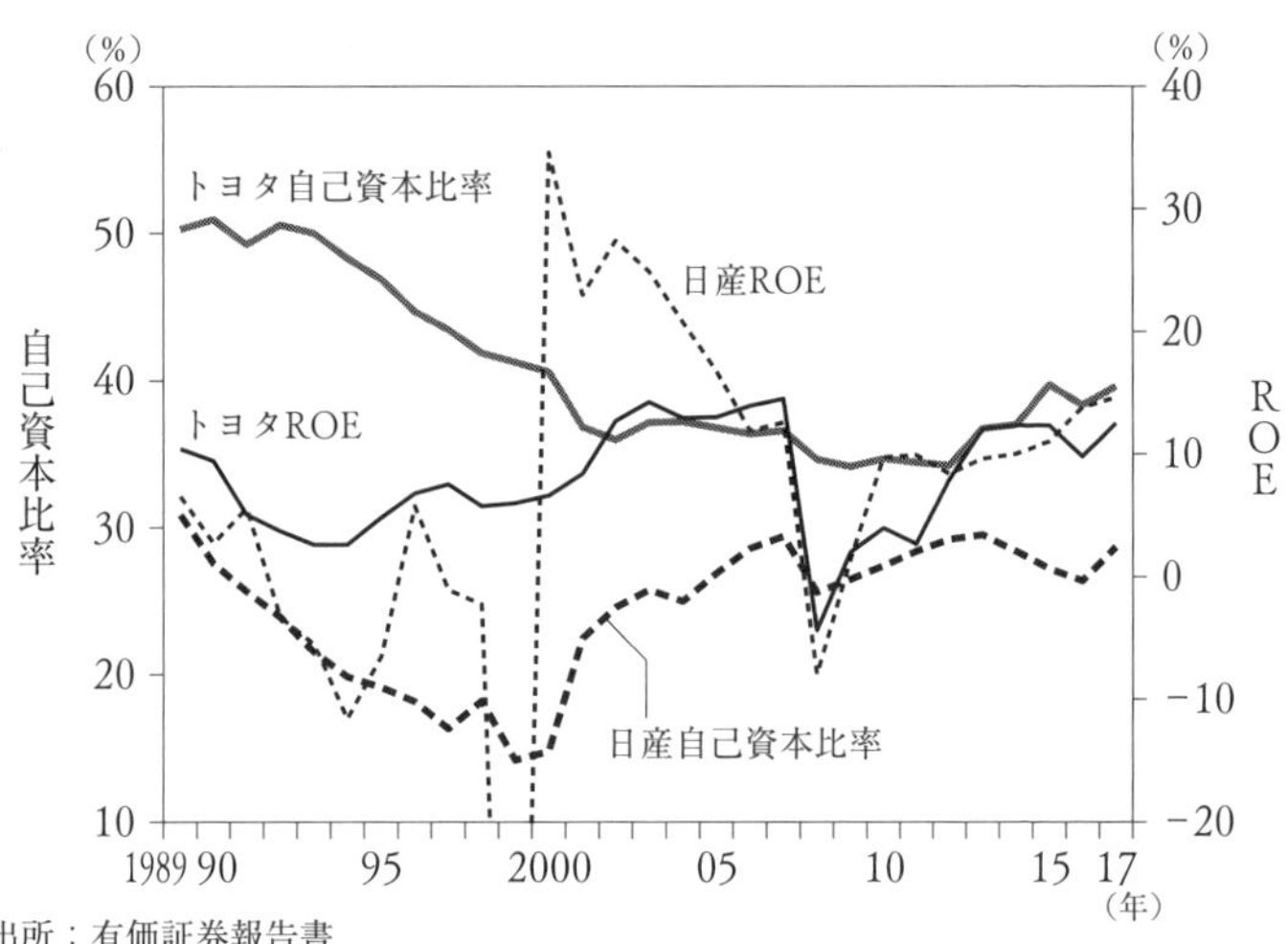

出所：有価証券報告書

（ROE）にどう反映されてきたかをみるグラフが、図8–2である。

この図から第一に指摘したいのは、平成の二八年間を通してみると、二社の二つのグラフはいずれもバブル崩壊前のピークの状態に戻っていることである。この本でたびたび私は平成が終わろうとする頃に元に戻った日本企業という表現を使ってきたが、トヨタと日産にもそれが当てはまるようだ。

ただし、トヨタの自己資本比率だけは一〇％程度落ち込んでいる。ただしそれは、いったん三五％程度に落ちた後、回復をしてきて一七年の三九％という数字になっているという、「戻り基調」ではある。一方、日産の自己資本比率は、三〇％を超えず二五％を下回らずという水準に、リーマンショック以後コントロールされているかの如くの横ばいである。そして、一三年以降の日産は自己資本比率を下げながらＲＯＥをトヨタと同じ水準に維持するような経営をしているかにみえる。

この図から第二に指摘したいことは、バブル崩壊後の日産が自己資本の棄損という点でいかに危機的な状況だったかということである。ＲＯＥのマイナスがつづき（一九九二年から九八年までの七年間のうち六年は純損失計上）、九八年までの純損失合計が四三九一億円にもなった。純損失の累積が自己資本を減らしていくから、九四年から日産の自己資本比率は二〇％を割りこみ、九八年には一八・二％という危機的水準まで落ち込んだのである。同じ年のトヨタの自己資本比率四一・九％と比べると、その差ははなはだしい。

この日産の危機の背景には、八〇年代の国際化戦略の無理、労働組合の経営への過大な影響力などが指摘されていた。つまりは、過去からのゆるみと無理のある経営の累積で、日産はバブル崩壊の大打撃を受け止められなくなっていたのである。救済という話が出てこざるを得ない状況だったのである。

日産は、ゴーン革命

それは、あまりにもタイミングの悪い時期だった。すでに第1章で紹介したように、九八年という年は、金融崩壊が起きた年だった。日産の当時のメインバンクは日本興業銀行だが、とても他人を救済する余裕などなく、自分自身の存続をかけて富士銀行や第一勧業銀行との統合に奔走していた時だったのである。

この頃の日産の社長は、塙義一だった。塙は、外国メーカーに日産への資本注入をしてもらう以外、日産が生き残れる道はないと決断したと思われる。彼が候補としたのは、フランスのルノー、ドイツのダイムラー、アメリカのフォードの三社であった。さまざまな交渉の経緯の後、三社の中では九八年の世界販売台数がもっとも小さいルノーに的が絞られた。ルノーの規模は日産よりも少し小さかったから、小が大を呑む形になった。しかし、ルノーは熱心だった。

九九年三月二七日、塙とルノー会長のシュバイツァーはルノーと日産の間の合意についての記者会見を行なった。資本注入については、ルノーが日産の第三者割当の増資（五八五七億円）を同年五月に引き受けることにより日産の株式の三六・八％を取得すること、そしてルノーは日産が発行する満期五年の新株引受権付社債（二一五九億円）を引き受けること、日産が将来ルノー株の取得の権利をもつ、この三点が取り決められていた。この社債が新株に転換されると、ルノーの株式保有比率は四四・三％となる。

経営に関しては、ルノーが最高執行責任者（COO）を含む三人の役員を派遣することや車台の共通化などさまざまな取り決めも同時に発表された。本格的な経営統合をめざしていることが明瞭な合意であった。つまり、日産はルノーからの八〇〇〇億円弱の資本注入によってルノーの実質子会社になったのである。

ルノーの増資引き受け完了と同時に九九年六月から日産に乗り込んだゴーンがまず行なったのは、

日産のリバイバルプランを作成することと、会計的に過去のうみを徹底的に出すことであった。

日産の主力工場であった村山工場の閉鎖や系列の解体、あるいは株式持ち合いの解消などを内容とする、「すべてのしがらみを断つ」とまでいわれた改革案を、クロスファンクショナルチームと呼ばれた社内の中堅幹部で構成された組織横断的なチームが作っていった。もちろん、その背後ではルノーから連れてきた幹部十数名が大きな働きをしていただろう。そして、その案がゴーンの「コミットメント」（約束した以上は絶対に実行する）という旗印の下に、強力なリーダーシップとともに実行されていった。

その成果はすさまじく、図8-1の利益率のグラフが明瞭に示しているように、日産はみごとに立て直されただけでなく、トヨタよりも利益率が高い時期が二〇〇一年から五年間もつづくのである。これがゴーン革命といわれたのも、当然であろう。

会計面でゴーンが日産に乗り込んですぐに行なったのは、一九九九年度の決算（ゴーンが乗り込んで九カ月後の決算）で過去のうみを出し切ることだった。その結果、九九年の日産の当期純損失額は、六八四四億円という巨額なものになった。前項でのべた九二年から九八年までの純損失累計額が四三九一億円だから、その一・六倍近い純損失をたった一年で出したのである。これだけの純損失を出したために、日産の九九年三月末の自己資本比率は一四・二％まで落ち込んだ。

この九九年度の損失の巨額さから、損失引き当てのできるものはすべて九九年に損失にしてしまったということが推測される。そのために九九年度（二〇〇〇年三月期決算）の日産のＲＯＥはマイナス七三・六％というすさまじい数字になった。それは余りに大きいマイナスなので、図8−2では目盛りはずれで表示されていない。そうなるように私がグラフの目盛りを設定したからである。そうしないと、他のグラフの動きが分からなくなってしまう。

それだけ大きなマイナスのROEから、翌〇一年（ゴーンが年間を通してフルに経営した最初の年）にはROEがプラス三四・六％へと大ジャンプした。これが、ゴーンの超V字回復である。しかし、損失要因を出し切れば二〇〇〇年の決算では利益はかなり確保できるし、自己資本は小さくなっているのだから、ROEは急回復すると予想できる。地の底からの超V字回復も、会計面からは必然の部分があった。

そのV字回復を受けてすぐに、〇一年一〇月にルノーは新株予約権付き社債を転換して新株を引き受け、すでに日産に提供していた社債という負債を株式資本に変えた。日産にとっての新規資金流入はなかったが、ルノーの株式保有比率は一九九九年三月の記者会見で想定されていた通りの四四・三％になったのである。

しかもこの新株転換と同時期に、日産は子会社の日産ファイナンスを通して、ルノー株の一五％を取得し（日本円で約二四七〇億円）、フランス政府につぐ大株主となった。九九年三月の記者会見で発表された合意の中にあった、「日産がルノーの株式を取得する権利」を行使したわけである。ただし、この株式には議決権はなく、実質的には日産からルノーに新株引受権付き社債として九九年五月に資金提供されていた金額とほぼ同額が、ルノーへ返還されたことに等しかった。

したがって、ルノーは八〇〇〇億円の資金注入による実質買収から二年強で、議決権比率を下げないままで二五〇〇億円弱を回収できていたのである。みごとな財務戦略といっていい。

すさまじいまでに、「しがらみを断つ」

これがゴーン革命の背後のカネのマジックだが、それが可能になったのはもちろん、ゴーン革命の事業的内容がじつに的確に日産のそれまでの経営の弱点をついている部分が多く、ドラスティックなコストカットを実現できたものだったからである。「しがらみを断つ」とゴーンが宣言したことを、ゴーンは実行した。たとえば、ぬるま湯的だった系列取引をきびしく見直して、購買原価を大幅に削減することである。

その一つの大きな手段が、取引相手の数を減らして一つの部材の一つの企業からの購入額を急増させ、その見返りに購買価格を安くさせることだった。これだけの表現だと、ゴーン革命の「しがらみを断つ」すさまじさが伝わらないかもしれない。それがいかに徹底的に行なわれたかを示すのが、日本の鉄鋼業界の業界再編にまでゴーン革命がつながったという事実であろう。

日産は大量の自動車用鋼材を、日本の大手鉄鋼メーカー四社から購入していた。その購入先を絞るために、日本鋼管からの購入量を大きく減らした。それは、日本鋼管にとって大きな打撃だった。同社はすでに経営改革の一環として川崎製鉄との協力関係を推進しようとしていたが、この打撃の大きさが日本鋼管をして協力関係から一気に合併へと決断させたキッカケの一つといわれている。この二つの鉄鋼メーカーが経営統合の基本合意書を締結してJFEホールディングス設立を発表するのは、二〇〇一年一二月のことである。ゴーン登場の一九九九年六月から、わずか一年半後であった。

こうしたゴーン革命の巨大なインパクトを「日本経済新聞」の記者たちが書いたドキュメントに、『起死回生』という本があった。ゴーン登場から一年後の二〇〇〇年五月に出版され、ベストセラーとなった。この本の書評を出版直後に「日本経済新聞」から頼まれた私は、ゴーンの経営のみごとさについて評価すると同時に、違和感や心配も書いた。

違和感として私はこう書いた。「本の帯でも本文でも、『日本株式会社からの決別』がしきりに強調される。しかし、日産改革の本質は『甘さからの決別』なのではないのか。日本型できびしい経営をしているトヨタやホンダなら、日本型で何が悪い、というだろう」。心配として私が書いたのは、こうである。「系列の単純すぎる否定のように、日本の企業システムの『原理の否定』になっている部分がある。ルノーに学ぶより、トヨタに学ぶ方が先だろう」

私は一九八〇年代はじめから、日本企業の系列をはじめとする「長期的継続的」取引慣行は十分に経済合理性が高いと主張していた。利害が対立するのがふつうの売り手と買い手の間で協力関係を維持しながら、長期的視野で共同利益を大きくできるようになるという合理性である。しかし、系列取引は一方でぬるま湯の温床にもなりやすい。そこをどうきびしくコントロールした上で、系列のもつ経済合理性をきちんと発揮させられるか、それが鍵なのである。トヨタのコントロールは、じつはきびしい。

だから、単純に「系列の解体」をしてしまったら、日本企業が成功してきた背後の原理を自己否定することになりかねず、長期的に魅力的なクルマの開発ができなくなるのではないかという心配があったのである。

日産の日本市場でのプレゼンスがこの章の冒頭で紹介したように低下してきているのは、コストダウンに注意が向き過ぎて魅力的なクルマ開発が不十分になった経営が、原因の一つと思える。

トヨタは、「日本的経営最後の砦」

前述の『起死回生』という本が出たのと同じ頃、トヨタが「日経ビジネス」で大きく取り上げられていた。この項の小見出しとして使った、「日本的経営最後の砦」をタイトルに含む巻頭特集であった。ゴーン革命に刺激された特集であろう。

そこではトヨタの「日本的経営」について、危機伝承経営、血判共同体経営、異物咀嚼経営、合理偏執狂経営、人守人活経営と、五つの特徴づけをしている。さらに、当時グローバルスタンダード経営といわれたものとトヨタを対比して、「三河流 vs ウォール街流」「遅鈍 vs スピード」「金太郎飴経営 vs スター経営」「低給・雇用安全 vs 高給・雇用不安」と表現している。もちろん、前者がトヨタである。

そして特集の最後の編集長の「傍白」が、その後の二〇年間の世界の中のトヨタの発展を考えるとじつに示唆的である。こう書いてある。

「トヨタという会社を見ていると、どこか懐かしい感にとらわれます。バブルに踊らず、バブル崩壊にも自信を失わず、つまり日本の『失われた10年』をパスできた企業だからでしょう。……（日本企業の）〝原型〟を残すトヨタが世界で真に通用するのか、それは日本の21世紀を左右する問題かもしれません」

その「懐かしい」会社・トヨタは、この記事から八年後の二〇〇八年に、世界一の販売台数の自動車メーカーになった。アメリカのGMがリーマンショックでこけたからでもあるが、それ以来世界一を続け、一六年からはフォルクスワーゲンと世界のトップを争っている。トヨタは、世界に真に通用しているのである。

日本的経営の原理を徹底的に、しかもきびしく追求しつづけた企業が、トヨタだといっていいだろう。生産技術を大切にし、雇用の安定を守り、販売も含めて現場を大切にする。系列ともきびしく付き合った上で、しかし社会が要請するクルマの開発に手を抜くことはない。

たとえば、プリウスをはじめとするハイブリッド車を世界に先がけて開発し、量産販売したのはトヨタである。初代プリウスの登場は、一九九七年のこと。九五年にトヨタの社長に就任した奥田碩の号令のもと、環境にやさしいクルマの開発に徹底的に挑んだ成果だった。当初は、ガソリンエンジン車で燃費性能の向上をめざしたのだが、地球環境のことを考えると電気で動くということの原理的なよさを重視して、ハイブリッドになった。当時としてはまったく新しい技術であった。その技術は、電気自動車としても使えるプラグインハイブリッドへの先駆ともなっている。

しかしハイブリッド車は、エンジンとモーターと二つの動力源をもつことになり、その動力源を使い分ける複雑な機構を積み込んだクルマとならざるを得ない。第5章でのべた複雑性技術の典型例である。その複雑性技術をきちんと低コストで提供できる企業だけが、この種のクルマでリーダーシップをとれる。それが、トヨタ生産方式で徹底的なコストダウンに挑んできた、そして系列の協力を得ながら多様な技術に挑戦するトヨタだったのである。

ただ、プリウスの初代はそれほど売れなかった。まだ、完成度が低かったのである。しかし、二〇〇三年に発売された二代目で初代の経験を生かした改良が大幅に行なわれ、市場でも大ヒットした。ハリウッドのセレブリティが先をあらそって乗るようになったのが、このモデルである。その後、一五年発売の新モデルで四代目となり、そのスピンオフであるアクアとともに、トヨタの主力車種になっている。

一方、ホンダもハイブリッドですぐに追随したのに対して、日産はハイブリッドでは大きく出遅れた。開発の複雑さと投資が、大きな壁となったのであろう。さまざまな部品メーカーの協力が欠かせないハイブリッド車では、系列の解体がマイナスの影響をしたことも十分考えられる。

一時は、アメリカ用の日産車にトヨタがハイブリッドシステムを提供したことすらあった。だが、やがて日産は電気自動車へと大きく舵をとる。時代の流れが電気自動車へと流れているという側面もあるだろうが、ハイブリッド車ではトヨタやホンダと競争しにくいので、あえて現在はニッチでも電気自動車路線を選択したとも解釈できる。

加速するトヨタの国際展開

日本的経営最後の砦といわれたトヨタは、じつはグローバルな展開でも積極的だった。日産もゴーン以前からトヨタよりも相対的には国際展開に注力しており、ゴーンも国際展開を自分の戦略の大きな目玉としていたのだが、海外でもかえって水をあけられるというほどの積極さを、二〇〇〇年以降トヨタはみせるようになる。

じつは、トヨタの国際展開が急加速するのは、ゴーン革命本格化直後の〇一年からなのである。トヨタはグローバルテン（世界販売の一〇％シェアをとる）を目標に、〇一年から海外生産台数を一気に増やしはじめた。図8–3を見ていただきたい。トヨタはこの時期に国内生産も拡大しつづけたが、その伸びをはるかに上回る海外生産の伸びであった。おそらく、ゴーン革命があたえた刺激、ゴーンの積極的な海外展開の刺激もあったと思われる。

一七年にはトヨタの海外生産台数は四六八万台に達し、日産の二八七万台の一・六倍の大きさになっている。じつは、ゴーン革命が本格化した二〇〇〇年のトヨタの海外生産台数は日産のそれの一・一倍で両社はほぼ拮抗していたから、ゴーン登場後に日産はトヨタに大きく引き離されたのである（この図の日産の海外生産台数の数字のうち〇五年から一二年までは、次項でのべる中国合弁事業の連結方法のちがいを考慮して、筆者が日産の中国分を推定して差し引いた数字である。トヨタと比較可能にするためである）。

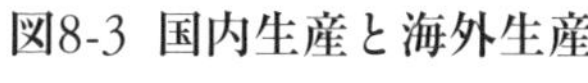

図8-3 国内生産と海外生産

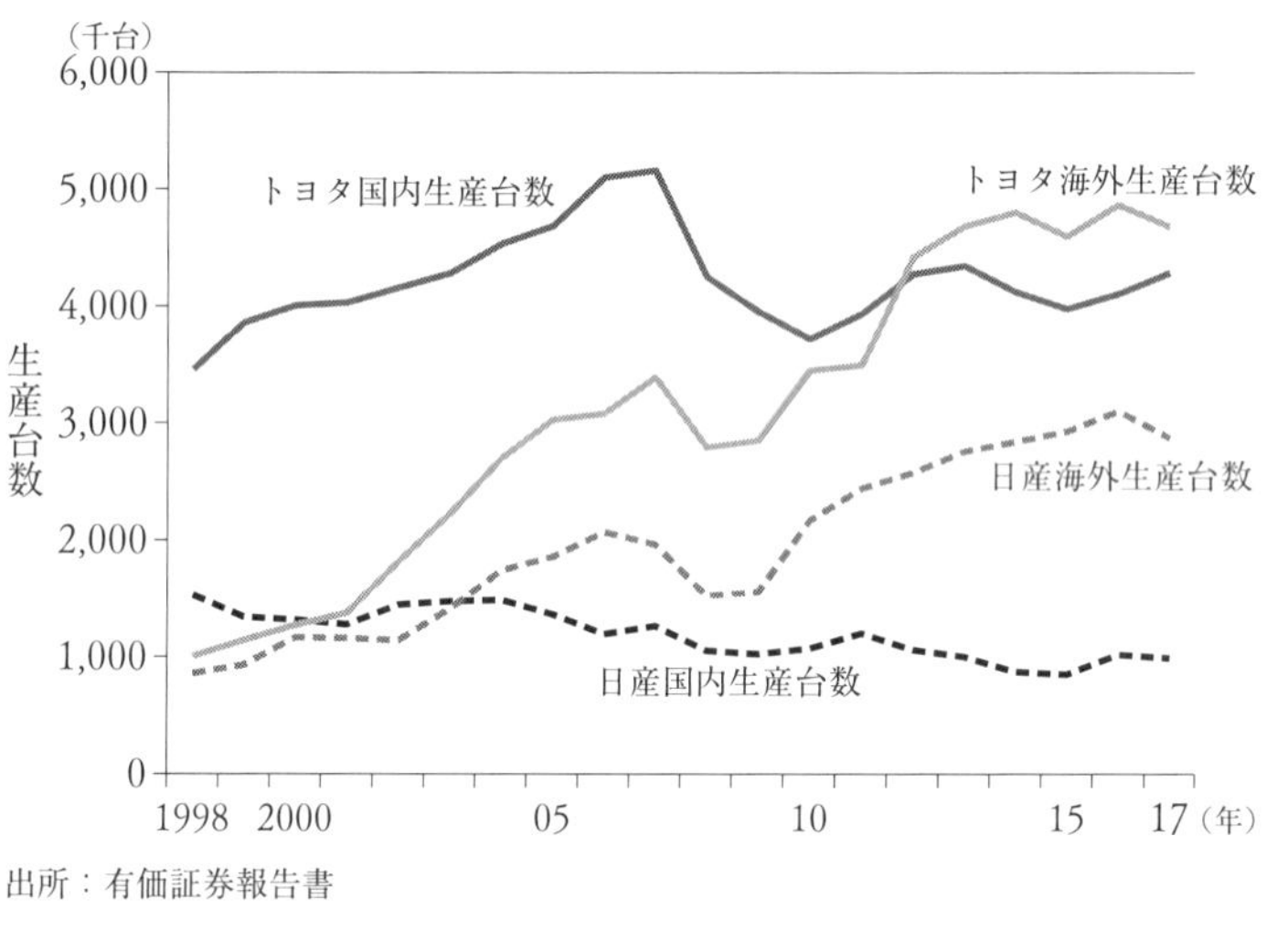

出所：有価証券報告書

それにしても、〇一年から〇七年までのトヨタの海外生産の伸びはすさまじい。〇一年の一三八万台から〇七年の三三九万台へと、わずか六年間で二・五倍になったのである。

一台のクルマを作るのに、三万点の部品が必要といわれる。これだけの生産台数の拡大の背後では、海外での生産工場への投資のみならず、海外での部品調達の手当て（たとえば系列企業への海外進出の要請）、国内からの部品供給の仕組みづくりなど、海外生産の兵站線の整備が命となる。だから、その兵站線を海外で急速に整備するために、極限にも近い現場の努力があったはずである。

その上、トヨタは〇一年から〇七年までの時期、国内生産も拡大しつづけた。日産の国内生産が〇四年の一四八万台をピークにその後はほぼ一貫してゆるやかに減少していくのとは、対照的である。日産の海外生産はこの〇四年に国内生産を抜き、それ以降国内と海外の差は広がるばかりである。トヨタの海外生産が国内生産を抜いたのは、一二年になってからであった。

海外生産を急拡大しながら同時に国内生産も拡大するというトヨタの戦略は項を改めて分析するが、基本的には正しいと思われる。しかし、急拡大の初期の現場に対する負荷はきわめて大きかっただろう。リーマンショック直前には、じつはトヨタ社内でも「海外生産の兵站線が伸び切っていて、危ない」という危機感が生まれていたという。

そこへ、〇八年のリーマンショックがきた。トヨタへのインパクトは大きかった。

ゴーン革命のいき詰まり

一方、日産のリーマンショック前の経営はどうだったか。一言でいえば、ゴーン革命のいき詰まりといっていいだろう。

ゴーン革命の限界は〇五年ごろから出はじめたようだ。図8-1をみれば分かるように、日産の営業利益率は〇三年の一一・一%をピークに〇六年まで毎年約一%ずつ下がっていき、〇六年、〇七年とトヨタに再逆転されている。海外での生産も〇七年には、リーマンショックの前なのにすでに前年比微減となっている。そして、すでにのべたように国内生産も〇四年をピークに下がりつづけるのである。

そこにリーマンショックがきたわけだが、トヨタにも日産にもそのインパクトは巨大だった。売上も利益も急減し、〇八年は両社とも営業赤字になる。しかし、日産はここでもＶ字回復をみせた。トヨタの回復よりもはるかにめざましい。その主因はたしかにゴーンのコストカッターとしての剛腕が二〇〇〇年につづいて発揮されたことだろうが、それとは別な一つの原因として、中国での合弁事業の連結営業利益での取り扱いのちがいという会計上の理由が、トヨタとの間にあった可能性がある。

両社とも中国国有企業との五〇％出資の合弁企業で中国事業を行なっており、リーマンショック時には日産の合弁の方がトヨタの合弁よりも中国市場で大きな存在になっていた。その合弁の業績の日産の連結決算への算入の方法として、日産は比例連結といって中国合弁事業の営業利益を出資比率に比例して連結営業利益に計上するやり方を、合弁開始の〇五年から一二年までとっていた。トヨタは（ホンダも）持分法適用という連結の仕方で、営業利益段階では連結せず、純利益の計算の際に中国合弁の純利益の五〇％を計上するという会計処理法を、合弁開始以来一貫してとっている。

したがって、リーマンショック後の日産の連結営業利益には中国合弁利益が加わり、トヨタの連結営業利益には中国合弁利益が加わらないというねじれが発生していた。そして、リーマンショック後の中国市場は世界でも珍しく崩壊せずかつ急成長を続けた市場だったから、日産の連結営業利益はトヨタとの比較ではそれだけ有利に出るような会計処理だったのである。

じっさい、日産の中国合弁の〇九年の販売台数は七六万台だったが、これは日産の全世界販売台数の二二％に当たる大きさである。それだけの販売の利益の半分（五〇％出資の比例連結）を、日産は〇九年の営業利益に加えることができた。

〇五年ごろからマスコミでもささやかれはじめていたゴーン革命のいき詰まりを打開するための、ゴーンらしい動きもあった。日産・ルノーとGMとの資本提携交渉に乗り出したのである。資本の持ち合いをGMとの間で実現させ、かつて日産とルノーの間の資本持ち合いで出した提携効果を、ふたたび生み出そうというのである。

この交渉は〇六年一〇月に決裂する。のちにGMがリーマンショックの巨大インパクトに耐えられず〇九年六月に経営破綻することを考えると、この決裂は日産にとって幸運だったのかもしれない。

もう一つ、この時期のゴーンの苦境を象徴するできごとが、〇八年六月の〇七年度決算の発表の場で起きた（この時期はリーマンショック直前）。ゴーンは〇五年に「日産バリューアップ」という計画を発表していたが（大成功した日産リバイバルプランにつづくものである）、その中で〇八年度に世界販売台数を四二〇万台以上とするとゴーン自身がコミットしていたものを、〇九年度に延期すると発表したのである。

「コミットメント」は、ゴーン革命の一つのキャッチフレーズであった。コミットした以上は、絶対に達成する。達成できなければ責任をとるという、きわめて強い約束だったのである。ゴーンは、それを自分にも課し、部下にも求めた。したがって、コミットメントの延期とは、それまでのゴーン革命では禁句のはずだった。

じつは、中国合弁事業の会計連結方法（比例連結）を日産が〇五年から継続して取りつづけた背景に、この世界販売台数のコミットメントが関係していると業界ではささやかれていた。中国での販売台数を比例連結で入れられれば、日産の連結世界販売台数は数十万台規模で大きく表示できるのである。

リーマンショック後の回復のちがい、UとV

リーマンショックは、トヨタにも大打撃だった。しかも、トヨタの営業利益率は一一年まで低迷した。トヨタの営業利益は〇八年に創業時期を除けば歴史上初の赤字になり（マイナス四六一〇億円）、〇九年も一四七五億円ときわめて低い水準のままだった。日産のV字回復とは対照的である。ただし、一一年以降は利益率も売上規模も急回復、急成長をみせ、その回復パターンはU字型とでもいうべきものであった。U字はV字よりも底の部分が長く、しかし底から上昇しはじめるとその角度はVよりも大きくなる。

トヨタのU字の底の四年間の背後には、前項で指摘した「兵站線の伸び切った海外生産」という問題があったと思われる。トヨタは、たんにリーマンショックで需要の大幅減少に見舞われただけでなく、アメリカを中心に品質問題や大量のリコールを起こし、トヨタバッシングを浴びたのである。

〇九年八月、アメリカでリコール問題が火を噴く。レクサスのアクセルペダルがフロアマットに引っかかって暴走事故が起きたという訴え、プリウスのブレーキ制御ソフトの欠陥でやはり制御に問題が出るとしてリコールなどなど。これらの品質問題で、社長の豊田章男（〇九年六月就任）が一〇年二月にアメリカ議会・下院の委員会の公聴会に呼ばれて責め立てられるというところまでいった。それは、アメリカでのトヨタバッシングのピークであった。この時の豊田章男の落ち着いた対応と誠実な答えは、トヨタバッシングを収めるのにかなりの効果があったといわれている。

そして、翌一一年三月、東日本大震災が発生する。第3章でのべたように、この震災で大被害を受けたルネサスの工場がエンジン制御の鍵となる半導体を生産しており、さらには多くの部品メーカーも東北地域で被災し、トヨタの生産に大きな停滞が生まれた。さらには、同じ年の一一月にタイで大洪水が起きて、タイでの生産も長期にわたってストップすることとなった。

日本国内に当時も四〇〇万台近辺の生産体制を維持していたトヨタにとって、東日本大震災のインパクトは日産よりもかなり大きかった。その上、トヨタは宮城県や岩手県を中心に東北地域に国内第三の生産拠点（愛知、九州、東北）を作ろうとしていたところだった。その操業開始を、東日本大震災が直撃したのである。

日産がリーマンショック後にV字回復できたのにトヨタが一一年まで底となるU字回復になったのは、無理もなかったのである。しかし、トヨタはU字の底の時期に、次の飛躍への「タメ」を作っていた。

東北地域への小型車生産拠点の国内展開がその一つであるし、また品質管理や工場の管理体制のグローバルな見直し、トヨタ生産方式の海外工場でのやり直しなど、地味な作業を徹底させたのである。素早い業績回復を狙うことなく、ゆっくりでもしっかりした現場の基盤作りを優先したといえるだろう。二〇〇〇年に「日経ビジネス」が書いた「遅鈍vsスピード」が、まさにこの時期のトヨタと日産を予言しているようにみえる。

国内なくして海外なし、海外なくして国内なし

第4章で世界の中で活躍する日本企業の平成三〇年間を振り返った際に、私は日本企業のグローバリゼーションはピザ型だと書いた。そして、その典型例が自動車産業だとも書いた。しかし、自動車産業のすべての企業がピザ型を真剣に志向してきたわけではないことは、先に掲げた図8-3をみれば明らかであろう。トヨタはピザ型の典型例、日産はピザ型を志向してきたかもしれないが、ピザの真ん中が薄くなってしまった。

ピザの真ん中とは、国内生産である。その国内生産の大きさがあるからこそ、じつは利益率を確保しながら大きくかつ長期的な国際展開が可能になる。それがピザ型の論理である。

トヨタは国内生産を維持しつづけたことが、図からも明瞭である。国際展開が加速しはじめた二〇〇〇年前後の国内生産と一七年の国内生産は、いずれも四〇〇万台近辺で同じなのである。しかし、日産はちがった。二〇〇〇年頃の国内生産は一三〇万台から一四〇万台だったのが、一七年には一〇〇万台へと縮小している。

もちろん、両社とも需要拡大の本命は海外だから、海外生産は急拡大させている。それも図8-3に明瞭に出ている。しかしその時、海外生産を国内生産の代替として扱うか、国内生産を海外拡大の基盤として維持しつづけるかというちがいが、日産とトヨタの間にはあった。日産はさらにある意味

で徹底していて、国内生産を縮小するのと同じようなペースで国内販売も縮小しているのである。ますます非ピザ型（ドーナッツ型）の志向といっていい。

国内生産が海外生産拡大の基盤となるとは、海外での生産から利益がきちんと上がるように、海外でのオペレーションの効率と規模拡大を維持するための基盤として、国内生産が貢献するということである。その貢献とは、国内での技術蓄積の海外移転のための技術や人材の供給源としての国内生産基地、海外での生産に必要な部品や生産設備の供給源としての国内生産基地（たとえば国内で大量生産して海外各地へ少量ずつ供給）という貢献である。

国内生産規模が小さくなってしまうと、技術とヒトとモノの海外への供給源が細ってしまい、海外のオペレーションに支障が出ることがあるといい換えてもいい。もちろん、海外での生産規模がかなり大きくなり、そこでの技術蓄積・人材蓄積が別な国への移転の源泉になれるような状態にまでなれば、この支障は小さくなりうるが、そこまでいくのはじつは大変である。

たとえば、リーマンショック後のトヨタのU字型回復を前項で説明した際に、一〇年、一一年にかけてトヨタがとった対策を私は、東北への国内生産基地拡大の他に「トヨタ生産方式の海外工場でのやり直し」と書いた。そのやり直しを世界各地の工場で同時並行的に行なうためには、国内からの人材供給がきわめて重要であったろう。トヨタが行なった「トヨタ生産方式のやり直し」の大きな部分が、生産ラインの組み直しだったからである。海外での生産を急ぐあまり、大型設備に頼る大型ラインが作られ過ぎていたのである。大型ラインでは、需要の伸び縮みに柔軟に対応できない。

図8-4 国内生産の利益率への影響

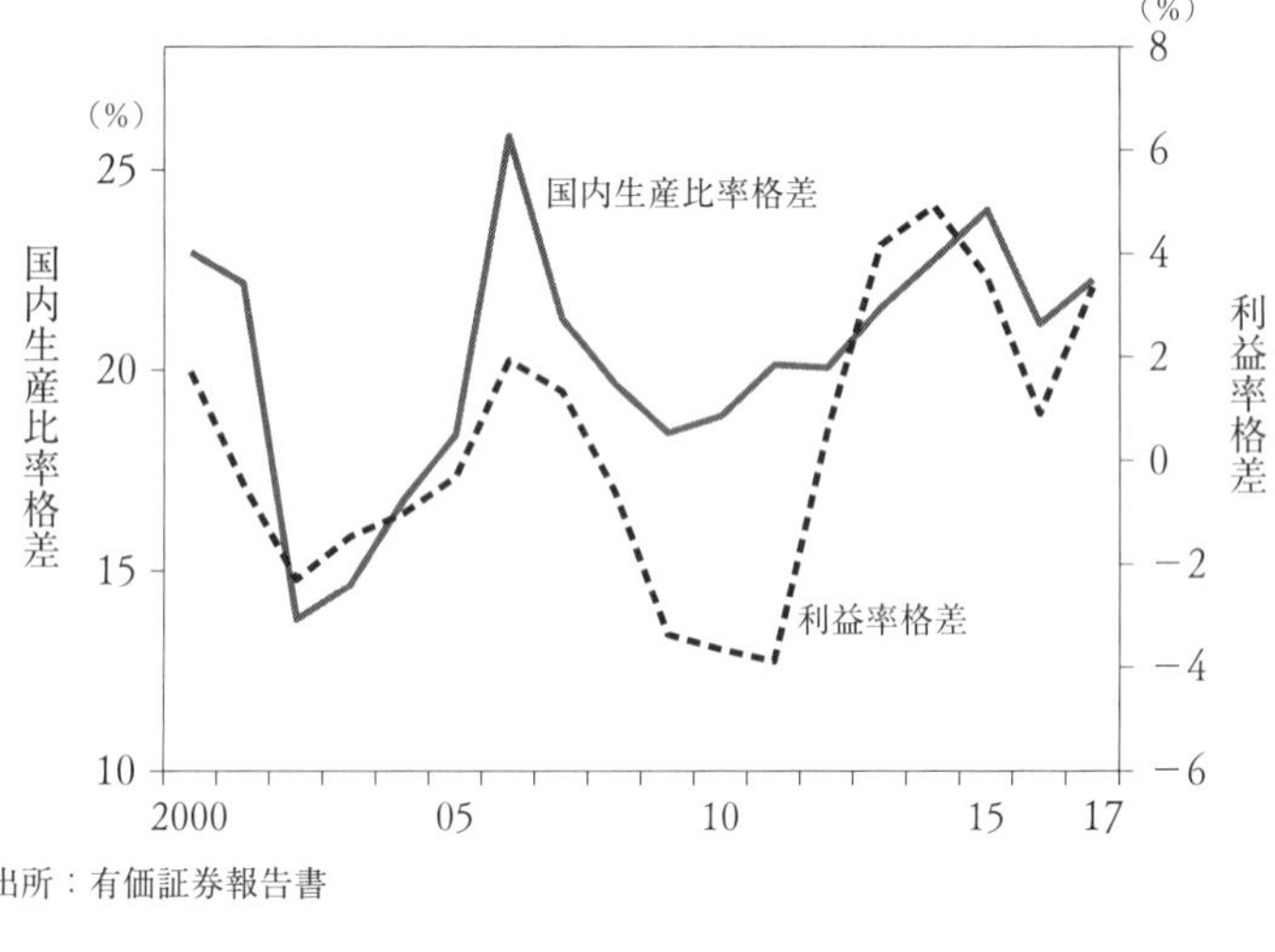

出所：有価証券報告書

しかし、いったん投資した生産ラインを組み直すためには、たんにカネがかかるだけではない。大型ラインのどこが問題かを検討し、その改善案をつくり、それを実際に動くまでの状態に仕上げる現場人材が必要となるのである。だから、「国内なくして海外なし」ということの項の見出しの前半部分が成立するのである。

その傍証とも思えるのが、トヨタと日産の国内生産比率（国内生産台数の全世界生産台数との比率）の格差（トヨタの方が大きい）と二社の営業利益率の格差の動きが連動しているというグラフである。図8-4である。格差は、トヨタの数値から日産の数値を引くことで計算している。

国内生産比率格差が大きくなると（つまり日産の国内生産がトヨタよりも相対的に小さくなると）利益率の格差も大きくなる（つまり日産

の利益率がトヨタよりも相対的に小さくなる）のである。たしかに利益率格差が日産優位（つまり利益率格差がマイナス）の時期が二回ある。最初はゴーン革命の時、次はリーマンショック後のトヨタがトラブった時である。だが、それらの時期でも、利益率の差は国内生産比率の差にほぼ連動している。

平たくいえば、国内生産比率を下げ過ぎると利益率にはマイナスの影響が出るということになる。国内生産が企業全体の利益率にじつはさまざまな影響を及ぼすといってもいいだろう。

その国内生産を維持するために、じつは海外生産の規模拡大が必要でもあるというのが、この項の見出しの後半である。海外なくして国内なし。海外生産への供給源として国内をきちんと維持するためには、その供給源を使うような需要が海外生産によってもたらされなければならないということである。

たとえば、部品や生産設備の供給を国内から経済合理性をもってするには、かなりの規模で海外からの国内への需要がなければならないということである。第4章で海外生産と国内生産のつながりについて日本全体で分析した際に、自動車産業の国内雇用がじつは平成の間に増えていたことを指摘したが、それはまさに海外生産への国内供給の増加がもたらした雇用増だったと思われる。自動車産業の雇用増とはいうものの、海外生産の拡大が際立ったトヨタがあったからこその雇用増である。

国別市場ポートフォリオのちがい

以上が生産面での海外戦略のトヨタと日産のちがいの概略だが、両社は市場面でもかなり異なった戦略をとってきた。すでに、国内市場のプレゼンスを減らした日産とそれを維持しつづけているトヨタというちがいを紹介したが、海外市場のどこを重点にするかという点でも、トヨタと日産の間にはちがいがある。結論的にいえば、トヨタの方がバランスがとれている。それを示すのが、図8‐5である。

この図は、二〇〇〇年前後には両社とも北米市場が海外戦略の中心で、その比重はトヨタも日産も三〇％強で同じだったことを示している。しかし、その後は二つのちがいがくっきりと表れる。

一つは、トヨタが一貫してアジア志向を強めてきていることである。一九九八年にはトヨタのアジア販売台数比率（中国を除く）は二・八％だったが、二〇一七年になると一七・二％まで上昇している。日産のアジア比率（中国を除く）については、公表データは〇九年からしかないが、それ以来一〇年間ほぼ九％強で推移している。アジアへの注力の度合いはトヨタがあきらかに大きい。

もう一つは、とくにリーマンショックからの回復過程で明確になった日産の北米志向の高まりとトヨタの抑制的な北米比率というちがいである。リーマンショック後しばらくは三二％程度だった日産の北米比率が、一七年には四七％を越している。アジア比率の小ささと考え合わせると、北米一本足打法に日産は舵を切ったようである。

図8-5 北米とアジアの比重

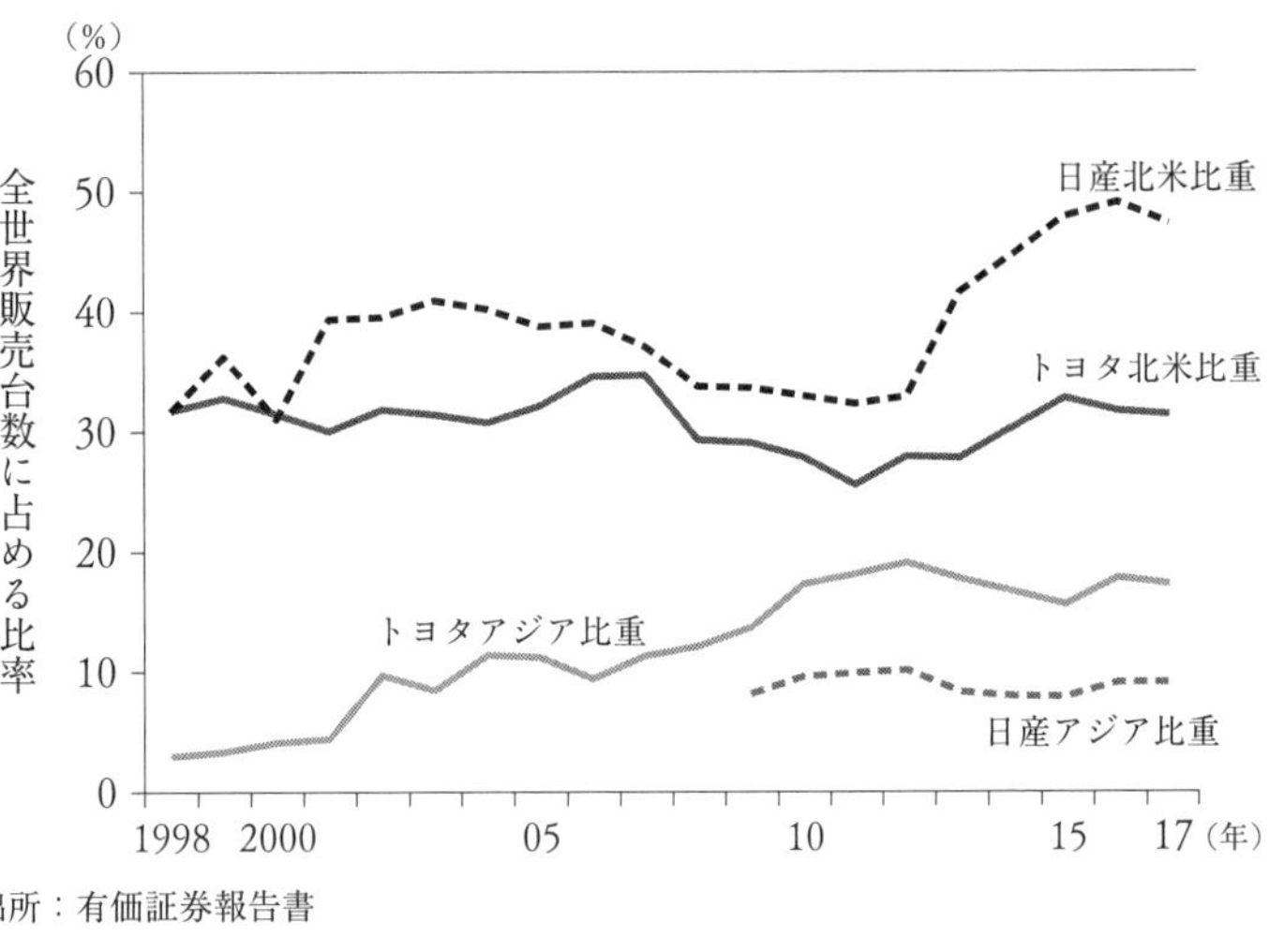

出所：有価証券報告書

日産の北米一本足打法は、この市場での市場機会を機敏にとらえたという見方もできる。日産の北米販売台数はリーマンショック直前と一七年を比べると、ほぼ五割増。トヨタが同期間でほぼ同じ販売台数で推移しているのと比べると、あきらかに日産は北米へ注力している。この時期は、北米市場全体が回復していった時期なのである。

しかし、この北米比率の高まりは、利益の面では日産にとって頭が痛いだろう。北米での営業利益率は、トヨタも日産も一四年以降下がりつづけており、一七年の北米営業利益率はトヨタが一・三%で日産は三・一%となっている。両社が地域別営業利益を計算する際に日本との費用分担をどうしているのか詳細が分からないので、この二つの数字の直接比較は軽々にはできないが、しかし両社とも下がりつづけているという事実は、北米市場の市場環境が悪化していることを示すのであろう。したがって日産は、市場環境の悪くなっている北米への一本足打法に傾斜しているということになる。

他方、アジアでの利益率をみると、トヨタの利益率はリーマンショック後も一貫して九％弱で安定的だが、日産のそれは一〇年の九・〇％から一七年の三・四％へかなり下がっている。アジアでの生産と販売に日産が注力し切れていないことが、こうした利益率の低下につながっている一因だと思われる。

利益率の高いアジアの比重を増すトヨタ、世界全体の市場ポートフォリオという観点でもバランスのとれたトヨタ。海外戦略全体でトヨタに軍配があがるようである。

大政奉還のトヨタ、ゴーンで二〇年の日産

この章で振り返ったトヨタと日産で平成の経営の舵をとった社長は、トヨタで六人、日産で五人であった。

トヨタでは、豊田章一郎（１９８２～92年）、豊田達郎（92～95年）、奥田碩（95～99年）、張富士夫（99～２００５年）、渡辺捷昭（05～09年）、豊田章男（09～18年現在）。日産では、久米豊（１９８５～92年）、辻義文（92～96年）、塙義一（96～２０００年）、カルロス・ゴーン（２０００～17年）、西川廣人（17～18年現在）である。

この中で、豊田章一郎はトヨタの創業者喜一郎の長男、そして達郎は章一郎の弟である。豊田章男

は章一郎の長男である。だから、〇九年の章男社長就任で「豊田家への大政奉還」が行なわれたとマスコミが書いた。本家の跡取りが社長になったのであるし、奥田の社長就任までは豊田家から社長がつづいていたのである。

日産の場合、もっとも日産が苦しかった時代の塙からゴーンが経営のバトンを受け継いだのは、ルノーから乗り込んで副社長COOとなった一九九九年六月からである。そして、二〇一七年に西川が社長になった後もゴーンが代表取締役会長となっているので、実質的な経営責任者はゴーンとみるべきだろう。だから、日産の経営は「ゴーンで二〇年」とこの項の見出しで書いたのである。

それぞれにユニークな個性のある経営者が多い。日産の場合は、もちろんゴーンである。タイヤメーカー・ミシュランの北米責任者からルノーにスカウトされたのが一九九六年、それから二年半で日産に乗り込んでゴーン革命を起こした。そして日産での大きな成果を引っさげて、二〇〇五年にはルノーの社長、一〇年からは会長にも就任し、さらに一六年からは日産が傘下に収めた三菱自動車（燃費不正問題を起こした三菱自動車を実質買収）の会長も兼任している。

トヨタの場合、豊田章一郎は経団連会長も務め、財界の重鎮となった。その次の達郎は病気療養のために不本意な退任となって、一七年末に逝去した。彼のお別れの会（一八年三月）で章男社長は、「従業員は家族という喜一郎の言葉を米国の地で実現した。日本を愛し、心から米国を愛していた」とあいさつした。

奥田は豊田家以外からの異例の社長抜擢だったが、日経連を経団連が統合した日本経団連の初代会長も務め、財界でやはり重きをなした。「雇用を切るなら、その前に経営者は自分の腹を切れ」とか、「人間の顔をした市場経済をめざそう」とか、経団連会長としての型破りの発言も有名だった。

張はトヨタ生産方式の生みの親・大野耐一の愛弟子で、徹底的な現場主義者だった。渡辺は兵站線が伸び切るほどに海外展開を推進したが、リーマンショックもあって責任をとる形で退任したものと思われる。その後任として当時五三歳だった章男が社長に就任したが、年齢の若さもあり不安視する声もあった。しかし、就任直後のアメリカでのトヨタバッシングをみごと乗り切り、その後はトヨタの生産基盤などの立て直しをした。自分自身がラリードライバーとしてレースに参加するほどの「カーガイ」でもあり、豊田家への求心力が生きた面もありそうだ。

トヨタはかなり順当なバトンタッチで社長が交代してきているが、日産ではゴーンが日産とルノーの両方の経営者となるという余人をもって代えがたい存在になってしまったためか、経営者の交代が実質的にないままに二〇年が経った。

ゴーンが背負った困難なミッション

それも無理もない。ゴーンが日産で背負うことになった経営者としてのミッションは、ほとんど二律背反にも近い困難なものであったのではないか。一つには、ルノーへの財務的メリットを大きくするというミッション。もう一つは、日産という企業組織を発展させるというミッション。この二つのミッションをきちんとこなせる後継者は、そう簡単にはいそうにない。

私は、先にあげた『起死回生』の書評を、こう締めくくった。「日産の財産をさまざまに使いたいルノーと日産としての将来に賭けたい日産の従業員。二つの立場の違いを考えさせられる」。ゴーンが背負った二律背反とは、この二つの立場が矛盾しかねないことであったと思われる。たとえば、日産の発展のための投資資金の確保である。ルノーに資金を流出させ過ぎると、日産の投資資金がその分だけ減ってしまう。

それを考えると、ゴーンはみごとな経営をした。日産を立て直し、トヨタに対抗できる企業にしたし、ルノーにも大きな財務的なメリットを与えてきた。それは、ルノーへの配当支払いなどによって日産買収のための投下資金の回収をするという資金的なメリット、日産の規模を利用したルノー・日産の共同購買で生まれるルノーへの（そして日産へも）購買コストの削減というメリット、さらにはルノーの損益計算書の最終利益に日産の利益が持分法で計上できるという会計的メリット。

日産からルノーへの資金供給には、二つのものがあった。一つは、すでに紹介した日産がルノーの株式を第三者割当で取得したこと。〇一年に約二五〇〇億円がルノーに戻っている。

もう一つは、日産からルノーへの配当である。その累計は一七年までに八六五二億円（有価証券報告書から筆者計算）。日産によるルノー株の引受と合わせて、一兆一一五二億円がすでにルノーの手元に戻っている。ルノーが日産に一九九九年に投下した資金は約八〇〇〇億円だから、三〇〇〇億円以上の儲けがでていることになる。

購買コストの削減のメリットの計算は公表情報ではまったくできないが、ルノーの最終利益へのインパクトの大きさは、計算できる。ちなみに、ゴーンがルノーの社長になった二〇〇五年のルノーの最終利益のうちで日産からの計上利益が貢献した分は六八％、直近の一七年では五四％である。日産がルノーにとってなくてはならない存在になっていることが、よく分かる。

では、日産の企業組織を発展させるというミッションについてはどうか。

このミッションは、ゴーンやトヨタの経営者だけでなく、すべての経営者に課せられたミッションである。そして、企業組織の発展は、結局は現場の活力が担っている。そこをどう大切にするかについて、トヨタと日産の間には微妙なしかし象徴的なちがいが、役員人事と報酬格差という点でありそうだ。トヨタの方が現場の活力維持に気を配っているというちがいである。

トヨタは、多くの日本企業で採用された執行役員制度には簡単には飛びつかず、取締役会の規模縮小などは行ないながら、専務役員、常務役員という名称の新しい役員制度を〇三年から導入した。日産は、ゴーン改革の当初から執行役員制度をとっている。

トヨタも一八年からは執行役員制度をとりはじめたが、この年の役員人事は驚くべきものがあった。中卒でトヨタに入社して以来、現場のたたき上げで工場長などを歴任してきた河合満を執行役員副社長に抜擢したのである。河合は一五年にすでに専務役員になっていた。そこからの副社長への昇格だったが、空席となった専務役員のポストには一八年に高卒の田口守が抜擢された。御曹司・章男社長ならではの大胆な人事である。章男は、「河合さん、あなたの背中を現場の人たちが見ている。彼らのために、肩書きを背負ってほしい」といやがる河合を説得したという。

日産の場合、執行役員人事に一三年ごろから大きな動きが出る。それまで執行役員五〇名前後の中の外国人比率（ほとんどがルノーからと思われる）が三割弱で安定していたのだが、急増しはじめるのである。一七年には四七％にまでなった。一三年以降というのは、トヨタとの利益率の格差が急拡大していって日産劣位が明確になってきた時期である。外国人比率が高くなったから利益率格差が拡大していったのか、利益率格差が拡大したからてこ入れに外国人比率を高くしたのか、因果関係はよく分からない。

トップと現場との報酬格差についても、象徴的なちがいがある。日産の方が、トヨタよりも格差が大きいのである。

一七年で例示すれば、日産の会長・社長の年間報酬は、ゴーン会長が七億三五〇〇万円で西川社長が四億九九〇〇万円。ゴーンの年間報酬は従業員の平均年収八一八万円の九〇倍となる。一方、トヨタの会長・社長の年間報酬は豊田章男社長が三億八〇〇〇万円で内山田竹志会長が一億八一〇〇万円。章男の年間報酬は従業員の平均年収八三二万円の四六倍、内山田のそれは二二倍である。

日産の従業員の平均年収はトヨタよりもやや少なく（平均年齢は日産の方が上だが）、トップの年収はトヨタよりもはるかに大きいということになる。ゴーンは三菱自動車会長としての報酬二億二七〇〇万円も得ている。

もっとも、この報酬額が多過ぎるかどうかの判断は、どの（国の）労働市場での適正報酬と比べるべきかというむつかしさがあるので、軽々にはできない。トヨタでも、ルノーの生産畑を長く歩いた上でトヨタフランスに一九九八年に入ったディディエ・ルロワがトヨタ本体の取締役副社長に現在就任しているが、彼の二〇一七年の年間報酬は一〇億二六〇〇万円で章男社長よりもはるかに多く、トヨタで最高の報酬を得ている。

しかし、日本人社長の西川の報酬まで考えると、トヨタの方が格差が小さいとはいえそうだ。

こうしてトヨタと日産の平成の三〇年間を比較してみると、二〇〇〇年に「日経ビジネス」がトヨタのことを「日本的経営最後の砦」と呼んだことの「正しさ」がよくみえてくる。そしてトヨタは、日本企業が日本的経営の原理を貫きつつ、しかし変化する環境に適切に対応する経営の具体策を実行できれば、ここまでやれる、世界一にもなれるという見本でもある。そうなるための努力は並大抵ではないだろうが、日本企業の多くがめざすべき一つの姿であることもまた、たしかであろう。

（追記　この章の原稿を含め、この本のすべての章の最終稿を出版社に送った翌週、ゴーンが報酬虚偽記載の容疑で東京地検に逮捕されるという驚きの事件が勃発した。したがって、この章で記した一七年度の彼の報酬額は過少表示の可能性がある。ただ、この章の基本的なメッセージにはこの事件は影響がないと判断して、一切の書き直しをせずに元のままの原稿をお読みいただくこととした）

終　章

日本の原理と神の隠す手を信じて

日本的経営の原理としての人本主義

前章の最後に書いたように、トヨタは日本的経営の原理を貫いてきた企業だと私は解釈している。トヨタにいわせれば、べつに日本的経営の原理を意識したわけではなく、自分たちが正しいと思った経営の原理原則を貫いてきたのだというかもしれない。それでいいと思う。しかし、私が日本型企業システムと日本的経営の原理と考えてきたものを、トヨタは体現しているように見えるのである。

多くの日本企業が意識・無意識にとってきた経営慣行に共通する基本的考え方。それを日本的経営の原理と呼ぶとすれば、それは「人本主義」と表現できると私は長い間、主張してきた。

そのくわしい解説をする紙幅の余裕はないが（拙著『人本主義企業』を参照してほしい。あるいは短い解説が拙著『経済を見る眼』にある）、簡単にいえば、ヒトとヒトとのネットワークを安定的に保つことを基本原則として、経済組織を作り維持していこうとする原理である。

カネのネットワークを安定的に保つことを基本原則としてカネの原理で経営しようとすることを古典的な資本主義と呼べば、ヒトのネットワークを基本に置くという意味で古典的資本主義と対比できる原理である。「人」を本とするか、「資（カネ）」を本とするかというちがいである。

もちろん、日本もカネを交換媒体とする市場経済の国だから、当然にカネのネットワークが経済のベースにある。そこにヒトのネットワークの安定的形成という考えを重ねる原理といってもいい。

ヒトのネットワークが企業組織の中でも市場取引の世界でも安定的に形成されると、いくつかの基本的なメリットが生まれる可能性が高くなる。まず、人々が将来のために学習するようになる。安定的ネットワークの発展が結局は自分や仲間たちのメリットになると思えば、自分も学習して能力を高めることで貢献しようと思えるようになるからである。そしてもちろん、人々の間のコミュニケーションと協力態勢も出来上がりやすいだろう。

こうして経済活動の現場で「草の根的に」事業活動に人々が積極的に参加するようになる。いわば、産業民主主義を実現するのに貢献するのが、人本主義である。

この本で取り上げてきたトピックに沿っていえば、会社は誰のものかという観点（コーポレートガバナンス）で考えると、株主のものでもあるが、従業員のものでもあると考えるのが人本主義である。だからこそ、働く人々も企業の長期的発展のために努力を注ぐようになる。そして、平時には従業員があたかも企業のメインの主権者であるような経営をすること（従業員主権メイン的経営）が、じつは企業の長期的発展につながる。

系列の解体か維持をどう考えるかという問題は、じつは市場取引をどう編成するかという基本的問題の一つの例となる。部品などの納入企業との長期的協力関係を作って、買う側も納入企業も開発やコストダウンに励むような関係を作る。それは、利害が本来は対立しがちな売り手と買い手の間に、継続的関係（つまり安定的なヒトのネットワーク）を作って協力が生まれやすくするということである。たんに短期的な購買コストの最小化を狙って（つまりカネの観点だけで）取引関係を決めないのである。このように系列取引はかなりの経済合理性をもつようになるから、日産による系列の解体を私は前章であげた書評で「日本の原理を否定しかねない」と書いたのである。

組織内の経営のあり方としては、職場共同体の安定を重んじて雇用の長期安定を志向し、給与格差をそれほど大きくしない人事を行なう。そして、現場が経営の効率化を考えたくなるように仕向け、彼らの情報蓄積を積極的に生かす方策を考える。こうして現場での情報のヨコの流れや上に向かってのタテの流れも活発になる。「平等的運営」をテコにして、組織内のヒトのネットワークの安定と活発化を狙うといってもよい。

トヨタの経営がこうした原理の発現と解釈できる事例を、前章の分析から数多くみることができる。たとえば、「日経ビジネス」がトヨタの特徴の一つと書いた、人守人活経営あるいは「低給・雇用安全」。さらには豊田章男社長が叔父の元社長・達郎のお別れの会でのべた「従業員は家族という喜一郎の言葉を米国の地で実現した」という言葉。さらには、奥田碩元社長の「雇用を切るなら、その前に経営者は自分の腹を切れ」という言葉。いずれも、会社は従業員のものでもあるという考えの発露と、私には思える。

系列については、くわしくは触れなかったが、トヨタとホンダはともに系列を重視する経営をしてきたのはよく知られた事実で、それがトヨタの技術開発やコストダウンをプリウスの例のように助けている。

組織内の経営のあり方としては、トヨタの徹底した現場主義や中卒の副社長誕生に、人本主義的な特徴がみられるし、社長と一般社員の給与格差もトヨタは日産よりもかなり小さい。豊田章男社長の報酬を聞いた外国人が「あのトヨタの社長の収入がそんなに少ないのか」と驚いていた。

しかし、コーポレートガバナンスのあり方にせよ市場取引での協力的体制作りにせよ、あるいは現場を大切にする平等的組織運営にせよ、一歩まちがえばいずれも甘えの温床になりかねない部分をもっている。だから、きびしい態度の経営が基盤として存在しないと、ぬるま湯的な経営になりやすい。一時期の日産はそうした姿になっていたと思われる。それを正したのがゴーン革命だったが、しかし日本の原理を否定する部分も、不作為かもしれないが、もってしまった革命となったようだ。

トヨタは人本主義経営をきびしい態度で実践してきた。そして、時代環境の変化とともに具体的な経営慣行を変えてきた。同じことをやり続けてきたのではなく、同じ原理を守りつづけて、しかし経営の制度・慣行＝原理×環境という方程式にしたがって変化する環境に合わせて、実際の経営の具体策を変えてきたと思われる。

もちろん、ぬるま湯の日本的経営よりはきびしい欧米型経営の方が業績は上がるだろう。それを示すのが、ゴーン革命であろう。しかし、それよりもきびしい日本的経営の方がさらにいい。日本企業の経営には、それが似合っている。それを示すのが、ゴーン革命が一段落した後のトヨタの日産に対する長期的優位だと思われる。この優劣関係をあえて不等式で表現すれば、つぎのようになるだろう。

ぬるま湯の日本的経営　＜　きびしい欧米型経営　＜　きびしい日本的経営

こうした日本的経営の原理の実行というだけでなく、世界の中の立ち位置や技術に対するスタンスでも、トヨタは多くの日本企業がめざすべき姿を示している。

世界の中の日本という視点（第4章）からいえば、アメリカ市場への傾斜はある程度で抑え、むしろアセアンを中心とするアジア諸国の発展への布石を重んじる。そして、中国へは慎重な態度でのぞむ一方で、将来への投資もかかさない。

技術という視点（第5章）でいえば、複雑性技術への投資をおしまないし、それを誰よりも安いコストで生産現場で実現しようとする。その一つの表れが、ハイブリッド車の開発であった。そして、日本国内の技術蓄積や産業集積を維持することに腐心し、自らも大きな国内投資を行なう。

成長へのエネルギー

しかし、多くの日本企業はトヨタのような成長へのエネルギーを欠いていた。トヨタが「兵站線が伸び切る」危険をおかしてまでも海外生産を急ピッチで拡大したエネルギー、あるいはリーマンショック後に国内でタメをつくり、その後に大きな海外での成長をめざしたエネルギーである。

国内の人口減少が確実視される中で、国際展開が構造的にもっとも基本的な戦略であるはずの企業が多い中で、やはり慎重な動きが平成日本の企業には多くみられた。それが、成長へのエネルギーを欠いているという観察につながる。そのもっとも象徴的な現象が、「積み上がる自己資本、増えない投資」という第7章で紹介した事実である。

多くの企業が「極端に」慎重だったという訳ではない。しかし、いざという決断の時に少し慎重サイドに振れる企業が多かったということだろう。しかし、そうした個々の「少しの慎重」が重なると、国全体ではかなりの成長へのエネルギーの欠如という現象となる。

それは、トンネルの入り口や大きなカーブを起点に高速道路で自然渋滞が起きる現象に似ている。個々のドライバーにとって「ほんの少し」スピードをゆるめる、「わずかに」ブレーキを踏むというだけであるが、それが重なるとさらに後続のクルマがスピードを落とさざるを得なくなり、全体としては渋滞が起きてしまう。

企業が投資に慎重になることを「スピードをゆるめる」ことに該当する一つの典型的事例と考えると、国全体としての成長のなさという渋滞現象が理解できるだろう。

一つの企業の投資のためらいは、その投資から生まれる需要が社会に提供されないことを意味する。また、その投資の実行のプロセスで働く人たちが経験できるはずの、困難への挑戦や成果に対する喜びなどが小さくなることを意味する。需要の停滞は需要面からの成長のエネルギーの不足につながり、現場の経験や充実感の不足は心理や能力蓄積という成長のエネルギーの不足をもたらす。

では、なぜついつい少しスピードをゆるめてしまうのか。それは、バブル崩壊から金融崩壊という疾風、リーマンショックという疾風、その二つの疾風をほぼ一〇年間隔で経験してきた日本の状況を考えれば、無理もないと理解はできる。とんでもないことが起きうるから、慎重に構えておかないと会社が危ないという感覚であろう。だから、銀行を頼らず、自己資本を積み増すのである。

その上、こうした大事件に翻弄されて、経営者にも、働く人たちにも、そして国の官僚にも、心理的萎縮傾向が生まれてしまっている危険がある。なにせ、経産省の若手官僚たちが将来の日本を考えるプロジェクトを省内で行なったその結果を書いた本のタイトルが、『不安な個人、立ちすくむ国家』なのである。

そうした心理的萎縮の背後には、バブルの崩壊をきっかけとした日本の自己疑問、ソ連邦崩壊後のアメリカ型資本主義の勝利、そしてアメリカ主導の日本異質論があるのだろう。自分たちの経営のあり方への自信のなさが、そこには透けてみえる。

その萎縮は理解できないことではないが、しかし、それでいいのだろうか。それが日本がもっている本当のポテンシャルをきちんと反映するスタンスなのだろうか。もっと、自分たちの経営の原理に自信をもっていいと、私には思える。それをトヨタの経営が教えてくれている。そしてそれは、平成三〇年間の日本の経営を振り返っての、私の素直な感想でもある。

リーマンショックのどん底と東日本大震災の残した爪痕から立ち直ってきた日本企業は、その積み増した自己資本をもっと前向きに使って、働く人たちに挑戦の機会を与えられる投資に積極的に立ち向かうだけの地力がついてきたのではないか。序章の図序-2でもみたように、リーマンショック後の利益率と生産性のみごとな回復がそれを示している。八年にわたって前年を上回る業績がつづき、すでにリーマンショック前もバブル期もかなり凌駕しているのである。

その「凌駕」をそれほど大きな成長をしないマクロ経済環境の下できちんと行なってきた日本企業である。外部環境の好調さに助けられたのではなく、自助努力で事業効率を上げてきた。まさに地力なのである。それは、平成三〇年間の疾風に耐え、勁草になろうとしてきた努力のおかげであろう。

その地力と日本の原理をまず信じることから、成長へのエネルギーの源泉が生まれる。そのエネルギーが、日本企業のこれからの発展の良循環を呼ぶだろうと、私は思う。

オーバーエクステンションと神の隠す手

もっとも、「信じる」だけでは、意義は小さい。まず「動く」ことが必要であろう。動けば、何かがみえてくる。動かなければ、何も変わらないし、何も新しいことがみえてこないだろう。

動くとは、改善はしてきたが今一つ自信がもてない、ためらいの時という一種の均衡状態を抜け出せるような戦略をとることである。たとえば、大型投資、積極的な国際展開、事業ポートフォリオの大胆な見直しなどである。

そうした「あえて積極的な戦略をとる」ことを、私はオーバーエクステンション戦略と呼んできた。現在の自分の実力を部分的には超えるところもあることを覚悟して、しかしあえて積極策に踏み込む。そしてその積極策の実行プロセスで、企業が、現場が、さまざまな学習をして「実力の足らざるところ」をおぎなう蓄積を生み出していく。それを狙った戦略である。

多くの企業の成長の歴史を追うと、かならずといっていいほど成長の踊り場でオーバーエクステンション戦略をとっている。たとえば、トヨタの二〇〇〇年代の積極的海外展開は、まさにその戦略のいい例だったと思われる。

現在の日本企業が置かれた状況は、じつは一種の低次元での均衡がとれた状態で、ドツボといってもいいのかもしれない。いろいろなことのつじつまが一応はすべてさまざまに合ってしまっていて、そこから抜け出しにくい状態にある。そのつじつまが合っていることを、「均衡状態にある」と表現できる。

たとえば、海外展開に慎重だから海外でもまれる経験をした人材が増えない。だから、企業全体として海外展開を成功させるのに必要な実力が思うように蓄積できない。それゆえに、当面は海外展開に慎重になってしまう。みごとにつじつまが合って、いわばドツボにはまっているのである。そこから抜け出すには、「まず動く」ことである。それで一時的な不均衡状態が生まれることを覚悟するのである。

こんなことをいうと、「それはリスクが高過ぎる」という反論がすぐに出てきそうである。しかし、人間の本性をあらためて考え直してほしい。多くの人間は、革新的な試みから生まれる困難を予想する能力はかなりすぐれているが、いったん困難に遭遇してしまった後の自分たちの問題解決能力をきちんと事前に予想する能力は意外に小さい。つまり、困難だけは予想できるが、それを解決する知恵と努力が事後的に出てくることを事前には予想できない人が、大半なのである。だから、積極策や革新的な試みの多くが、「リスクが大き過ぎる」と退けられる。

この点に注目して、「神の隠す手」がじつは機能しているから社会の進歩の多くが実現されてきたと、低開発国の経済発展の世界で看破したのが、アルバート・ハーシュマンという経済学者であった。

彼は世界銀行が援助した数多くの経済発展プロジェクトの現地調査の結果、成功したプロジェクトの多くが、「想定外の困難にプロジェクト開始後ぶつかり、しかしそれを克服して事前の想定とは少しちがう形で成功する」という共通のパターンをもっていることを発見した。

たとえば、東パキスタン（現バングラデッシュ）のパルプ工場プロジェクトでは、地域に巨大な規模で存在する竹を繊維源として使ってパルプと紙をつくることが計画された。しかし、プロジェクトが進行して六年も経った後に、竹の花が咲き、地域の竹林が全滅するという誰も予想していなかった事件が起きた。花が咲いた竹は枯れてしまうのである。

でも、もう後戻りはできない。そこで、二つの努力が全速力ではじまった。一つは、東パキスタンの他の地域から竹を集め、この工場への輸送網をつくる努力。もう一つは、竹以外のどんな植物が地域で栽培可能で将来の繊維の供給源となれるかの実験。

この二つの努力の結果、竹の供給地域の多様化と繊維源となる植物の多様化という二つの多様化に成功して、プロジェクトは結果として成功した。

これに似た事例が他にもかなりあることを観察したハーシュマンは、それがたんなる「幸運な結果オーライ」というべきでなく、そこには原理があると考えた。それが、「神の隠す手の原理」である。その概要は、以下の通りである。

人間は大きな企てへの道で起こりうる不具合や障害はかなり正確に想像する能力がある一方、問題が発生した際の自分の問題解決能力は過小評価してしまう。精緻な分析を要求すれば、ますます不具合や問題点だけが洗い出されやすい。だから、不具合は大きく評価され、問題解決能力は小さく評価されるから、人間はその企てに乗り出さない。

しかし、神の隠す手が将来発生する大きな困難を人間の目から隠していることがしばしばある。バングラデッシュの竹の花を、神は人間の目から隠していた。だから、人間は結果としては「不用意に」大きな企てに乗り出すことが時にある。

そこで、人間が困難に直面したときに、神が人間の目から隠していた自分自身の問題解決能力のポテンシャルの大きさが初めて前面に出てくる。その結果、人間は想定外の困難を克服して新しい企てに当初の想定とは少しことなる形で成功する。

ハーシュマンが提唱した「神の隠す手」とは、困難の発生の可能性と人間の解決能力の可能性、その二つをともに隠すものである。神の隠す手がなければ、よく分からない困難があるかもしれない大きな進歩への企てに人間は乗り出すことができなくなるだろう。もちろん、想定外の困難が起きてしまったとき、人間の問題解決能力が新たに生まれてこなければ、それはたんなる失敗に終わる。しかし、神の隠す手は、人間の問題解決能力の大きさをも隠していることがしばしばである。だから、困難な状況に立ちいたった現場では、思いもかけぬ人間の知恵と努力が出てくることが多いのである。それで結果的に、企ては成功し、社会に進歩がもたらされる。

頑迷固陋(がんめいころう)で、保守的な面のかなりある人間どもの社会が進歩できてきたのは、一面では神の隠す手のおかげなのである。もちろん、想定される障害への事前準備は懸命にする必要がある。しかし想定外の障害には神の隠す手が働くことを信じて、あえて大きな企てに乗り出す。それこそが、オーバーエクステンションによるドツボ脱出戦略である。

リーマンショックは、神が隠していた想定外？

大きな企てとは、たとえば、積極的な事業展開の戦略を描き、実際に投資を大きく増やすことである。設備投資でも研究開発投資でもいい。あるいは、事業の国際展開の規模とスピードのアップである。そのための国内外での投資を増やすのである。

第7章で、日本企業の設備投資がいかに少なくなってしまっているかを、図7-1で説明した。二〇一七年ではキャッシュフロー（減価償却前経常利益）の三七％しか投資していないような状況になっているのである。このように投資をせずに内部留保だけを積み増している状態をこれからもつづけていて、とても大きな成長などできそうにない。

このキャッシュフロー設備投資比率を一〇％上げれば、一七年の減価償却前経常利益の額から計算すると、日本全体で一二兆円の設備投資増となる。それは、一七年の四五兆円ほどの設備投資総額の二七%増になる。そのインパクトは大きいだろう。

平成が終わろうとしているいま、こうした大きな挑戦に多くの日本企業が乗り出す、その機がじつは熟しているように思える。

神は、隠していた想定外の大トラブルをすでに日本企業にもたらし、そこからの立ち直りに懸命になる試練を与え、その結果、日本企業の地力を高めてくれていると思えるからである。その地力をベースに、さらに大きな挑戦へ日本企業は乗り出せる状況になってきている。

その想定外のトラブルとは、〇八年九月のリーマンショックである。このときの「崖から真っ逆さま」(図3―1)は、誰も想定していなかった事態だった。その一〇年前の金融崩壊は、バブル崩壊の後の後始末として、最悪の場合にはそこまで行かざるを得ないという想定はまだできた。しかし、リーマンショックで崖から真っ逆さまに落ち込んだのは、まさに想定外だった。

しかも、そのショックから回復しかかっていた一一年三月(リーマンショックから二年半後)に東日本大震災が日本を襲った。これもまた、常識的な想定をはるかに上回る規模の災害となった。ちょうど東パキスタンで数百年に一度という竹の花が咲いたように、数百年に一度の大津波が東北を襲った上に、福島原発の事故まで起きてしまった。

しかしその後、図序―2でみたように、〇九年の底から、日本企業は長い期間にわたって安定かつかなり急ピッチでの回復を示した。すでに一四年から利益率も生産性もバブル期をかなり上回る水準にまで高まり、その回復と進歩は〇九年の底から八年間ほぼ連続でつづいている。事業効率がそれだけよくなっているのである。その意味で、地力がついた。

そして自己資本の積み上がりも長期的に継続され、日本企業全体の一七年の自己資本比率が四一％を超すほどにまでなり、トヨタの自己資本比率を日本企業平均が上回っているのである。財務体質という意味でも、地力がついているのである。

しかもこうした地力の高まりを、マクロ経済がそれほど成長しない中で日本企業は達成することができた。経営の質が高まったからこそ、マクロ経済の量的拡大にあまり依存せずに、事業効率を高め、財務体質を改善できたといっていいだろう。

それはあたかも、神が人間の目から隠していた想定外の大事件（リーマンショックと東日本大震災）が、日本企業をいったんは大混乱の中にたたき込み、そしてそこから懸命に抜け出す努力を日本企業から引き出したといえる。バブル崩壊後、「失われた二〇年」などと揶揄されていた「ぬるま湯的」状況から抜け出す努力をせざるを得ない「崖っぷち」から、多くの日本企業が落とされてしまったと考えていいだろう。

それゆえに、バブル崩壊後初めて日本企業がシャキッとした姿をみせた。日本企業のあちこちで、地味な改善の努力や過去の過剰を削りとる努力が、以前とはちがう緊迫感をもって、リーマンショック後には行なわれたのであろう。前章でみたトヨタのU字の底の四年間が、そのシャキッとした姿になるための努力を象徴している。

本来ならばもっと早く、バブル崩壊の直後からそうした努力が懸命に行なわれるべきだったと感じないでもない。だが、元来は性弱な人間（人は性善なれど、弱し）に、そこまで機敏な動きを期待するのは、無理なのかもしれない。私は序章のタイトルを「疾風に勁草を知る」としたが、しかし、疾風が勁草を育てるともいえるのだろう。そして疾風が何回か吹かなければ、勁草がきちんと表れてくることはないともいえそうだ。

バブル崩壊がもたらした金融崩壊とリーマンショックという「二度の疾風」が、日本企業の勁草の部分を作り上げてくれた、表出させた、と表現してもいいようだ。ただ、もう少し早くてもよかったという感があるが。

平成三〇年という年

その勁草を生み出す土壌の一つが経営の「変わらぬ基盤」だったと、この本を書き終わろうとしている今、あらためて思う。ヒトについての経営の基盤、カネについての経営の基盤、いずれも平成の疾風と激動の中でも基本は変わらなかった。その象徴がトヨタだった。

平成三〇年（二〇一八年）という年はたまたま、日本の近代史の最大のエポックの、記念の年である。明治維新一五〇周年に当たる年なのである。

明治維新はまさに、「まず動く」と決心した諸藩の中・下級武士たちが中心になって起こした「大きな企て」であった。それが、江戸末期の日本にすでに存在していたさまざまな改革へのポテンシャルを引き出すことになり、結果として革命と呼んでもいいような大変化が起きた。

しかも、じつに短期間の間に、大きく国が変わった。たとえば、維新をもたらした戊辰戦争という内乱の最初の戦いは幕府軍と官軍の間の鳥羽伏見の戦いだったが、その戦いから四年後の明治五年には新橋・横浜間に日本初の鉄道が開通し、富岡製糸場が操業を開始している。東京遷都も新政府の樹立や廃藩置県も、この四年の間のできごとである。

もちろん、明治維新の時期と現在を単純に比較するのはまちがいだろう。しかし、明治維新の前夜、困難が当然に予想された徳川幕府転覆や廃藩置県へと「まず動いた」人たちがいたからこそ、その後の連鎖反応が起きた。

当時の状況からすれば、「それは無理」と多くの人が思うような「不均衡」をあえてつくり出した人々がいたからこそ、その連鎖反応としてさまざまな改革への動きがあちこちで起きるようになった。そして、短期間に、がらがらとものすごい音をたてて、国が、歴史が、変わった。

今の日本企業に明治維新と同じレベルの革命の再現が必要とも可能とも私は思わないが、しかし改革への心意気と「まず動く」ことの重要性、この二つを学ぶことはできる。また、それらが必要な状況に多くの日本企業はあると思われる。

平成三〇年という年はまた、世界の現代史が大きく局面転換する、その分水嶺の年になりそうである。新冷戦のはじまりの年という分水嶺である。

平成がはじまるとすぐに、戦後の国際的な軍事と政治の基本構造であった冷戦構造が崩壊した。一九八九年には冷戦の終結を宣言する米ソ首脳間のマルタ会談が開かれ、マルタ宣言が出された。そしてすぐに共産圏の崩壊がはじまり、九一年（平成三年）にはソ連そのものが崩壊し、鉄のカーテンは姿を消した。

それから三〇年、二〇一八年には米中貿易戦争が勃発した。世界経済の一位と二位の国がお互いに関税報復を繰り返すという、前代未聞のできごとである。米中の対立は、貿易での対立のみならず、南シナ海での覇権やアジア・アフリカの安全保障をめぐっての軍事的摩擦もある。もちろん、第二次世界大戦後の米ソの冷戦構造ほどの巨大な軍事対立ではないが、経済対立の面では逆に米ソの冷戦よりも規模ははるかに大きく、新冷戦と呼べるような問題が平成最後の年に急に表面化したのである。

三〇年前の中国は、天安門事件で大混乱していた。そして三〇年前のアメリカは、ソ連に対するアメリカ型資本主義の勝利に、世界の盟主としての自信をもっていた。中国のめざましい経済成長とトランプ大統領の登場が、すべてを変えてしまった。

そして、この新冷戦の底流には、国境をなくす、低くする潮流としてのグローバリゼーションへの流れへの反流がある。第3章の最後で外患の一つとして書いたものである。その反流は、一八年になって急に生まれたものではなく、イスラム世界のグローバリゼーションへの反発はすでに〇一年のニューヨーク同時多発テロという形で表面化していた。

そして、中東からの難民問題をきっかけに一六年六月にはイギリスがＥＵ離脱を国民投票で決めた。そこへ、トランプ米大統領の当選という事件が、同じ一六年一一月に起きた。いずれも、自国ファーストを訴える声が選挙民を動かしたケース、感情の短期的論理が経済の長期的論理を超えたケースである。

米中の対立は、そうしたコンテキストの中でとらえる必要があるだろう。だからこそ、高くなる国境という本質が多面的に表出する「新冷戦」として、世界を、日本を悩ませる問題になりそうなのである。

たしかに、日本企業の立ち位置はむつかしくなった。しかし、米ソの古い冷戦の時代に、じつは二つの超大国の対立の間を日本企業が案外とうまく泳ぎ回ったように、今回も日本企業が米中の間の「すき間役」「潤滑油役」として果たせる役割がかなりありそうだ。そうした役割の意義の大きさは、新冷戦がきびしいものになればなるほど、大きくできる余地が生まれる。世界が大きく動いているからこそ、日本企業にもチャンスがあると考えるべきだろう。

たとえば、共産党体制下の市場経済を実行する中国とアメリカ型資本主義のアメリカの間に、人本主義的市場経済の日本が存在するというのは、興味深い図式である。日本の経営の原理が、新冷戦の中での日本のアイデンティティーとして機能できる可能性がある。

第4章で描いたように、日本企業はアメリカと中国のはざまで生きていくことを当分の間は要請されている。そのはざまでの生き方としては、投資や貿易での両国への依存のバランスの取り方という問題もあるだろうが、企業と経営の原理としても両国のはざまでの主張をしてもいいであろう。

目をもっと広く世界に向ければ、資本主義あるいは市場経済の体制が世界全体を、中国やインドも含めて、おおう時代がすでに来ているのだが、その基本的潮流の中で、資本主義や市場経済がたった一つのパターンに収斂する必要はないだろう。むしろ、多様なパターン、多様な資本主義や市場経済のかたちがある方が、世界全体の多様性と長期的維持可能性のためには貢献するだろう。

日本が平成時代の二つの強烈な疾風にもかかわらず、あるいはそれだからこそ、意識・無意識に守ってきた「変わらぬ基盤」は、案外そういう世界史的意味をもつこととなったと、後世の歴史家に評価されるような日本になりたいものである。

私は楽観的過ぎるのかもしれない。しかし、私の好きなフランスのモラリスト、アランのことばに、つぎのようなことばがある。

「悲観主義は気分に属し、楽観主義は意志に属する」

この本は、その私の楽観の根拠を書きつらねた本になったのかもしれない。しかし、平成三〇年という年を、この言葉とともに終わりたいという気分である。

あとがき

平成という元号の由来は、中国の古典『史記』の「五帝本紀」の中にある「内平らかに、外成る」ということばだそうである。古代中国で理想的な政治で有名な、帝舜の時代を表現するものだという。

しかし、日本企業にとっての平成という時代は、外は成るとはほど遠く、内も平らかではなかった。内のバブル崩壊、外のリーマンショックなどの疾風に吹きさらされた、激動の時代であった。

その時代を、私自身も生きてきた。平成の三〇年間、私は四四歳から七四歳までの働き盛りの時期であった。日本の企業と経営について、何冊もの本を書き、日本企業の現場の方々や経営者の方々との公私にわたるお付き合いも多かった。最後の一〇年間は、社外役員としてかかわる機会も生まれた。

したがってこの本は、私の同時代史である。私自身が、「平成の経営」については、現場観察者であり、現場参加者でもあった。その観察と参加からの、さまざまな経験や見聞がこの本のベースになっている。

日本企業全体を扱うという本の目的ゆえに、全体のデータをもとにした議論が内容としては多いのだが、そのデータの解釈やそこからの議論の展開には、私自身の経験やものの考え方が色濃く反映されていると思う。それが、同時代史を書くという作業の、一つの長所であり、同時に限界でもあろう。

ただ、本の執筆中に、自分の経験や考え方のいたらなさを感じさせられることも、何度もあった。

本の内容を考え、データを集め、分析をしている最中にたびたび、「こんなことになっていたのか」とあらためて驚かされることも多かったのである。私自身は現場の近くでずっと観察していたつもりだったが、全体像や歴史的事件の相互のつながりなど、これまで明確に気づいていなかったことも多かった。

そして、書き終わった今、バブルの崩壊という事件が日本にもたらしたきわめて深刻で大きな影響を、つくづく感じている。バブル崩壊から金融崩壊までの疾風はじつにすさまじいもので、日本の企業社会を根底からゆるがせた、といってもいい。

銀行システムがすっかり様変わりしたことが、日本がゆらいだことの外形的な表れの象徴だが、日本そのものに対する日本の企業人の自信もまた、ゆらいだ。その自信喪失とアメリカへの過度の傾斜が、「失われた二〇年」の最大の原因だったと、今、あらためて感じている。自信喪失と過度の傾斜への躊躇感がともに迷いの原因となり、その迷いが果断を欠く行動につながり、それが結局は打つ手がうまくいかないという結果になった。

しかし、「失われた二〇年」に終止符を打った出来事が、平成二〇年に日本を襲ったリーマンショックであり、その二年半後の東日本大震災であったようだ。もうぐずぐずと考えている余裕はない、という状況に追い込まれて、はじめて日本企業全体がシャキッとした。人間万事塞翁が馬、である。

そこからの日本企業の回復のみごとさは、序章でも終章でも書いた通りである。

第一の疾風から勁草が生まれてくるプロセスが、リーマンショック前に遅まきながらすでにはじまっていて、そしてリーマンショックという第二の疾風によってそのプロセスが本格的に動き出した、ということだろう。そして東日本大震災をきっかけに、「絆の日本」ということがあらためて世界的にも注目された。日本という国も案外いい国だと、多くの日本人が思ったことだろう。そのプラスの心理的インパクトは、大きかったように思う。

私個人にとっての平成の激動は、平成元（一九八九）年九月、共産主義の崩壊とともにはじまった。まだ、バブルがピークだった頃である。その九月に、私は共産圏ではじめての非共産党政権が誕生しようとしていたまさにその瞬間のポーランドに、紛れ込んでいた。

きっかけは、元連帯の地方の労働組合長がほとんど牢獄から直接に上院議員となり、彼を含むポーランド上院議員グループが市場経済の勉強にノルウェーの大学に来ていたことだった。同じときに、私もその大学で滞在していたのである。そのときのパーティーの縁で、彼に「ポーランドへ来て日本の話をしてほしい」と頼まれた。

現場をみたいという思いの強い私は、二つ返事で招待をうけた。と同時に、社会主義から市場経済への移行をポーランドがしようとすれば、日本の人本主義市場経済の考え方が意味をもつ、とも思ったのである。しかし、じっさいの旅は、「上院議員の招待」ということばのイメージとはまったく異なる、混乱の旅であった。だが、刺激的な旅でもあった。街の空気の中に、電流が流れているような感じがあった。

そして、経済システムのあり方とシステムが不幸にしてしまう人々の生活、そして日本の企業システムの意義、といったことを深く考え込まされることとなった。その刺激の巨大さゆえに、同じ年のクリスマス直前にふたたび私は、日本の経済同友会の小さなミッションを率いてポーランドを訪れた。そしてクリスマスのその日に、ルーマニアの独裁者・チャウシェスク大統領が公開処刑されたというテレビニュースを、ワルシャワのホテルで茫然とした思いでみることになった。

歴史が、猛烈なスピードで大きく動いていた。歴史の大転換に、自分が立ち合っていると強く感じた。もっとも、それがこんな三〇年のはじまりだとは、思いもしなかったが。

その平成が終わろうとしている今、私は新潟県浦佐にある国際大学というじつにユニークな大学の学長として、世界と、とくにアジア・アフリカと向き合う仕事をしている。英語だけで教える、国際関係学と国際経営学の二つの研究科しかない、大学院大学。学生の五割近くが東南アジアの学生、アフリカの学生が三割弱で、日本人学生は二割弱である。

全寮制でみんながキャンパスの中で生活するこの大学は、アジア・アフリカ・日本の若い世代が濃密な人間関係をつくる場になっている。そこで私は、日本の経済と企業が長期にわたって発展してきた歴史とその背後の普遍的論理を学生たちに学んでもらう、「日本・グローバル開発学プログラム」という新プログラムを開始した。

日本の発展と開発の経験の背後の論理を学び、それを彼らの母国の状況にあわせて翻案・応用してもらう、つまりグローバルに展開することで、彼らの母国の発展に役立たないか。国際大学を、新潟から英語で、日本の論理を世界に発信する場にしたい、といってもいい。

つまり、共産主義崩壊後の世界ということを考えさせられて、私にとっての平成がはじまった。そして世界の中の日本、アジア・アフリカと生きていく将来の日本、を考えさせられながら、私にとっての平成が終わろうとしている。「世界の中の、日本の企業システムの原理」という問題が、私の平成三〇年間を貫く通奏低音だったとあらためて感じている。

この本の第Ⅱ部でトピックごとの分析をする章を並べるさいに、冒頭の章をごく自然に私は「世界の中の日本企業」としたし、日本企業の原理を振り返るような内容を、その後の章でも自然に出している。とくに強く意識したわけではないが、それが私にとっての平成同時代史の基本テーマなのであろう。

この本の企画は、平成の時代の日本の政治、経済、経営を振り返る本を、それぞれの分野ごとに一冊ずつ出したいという、出版社からの依頼であった。政治については対談集、経済と経営はそれぞれ書き下ろし、ということになったようだ。経営分野の本の企画を私にもってきてくれたのは、旧知の堀口祐介さん（日本経済新聞出版社）だった。面白い企画だと思い、二つ返事でお引き受けした。私自身も仕事人生の晩年になっているので、自分の生きてきた時代を振り返る本を書けることを、幸せに思った。自分の仕事人生の一つの集大成という感じである。

企画のみならず本に仕上げるプロセスも迅速にやってくださった堀口さんには、いつもながら感謝あるのみである。

そして、一橋大学の伊丹ゼミの卒業生たちにも感謝したい。この本でも、いつものように、ほとんどのデータを自分で集め、すべてのグラフも自分でエクセルで作った。しかし、いくつかのデータ集め、章タイトルのアイデア、原稿を読んでの感想、などでゼミ卒業生の何人かに助けてもらった。ありがたい話である。

こうした人たちばかりでなく、この本の背後には平成の三〇年を通してお付き合いいただいた、話を聞かせていただいた、さまざまな方々のおかげがある。そうしたみなさんのすべてに感謝して、このあとがきを終わりたい。ありがとうございました。

平成三〇年一二月

伊丹敬之

参考文献

有森隆（２０１５）『海外大型Ｍ＆Ａ 大失敗の内幕』さくら舎
アルベール、Ｍ（１９９２）『資本主義対資本主義』小池はるひ訳、竹内書店新社
伊丹敬之（１９８７）『人本主義企業──変わる経営、変わらぬ原理』筑摩書房（ちくま文庫版、日経ビジネス人文庫版もあり）
──（１９９８）『日本産業 三つの波』ＮＴＴ出版
──（２０００）『経営の未来を見誤るな──デジタル人本主義への道』日本経済新聞出版社（『デジタル人本主義への道』と改題して日経ビジネス人文庫化）
──（２０００）『日本型コーポレートガバナンス──従業員主権企業の論理と改革』日本経済新聞出版社
──（２０１３）『日本企業は何で食っていくのか』日本経済新聞出版社
──（２０１７）『経済を見る眼』東洋経済新報社
伊原亮司（２０１６）『トヨタと日産にみる〈場〉に生きる力──労働現場の比較分析』桜井書店
海老原嗣生、荻野進介（２０１８）『人事の成り立ち』白桃書房
軽部謙介（２０１５）『検証バブル失政──エリートたちはなぜ誤ったのか』岩波書店
経産省若手プロジェクト（２０１７）『不安な個人、立ちすくむ国家』文藝春秋
玄田有史編（２０１７）『人手不足なのになぜ賃金が上がらないのか』慶應義塾大学出版会
小池和男（２０１６）『「非正規労働」を考える──戦後労働史の視角から』名古屋大学出版会
ゴーン、Ｃ（２００１）『ルネッサンス 再生への挑戦』ダイヤモンド社
佐藤正明（２０１２）『日産 その栄光と屈辱──消された歴史 消せない過去』文藝春秋
城繁幸（２００５）『日本型「成果主義」の可能性』東洋経済新報社
高橋伸夫（２００４）『虚妄の成果主義──日本型年功制復活のススメ』日経ＢＰ社

都留康、阿部正浩、久保克行（２００５）『日本企業の人事改革——人事データによる成果主義の検証』東洋経済新報社

ドーア、R（２００１）『日本型資本主義と市場主義の衝突——日・独対アングロサクソン』藤井真人訳、東洋経済新報社

——（２００６）『誰のための会社にするか』岩波書店

永野健二（２０１６）『バブル　日本迷走の原点』新潮社

日本経済新聞社編（２０００）『起死回生ドキュメント日産改革』日本経済新聞出版社

野地秩嘉（２０１８）『トヨタ物語——強さとは「自分で考え、動く現場」を育てることだ』日経ＢＰ社

——（２０１８）『トヨタ　現場の「オヤジ」たち』新潮社

橋本寿朗（２００２）『デフレの進行をどう読むか』岩波書店

藤本隆宏（２０１７）『現場から見上げる企業戦略論——デジタル時代にも日本に勝機はある』株式会社ＫＡＤＯＫＡＷＡ

前田裕之（２０１５）『ドキュメント銀行 金融再編の20年史』ディスカヴァー・トゥエンティワン

松本茂（２０１４）『海外企業買収失敗の本質——戦略的アプローチ』東洋経済新報社

宮島英昭編著（２０１１）『日本の企業統治——その再設計と競争力の回復に向けて』東洋経済新報社

村松岐夫、奥野正寛編（２００２）『平成バブルの研究（上・下）』東洋経済新報社

森岡孝二（２０１５）『雇用身分社会』岩波書店

Hirschman, Albert (1967) *Development Projetct Observed*, The Brookings Institution（邦訳『開発計画の診断』〈１９７3〉麻田四郎、所哲也訳、巌松堂出版）

『日経ビジネス』（日経ＢＰ社）各号

『日本経済新聞』各号

【著者紹介】

伊丹敬之（いたみ・ひろゆき）

国際大学学長、一橋大学名誉教授。1969年一橋大学大学院商学研究科修士課程修了、72年カーネギーメロン大学経営大学院博士課程修了（Ph.D.）、その後一橋大学商学部で教鞭をとり、85年教授。東京理科大学大学院イノベーション研究科教授を経て、2017年９月より現職。この間スタンフォード大学客員准教授等を務める。主な著書に『マネジメント・コントロールの理論』（岩波書店）、『経営戦略の論理（第４版）』（日本経済新聞出版社）、『人本主義企業』（筑摩書房）、『日本型コーポレートガバナンス』（日本経済新聞出版社）、『場の論理とマネジメント』（東洋経済新報社）、『よき経営者の姿』『イノベーションを興す』（いずれも日本経済新聞出版社）、『人間の達人 本田宗一郎』『高度成長を引きずり出した男』（いずれもＰＨＰ研究所）、『日本企業は何で食っていくのか』『孫子に経営を読む』『難題が飛び込む男 土光敏夫』『なぜ戦略の落とし穴にはまるのか』（いずれも日本経済新聞出版社）などがある。

平成の経営

二〇一九年一月二十五日　一版一刷

著　者――伊丹敬之

発行者――金子　豊

発行所――日本経済新聞出版社
https://www.nikkeibook.com/
東京都千代田区大手町一－三－七
郵便番号　一〇〇－八〇六六
電話　〇三－三二七〇－〇二五一（代）

装　幀――野網雄太

組　版――マーリンクレイン

印刷・製本――中央精版印刷

ISBN978-4-532-32259-5
Printed in Japan